珍藏本·增订本
纪念版

汉译世界学术名著丛书

# 多头政体

## ——参与和反对

〔美〕罗伯特·达尔　著

谭君久　刘惠荣　译

谭君久　校

Robert A.Dahl

**POLYARCHY**

**Participation and Opposition**



本书根据耶鲁大学出版社 1971 年版译出

# 汉译世界学术名著丛书
# （120 年纪念版·珍藏本）
# 增订本出版说明

2017 年 10 月，为纪念商务印书馆创立 120 周年，本馆推出“汉译世界学术名著丛书”（120 年纪念版·珍藏本），计七百种。近五六年来，仰赖学界同人倾力支持，订正旧译，增补新译，拓展新著，积累日多。为满足读者需要，本馆在七百种的基础上，继续推出“汉译世界学术名著丛书”（120 年纪念版·珍藏本·增订本）三百种。至此，“汉译世界学术名著丛书”累计出版已达千种。

今后，本馆将继续推进丛书的翻译出版工作，在积累单本名著的基础上陆续分辑刊行，汇印出版。为促进中外文明互鉴、推动我国学术发展，使“汉译世界学术名著丛书”这项对我国学术文化有基本建设意义的重大工程发挥更大作用，诚望海内外学术界、翻译界继续给予支持，帮助我们把这套丛书出得更好。

商务印书馆编辑部

2024 年 2 月

# 汉译世界学术名著丛书
# （120 年纪念版·珍藏本）
# 出 版 说 明

2017 年 2 月 11 日，商务印书馆迎来 120 岁的生日。120 年前，商务印书馆前贤怀揣文化救国的理想，抱持“昌明教育，开启民智”的使命，立足本土，放眼寰宇，以出版为津梁，沟通中西，为中国、为世界提供最富智慧的思想文化成果。无论世事白云苍狗，潮流左右激荡，甚至战火硝烟弥漫，始终践行学术报国之志，无改初心。



迻译世界各国学术名著，即其一端。早在 20 世纪初年便出版《原富》《天演论》等影响至今的代表性著作，1950 年代后更致力于外国哲学和社会科学经典的译介，及至 1980 年代，辑为“汉译世界学术名著丛书”，汇涓为流，蔚为大观。丛书自 1981 年开始出版，历时三十余年，迄今已推出七百种，是我国现代出版史上规模最大、最为重要的学术翻译工程。

丛书所选之书，立场观点不囿于一派，学科领域不限于一门，皆为文明开启以来，各时代、各国家、各民族的思想与文化精粹，代表着人类已经到达过的精神境界。丛书系统译介世界学术经典，引领时代思想，为本土原创学术的发展提供丰富的文化滋养，为推动中国现代学术和现代化进程做出了突出的贡献。

为纪念商务印书馆成立120周年，我们整体推出“汉译世界学术名著丛书”120年纪念版的珍藏本，寄望既利于文化积累，又便于研读查考，同时向长期支持丛书出版的译者、编者和读者致以敬意。

两甲子后的今天，商务印书馆又站在了一个新的历史时间节点上。我们不仅要铭记先辈的身影和足迹，更须让我们的步伐充满新的时代精神。这是商务人代代相传的事业，更是与国家和民族的命运始终紧密相连的事业。我们责无旁贷，必须做好我们这代人的传承与创造，让我们的努力和成果不仅凝聚成民族文化的记忆，还能成为后来人可以接续的事业。唯此，才能不负前贤，无愧来者。

商务印书馆编辑部

2017年10月

为了纪念

玛丽和她的希望

# 目　录

# 中 文 版 序

我非常欢迎这本书出版介绍给中国的读者，并很高兴有机会专门补充一个中译本序言。

这本书开宗明义地提出了它所关注的问题：什么条件——社会的、经济的、文化的以及其他条件——有利于民主政治制度的发展和稳定？

这个中心问题又以对另一个问题的回答为前提，这个问题就是：为了保持民主制度的存在，需要建立什么样的政治制度？更明确地说，为了在一个大如国家的单位里使一个把公民权利扩大到所有成年人的代议制民主政体得以存在，需要什么样的政治制度？区别这种类型的民主与其他形式的民主是有益的，后者包括古代雅典的民主城邦国家，在其他一切方面都很民主但作为基础的投票权却有限的政体——如 19 世纪的美国和其他某些欧洲国家的政体，以及在像地方政府、委员会及其他小型团体这类很小的单位可能存在的那种民主。为了做到这一点，我要提到的是，这本书所关心的是称为多头政体或者多头民主的、在大范围实行的现代形式的民主。

表 1.1 提供了对第二个问题的答案。它显示了为建立“很大的人群中所实行的民主”（譬如多头民主）所需要的七项政治制度。

我在后面的各章里回答了第一个问题(本书的中心问题),描述了七项基本条件并说明了为什么这些条件有利于多头政体的政治制度的发展和稳定。表 10.1 对此做了总结。

1970 年以来,全盘拥有多头民主制度的国家明显地增多了。1970 年,可以被算做完全多头政体的有 26 个国家,即在这些国家里,多头政体的所有政治制度都是存在而且有效的。另有 3 个国家,除了充分包容的选举权外,所有制度现在都存在。在这几个不同于完全民主国家的国家里,每一个国家都存在某些对投票权的限制:在智利,一些农村的选民没有投票权;在瑞士,妇女仍被剥夺了选举权;而在美国的南方各州,非洲裔美国公民一般被拒绝参加投票——如果不是通过法律就是通过歧视。还有 6 个国家可以归类于"近似的多头政体",因为其他的政治制度中有一项——比如言论自由——低于完全多头政体国家的水平。(附表 3 和附表 4)

仅仅十多年以后,完全多头政体国家的数目增加到 41 个,另外有 10 个国家的民主制度除了局部的限制外也十分完备。这样,有理由认为约有 51 个国家为多头民主制。[①] 到 20 世纪 90 年代中期,多头政体的数目再次增加,达到 58 个。

多头政体的迅速增加使人们想到两个有趣的问题:第一,我们可以怎样来说明这种完全没有预料到的惊人的历史变革?第二,这些新的经验——如果有的话——如何清楚地显示了第 3 章里所描述的通往多头政体可能采取的历史顺序或道路,而"变革战略的含义"(第 11 章所讨论的问题)是什么?



---

① 数字来自罗伯特·A.达尔:《民主及其批评》(1989 年),第 241 页,表 17.3。

# 条件的变化

为简要回答第一个问题，我想纠正我在第11章里所做的过于悲观的预测，我当时写道："以为许多多头政体国家将在一两代人的时间里发生剧烈的变革，这是不现实的。"（原书第208页）我刚才提到的多头政体数目的增加说明我的预测是多么错误——这是值得高兴的。那么，我所做的错误的预言是不是就否定了前面各章所做的分析呢？但又值得庆幸的是，可以很干脆地回答：不是。相反，我认为，多头政体数目的增加实际上有助于证实我对有利于多头民主发展和稳定的条件所做的分析。我的错误在于没有预见到这些条件会发展得如此迅速。

让我来做一个类比。我们可以设想，一个公共卫生方面的科学家描述了清洁的水源、改进的食品、更好的公共卫生设施等许多条件，如果这些条件在一个国家出现，通常就会导致人口更加健康、更加长寿。但是，这位科学家又悲观地推断，在许多国家里，这些条件得到改善的可能性很小。他认为，大多数国家在今后的一两代人时间里都不会产生这些有利于健康的条件，因此，卫生方面不可能发生任何引人注目的改善。幸好，他的预言错了：许多国家采用了有利于提高卫生水平的条件，而这些国家的卫生状况也引人注目地改善了。因此，尽管他的预言错了，导致更有利于健康的条件的变革实际上有助于证实他所做的分析。

同样地，从1970年到20世纪90年代中期，（第4—9章所描述的）有利于多头政体的条件在许多国家里都巩固了：

＊很多国家的政府丧失了运用暴力和社会经济制裁手段压制反对派的能力。(见第4章)例如,在拉丁美洲,军事独裁政权由于明显的——经济上和政治上的,而在阿根廷,还有军事上的——失败而名誉扫地。同样,随着市场经济取代了高度中央集权的经济,中央政府的压制能力也同样大大减弱了。

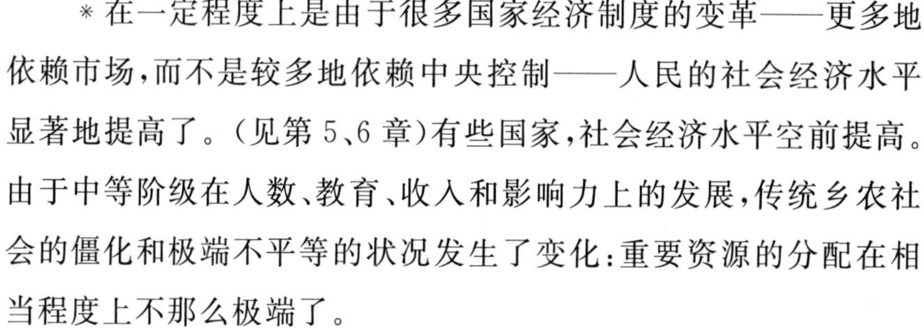

＊在一定程度上是由于很多国家经济制度的变革——更多地依赖市场,而不是较多地依赖中央控制——人民的社会经济水平显著地提高了。(见第5、6章)有些国家,社会经济水平空前提高。由于中等阶级在人数、教育、收入和影响力上的发展,传统乡农社会的僵化和极端不平等的状况发生了变化:重要资源的分配在相当程度上不那么极端了。

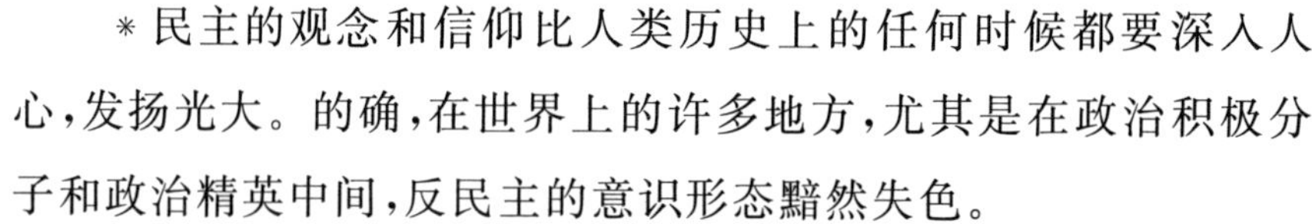

＊民主的观念和信仰比人类历史上的任何时候都要深入人心,发扬光大。的确,在世界上的许多地方,尤其是在政治积极分子和政治精英中间,反民主的意识形态黯然失色。

＊由敌视民主化的国家所施加的外来控制大大地衰落了。(见第9章)苏联的解体结束了它在中欧的霸权,让匈牙利、波兰和捷克斯洛伐克这样的国家赢得了充分的自主来建立民主制度。在西半球,美国——有段时间曾经支持拉美的独裁政权——开始转而支持民主政府。欧洲的民主国家也积极地支持民主化。此外,像联合国这些国际组织也帮助创造了一种有利于民主化的世界氛围。

＊但是,在有些国家,一个至关重要的条件仍在继续削弱民主制度的发展和稳定,这就是亚文化分裂依然存在。(见第7章)这

些情况在许多非洲国家尤其难以克服。给人深刻印象的一个例外是南非，尽管有过漫长的种族歧视，这个国家却努力实现了向民主制度的转变，平静得几乎难以置信。

因而，一般说来，在1960年前后，除了少数国家外，有利于民主制度的条件都很虚弱甚或就不存在；但到了20世纪90年代，这些条件在大得多的程度上、在多得多的国家里都成了现实。结果，全世界的许多国家完成了或者正在进行向多头民主的过渡。

## 通向多头政体的道路

关于通向多头政体的道路和民主化的战略问题，我们从这些最近的经验中可以学到些什么呢？人们为了回答这个问题而产生的学术著作和文献涉及广泛、浩如烟海，无法在这里加以概括。[①] 不过，我们可能有理由通过这项工作得出几个结论：一个国家通往多头政体的道路在很大程度上取决于它的历史、前期的发展以及有利于多头政体的条件已在多大程度上存在。在这些方面，每个国家都会有某些方面的特色。大概不存在任何通往民主化的唯一道路。看来，有许多条不同的道路。

我记着这些限定条件，打算提出关于通向多头政体的道路的

① 例如下面这几本书：胡安·J.林茨：《民主的过渡和巩固问题：南欧、南美和共产主义之后的欧洲》（1996年）；拉里·戴蒙德、马克·F.普拉特纳、朱云汉、田弘茂：《巩固第三波民主》（1997年）；列昂纳多·莫利诺：《巩固与危机之间的民主：南欧的政党、集团和公民》（1998年）。

一般思路。

第1章提出了关于一个政府宽容反对派的可能性的三条原理：当宽容的预期代价下降，压制的预期代价增加，压制的代价超过宽容的代价越多，这时，宽容的可能性将增加。在谈到压制的代价对宽容的代价的超出额时，让我使用"压制的纯代价"这个术语。当然，"代价"这个词的含义是非常广的。

一种可能的民主化进程大概是这样的：

* 在一个完全独裁统治的国家，多头民主所需要的各种制度中，最有可能首先出现的是一种对那个政权来说压制的纯代价为最大的制度。

* 当这种制度获得立足时，压制的纯代价将进一步增大。
* 然后，压制的代价次大的制度最有可能获得立足。
* 等等，继续下一步。

我的意思并不是说在通向多头政体的道路上这个过程不会中断，甚或有时不可逆转。但是，如果这个次序大致正确，它还是提出了一个粗略的民主化战略：集中力量争取实现该政权为对其进行压制而要付出的纯代价最大的民主制度。

假如不是在准备后来的一本书[①]时所获得的某些有趣的证据，我就可能会在提出这个纯理论的建议时犹豫不决。1985年，我曾邀请两位助研把附表3(原书第248页)的数据推进到当时。

① 《民主及其批评》(1989年)。

为做这项工作，他们制定出一个“多头政治尺度”，一端是“完全多头政体”，另一端是完全非民主的政体。为建构这个尺度，他们使用了表 1.1 的四项制度标准。[①]

* 存在可供选择的信息来源。（表 1.1 中的 6）
* 表达自由。（表 1.1 中的 2）
* 组织起来的自由。（表 1.1 中的 1）
* 自由公正的选举。（表 1.1 中的 7）

在 168 个国家中，有 157 个可以正好放在多头政体的尺度上。一个未预料到的结果是出现了清晰的模式。紧挨着位于尺度上完全独裁政体一端的国家的是人们可以获得某些可选择的信息来源的国家。再接着是除了可选择的信息来源外还在很大程度上存在表达自由的国家。沿着尺度再往下的那些国家，除了这两套制度和惯例外，还有相当大的组织起来的自由。最后，靠近或位于尺度上完全民主一端的国家，除了刚才列举到的所有三项制度已经存在外，自由公正的选举也一样存在了。

对这些结果进行解释，说它们证明这些国家实际上遵循了它

① 他们所设计的尺度为从 0 到 10。一个国家如果四项制度都有效存在，这个国家就位于刻度 0。一个国家如果四项制度都不存在，这个国家就位于 10。从尺度上的一点到下一点的变化，表示四项民主制度中某一项的增减或效力的强弱。例如，排在 1 的国家 X，除了官方的观点可以在媒体优先表达外，在其他方面都类似于一个排在 0 的“完全民主”国家。在相对的另一端，国家 Y 虽然类似于位于 10 的——所有四项制度一概都不存在——完全非民主国家，但在国家 Y 并非所有的公众不同意见都遭到有效的压制，因此放在 9。

们自己的历史发展道路，虽然会是一个错误，但是，在一个政权遏制多头民主的各种制度的所付出的纯代价中可以发现一种对这个模型的可能的解释。即使是对于那些独裁政权的领导人来说，完全遏制民主制度的出现而付出的代价也很可能过大。而且，对一个正在经历社会和经济发展的国家来说，纯代价肯定要增加。社会和经济发展有助于造成某些有利于民主制度的条件，其中包括向更分散化的市场经济和社会的转变、收入水平的提高、更普遍的文化教育、对更自由的信息交流的需要、减少对军队和警察压制的依赖，等等。

即使一个高度独裁的政权，要查禁所有领导控制之外的可选择信息来源，所付出的代价可能很容易变得极为庞大，尤其是在有现代通讯手段的条件下。因此，在尺度的某一点上，这个政权可能仅仅因为维持其信息垄断的代价太高——甚或根本就不可能维持——而放弃对信息的垄断。在苏联解体之前，已另有所钟的苏联领导人已不可能再阻止小道消息(*samizdat*)的广为流传。同样，当社会和经济发展时，要压制一切言论自由的纯代价急剧增加，不久就可能发展到超过政权可接受的程度。甚至在一个存在某种可选择信息来源和相当程度言论自由的国家，结社自由很可能对非民主的领导人极其危险，以致他们将为防止独立组织的产生而付出高昂的代价，并同意付出相当代价来制止它们的建立。但是，随着社会和经济的进一步发展，他们因压制的纯代价可能变得如此巨大而被迫宽容至少某些相对独立的团体的存在。当这些制度都得以壮大时，压制它们的纯代价就会更大。

最后的防线，即自由公正的选举，对这个政权来说无疑是最危险的。因为如果采用了这个民主的制度，这个政权的领导人就很可能要承受极其严重的后果：他们将丧失他们的权力。因此，他们可能同意承担为阻止自由公正的选举而付出非常高昂的代价。然而，到最后，政权领导人当中的一个有充分影响力的派别可能会意识到，无论他们仍然拥有多大的合法性，如果不举行相对自由公正的选举，他们都将彻底失败。如果没有选举，他们可能只是不能有效地进行统治。而要是没有有效的统治，从过去的社会经济发展中所获得的一切利益都会丧失。于是，终于跨过了这个最后的至关重要的防线。

让我重复一下：这并不是一个拥有非民主政权的国家为建立多头民主的政治制度而可能采取的唯一道路，但它是一条可能的道路，而且它确实是一条大有希望的路。

罗伯特·A.达尔

1999年1月16日

# 鸣　谢

我要对洛克菲勒基金会表达我的谢意，是他们提供的资金支持才使得这本书以及我在政府与反对派这个课题上所从事的其他工作成为可能。我还受惠于耶鲁大学校委会从亨利·L.史汀生基金会争取到的对世界事务研究的赞助以及耶鲁大学提供的高级教师奖金，它们使我得以完成本书的初稿。

许多同事在我写作的不同阶段阅读了全部的或部分的草稿，他们的评论尤有裨益。他们当中有弗雷德里克·巴洪、罗伯特·迪克斯、威廉·福尔茨、迈克尔·莱塞森、拉赫尼·科萨里、胡安·林茨和戈登·斯基林，他们都是本书的姊妹篇《政权与反对派》的合作者；还有汉斯·达尔德、约瑟夫·拉帕洛姆巴拉、瓦尔·洛文、纳尔逊·波尔斯比和斯坦恩·罗坎。我还想感谢我的研究生和本科生课程上的学生们，他们愿意接受这本书的手稿并做出反应，这通常是极为有益的。

贝蒂·莫瑟利女士、米里亚姆·斯旺森女士和南希·霍斯金斯女士以她们的耐心、技术和速度把我的草稿变成了清晰可读的打字稿，我在此深表钦佩和谢意。并且，玛丽安·阿什女士以她在耶鲁大学出版社做的编审工作，使我又一次蒙受更多恩惠。

罗伯特·A.达尔

# 第 1 章　民主化与公开的反对派 1

假如在一种政体下政府的反对派不能为了在自由公正的选举中与政府相对抗而公开合法地组织政党，那么，要由这种政体转变为一种政府反对派可以这样做的政体，什么情况会有利于这种转变，什么情况会妨碍这种转变呢？这就是本书所关注的问题。

## 概念

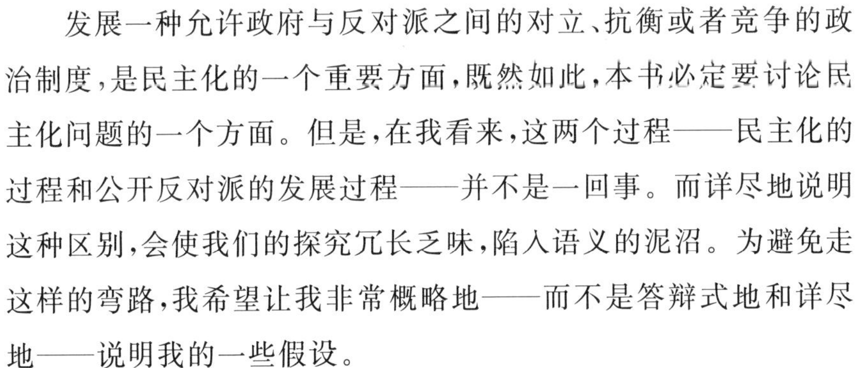

发展一种允许政府与反对派之间的对立、抗衡或者竞争的政治制度，是民主化的一个重要方面，既然如此，本书必定要讨论民主化问题的一个方面。但是，在我看来，这两个过程——民主化的过程和公开反对派的发展过程——并不是一回事。而详尽地说明这种区别，会使我们的探究冗长乏味，陷入语义的泥沼。为避免走这样的弯路，我希望让我非常概略地——而不是答辩式地和详尽地——说明我的一些假设。

我设想，民主国家的一个重要特征，就是政府不断地对公民的选择做出响应，公民在政治上被一视同仁。一种制度要成为严格的民主制度，还要具备哪些其他特征呢？我不打算在此细说。在 2
这本书里，我希望将“民主”这个术语留给这样一种政治制度，其特征之一就是能完全地或者几乎是完全地响应所有公民的要求。这样的制度是否实际存在，或者曾经存在，或者可能存在，我们暂且不必关心。的确，人们可以构想这样一种假想的制度；而对许多人来说，这样的想法是一种理想，或者说是一种理想的一部分。作为一种假想的制度，一种标准的极限，或者一种限定的状态，它可以（好比一种纯粹的真空状态）作为评估的基础，用来判断各种制度接近这一理论界限的程度。

我进一步设想，为了让一个政府在一段时间里持续地对（政治上一视同仁）公民的选择做出响应，所有的成年公民都必须拥有以下充分的机会：

1. 明确阐述他们的选择；
2. 通过个人行动和集体行动向其他公民和政府表明他们的选择；
3. 使他们的选择在政府行为中受到同等的重视，也就是说政府在考虑这些选择时不因其选择的内容或选择由谁提出而加以歧视。

因此，在我看来，这就是民主的三个必不可少的条件，尽管这些条件可能还不够充分。接下来，我再设想，要让一个人数很多——例如现今组成大多数民族国家的人数——的一群人中有这三种机会，社会的制度就必须至少提供八项保证。这些保证见表1.1。

3 我还要进一步设想，这八项保证与三种机会之间的关系十分明白，无须在这里多加阐述。①

**表 1.1　在很大的人群中实行民主的某些条件**

| 有机会： | 要求下列制度保证： |
| --- | --- |
| Ⅰ.明确阐述选择 | 1.建立和加入组织的自由 |
| | 2.表达自由 |
| | 3.投票权 |
| | 4.政治领导人为争取支持而竞争的权利 |
| | 5.可选择的信息来源 |
| Ⅱ.表明选择 | 1.建立和加入组织的自由 |
| | 2.表达自由 |
| | 3.投票权 |
| | 4.取得公共职务的资格 |
| | 5.政治领导人为争取支持而竞争的权利 |
| | 6.可选择的信息来源 |
| | 7.自由公正的选举 |
| Ⅲ.使选择在政府行为中受到平等考虑 | 1.建立和加入组织的自由 |
| | 2.表达自由 |
| | 3.投票权 |
| | 4.取得公共职务的资格 |
| | 5.政治领导人为争取支持而竞争的权利 |

①　这些关系中的某些方面在我著的《民主理论引论》(芝加哥：芝加哥大学出版社，1956 年)，第 63—81 页；以及罗伯特・A.达尔和查尔斯・E.林德布洛姆的《政治、经济与福利》(纽约：哈珀出版公司，1953 年)，第 10、11 章中有过讨论。

5a.政治领导人为争取选票而竞争的权利

6.可选择的信息来源

7.自由公正的选举

8.根据选票和其他的民意表达制定政府政策的制度

于是,通过考察所列举的八项制度保证,就会看到这些保证会为我们提供一个能够用来对各种不同的政治制度进行排列的理论
4 尺度。不过,进一步加以考察,似乎可以对这八项保证做出如下有意义的解释:它们构成了两组略有区别的关于民主化的理论尺度。

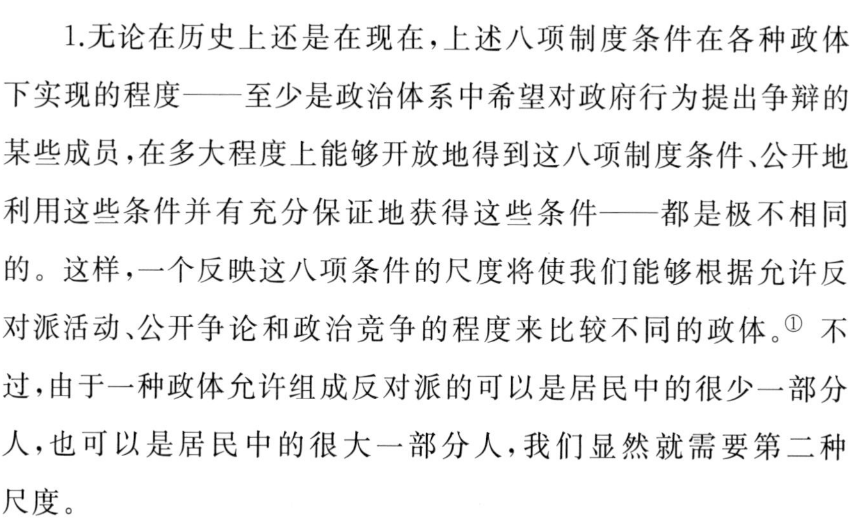

1.无论在历史上还是在现在,上述八项制度条件在各种政体下实现的程度——至少是政治体系中希望对政府行为提出争辩的某些成员,在多大程度上能够开放地得到这八项制度条件、公开地利用这些条件并有充分保证地获得这些条件——都是极不相同的。这样,一个反映这八项条件的尺度将使我们能够根据允许反对派活动、公开争论和政治竞争的程度来比较不同的政体。[①] 不过,由于一种政体允许组成反对派的可以是居民中的很少一部分人,也可以是居民中的很大一部分人,我们显然就需要第二种尺度。



2.无论在历史上还是在当代,各种政体下有权或多或少平等

① 在本书中,自由化、政治竞争、竞争性政治、公开争论以及公开反对这些术语,交替地用来说明这个尺度,而在涉及在这一尺度上程度较高的政体时常常称之为竞争性政体。

地参与对政府行为予以控制、进行争论——所谓参与，可以说就是公开争论的制度——的居民在人口中所占的比例也是不同的。反映参与公开争论的权利的广泛性的尺度，将使我们能够根据不同政体的包容性来比较各种政体。

例如，在上述两种尺度中，都涉及自由公正的选举中的投票权。当一种政体把这项权利赋予某些公民时，就会导致比较广泛的公开争论。但是，公民中享有投票权利的人越多，这种政体的包容性就越大。

公开争论与包容性又各自略有差别。英国到 18 世纪末已经形成了高度发达的公开争论制度，但直到 1867 年和 1884 年扩大 5
投票权之后，也只有很少一部分人被完全容纳在这个制度之中。瑞士拥有世界上最发达的公开争论制度之一，可能很少有人会对下述观点表示异议：瑞士的政体是高度“民主”的。但是，占瑞士人口半数的妇女却仍然被排除在全国性选举之外。相比之下，苏联几乎仍然根本没有公开争论制度，虽然苏联确实实现了普遍的选举权。事实上，20 世纪最引人注意的变化之一，就是对公众参与政治的合法权利直接予以拒绝的情形实际上已看不到了。只有很少的一些国家连起码的形式上的投票权也没有给予它们的公民，也不举行起码的名义上的选举；甚至最专制的独裁者现在也要在口头上表示承认人民参与政治的合法权利——即参与“治理”的权利，哪怕没有公开的争论。

不用说，“参与”权缺少了反对权，与实行公开争论的国家的参与权相比，其意义就会大打折扣。在实行了普遍选举权而政府却

完全实行高压政策的国家，所提供给反对派的机会，无疑会少于在一个选举权范围虽然狭小但政府非常宽容的国家所提供的机会。所以，仅仅根据不同国家的包容性对它们进行排列，而不考虑其周围环境，所得到的结果就会偏离正常。但是，只要我们对这一事实——即“投票权”或者更概括地说参与权的范围，只表明政治制度的一个特征，而且是一个离开了与其他特征的关联就无法理解的特征——保持清醒的头脑，根据其包容性来区别各种政体还是有益的。

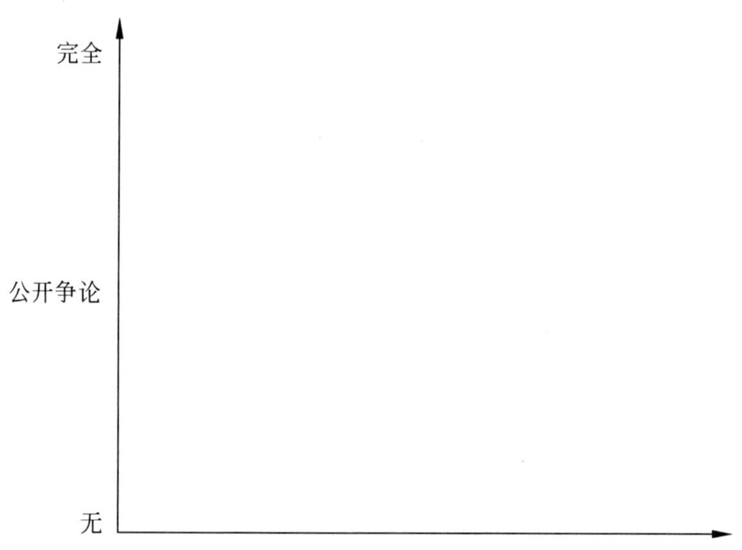


**图 1.1　关于民主化的两种理论尺度**

那么，设想我们认为民主化至少包括两个尺度：公开争论和参

6 与权。（图 1.1）无疑，大多数读者会认为民主化应包括的不仅是

这两个尺度;后面我将讨论第三个尺度。但这里我打算只限于讨论这两个尺度。要点已经显现出来,因而我认为:发展一种公开争论的制度,并不一定就等同于完全民主化。

为了更清楚地说明公开争论与民主化之间的关系,现在让我
们用图 1.2 来表示上述两个尺度。[①] 从理论上说,由于一种政体可
以被置于这个二维空间中的任何一点,显而易见,我们关于政体的
术语就是不适当的,而且几乎毫无希望,因为这些术语的基础始终
都是归类而不是排列。当然,可以把我们的二维尺度所构成的空
间分割成任意的小块单元,每一个单元都可以取一个名称。但是,
就本书的目的而言,详细分类是多余的。还是让我提供一份小的
词汇表——我希望这是一个合理适当的词汇表——这使我能够充 7
分精确地说明我想要讨论的各种政体变化。

我把图 1.2 中靠近左下角的政体称为封闭性霸权政体。如果一个霸权政体沿着路线 Ⅰ 向上方发展,它就会朝着公开争论比较发达的方向转变。任何人无须夸大其词,都可以说朝这个方向的变化意味着一个政体的自由化,不然就会说这个政体变得比较有竞争性。如果一个政体沿着路线 Ⅱ 变化,提供更多的参与机会,就可以说它是在朝着更为大众化的方向转变,或者说变得具有包容性。一个政体可以沿着一个尺度变化,而不涉及另一个尺度。如果我们把靠近左上角的政体称为竞争性寡头政体,那么路线 Ⅰ 就表示从一种封闭性的霸权政体向一种竞争性的寡头政体转变。但是,一个封闭性的霸权政体也可能沿着路线 Ⅱ,变得更具有包容性

① 根据这两个尺度对 114 个国家所做的排列,可见附录 A,附表 1。

8 而没有自由化，即没有提供更多的公开争论的机会。在这种情况下，这种政体就从封闭性霸权政体向包容性霸权政体转变。

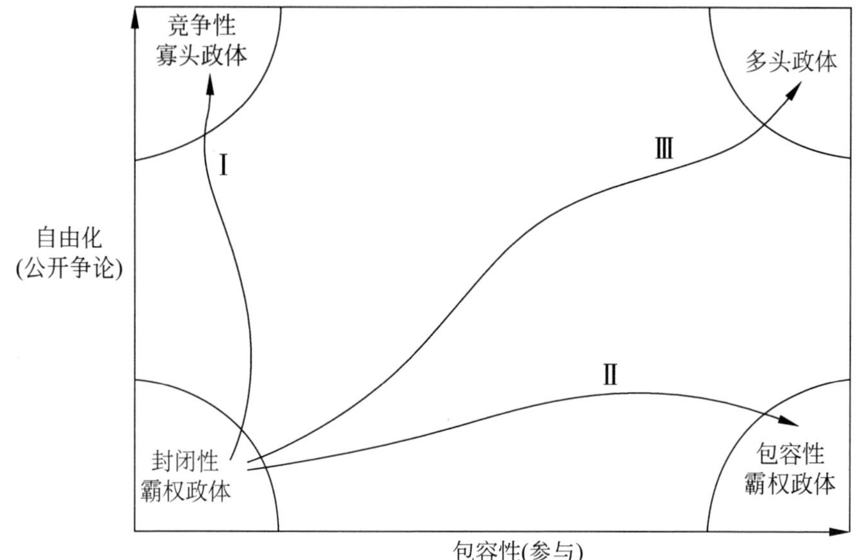


**图 1.2　自由化、包容性与民主化**

可以设想民主政体位于图 1.2 的右上角。但是，民主可能涉及图 1.2 中的两个尺度以外的更多的尺度，并且（在我看来）现实的世界中没有任何大的政治体系是完全民主化的，因此，我更愿意把最靠近右上角的那些现实世界的政治体系称为多头政体。一个政体发生的任何使它向上并向右——譬如沿着路线Ⅲ——转变的变化，都可以被说成是体现了某种程度的民主化。于是，多头政体可以被认为是比较（但非完全）民主化的政体，或者，换一种说法，多头政体是这样一种政体，它在本质上是大众化、自由化的，也就

是具有高度的包容性，并且广开言路，允许公开讨论。

你将注意到，虽然我给靠近四个角的政体都命了名，在图的中间有一个大的空间还没有命名，也没有进一步分割。没有命名在一定程度上反映了历史上依照极端形式对政体进行分类的倾向，这也说明我想回避繁琐的术语。没有命名并不意味着没有这些政体。实际上，当今世界上的大多数国家政体或许就应归入图 1.2 的中间区域。因而，许多重大的政体变化就是在这个重要的中心区间里面的变化，或者是由外进入、由内走出这个区间的变化，例如，这些政体的包容性增强（或者削弱）了，提供给公开争论的机会增加（或者减少）了。为了讨论这个大中心区间的各种政体，我有时要使用"近似"（near or nearly）这个词语：一个近似霸权政治的政体提供的公开争论机会，要稍许多于霸权政体；一个近似多头政治的政体，可能具有相当的包容性，但对公开争论的限制要比完全
多头政体下严厉，或者它提供的公开争论的机会可能与完全多头 9
政体提供的相当，但其包容的程度却略低。①

① 术语问题是个大难题，要找到已在使用而又不是任意定义、令人费解的词语似乎是不可能的。读者应该记住，这里使用的术语，在这本书里从头到尾——尽我的全部能力——都只是用来表达后面各个段落里所显示出来的意义。毫无疑问，有的读者会反对用多头政体（polyarchy）这个术语代替民主（democracy）这个词。但是，重要的是要强调作为一种理想制度的民主与已被视为不完美的近似于一种理想的制度安排之间的区别，我认为，经验表明，同一个术语用于这两者时，不必要的混乱和根本不适当的语义争论就会给分析造成障碍。在其对角，霸权政体也不总是令人满意的；但是，假如按我所指出的含义，霸权的（hegemonic）这个术语对我来说，似乎比分层政治的（hierarchical）、独裁的（monocratic）、专制的（absolutist）、独裁的（autocratic）、专横暴虐的（despotic）、权威主义的（authoritarian）、极权主义的（totalitarian）等等要更加合适。在"公开争论"里我用了"争辩"（contestation）这个词，正是属于英语中的规范（即使很少见）用法，在英语里，contestation 意思就是争辩（to contest），意味着使某一事物成为

在这本书里，后面还需要使用这样一些术语，这证明了分类是有效的；在区分“完全”与“近似”之间的界限时随心所欲，则证明了任何分类都是不适当的。只要我们牢记，就划分图 1.2 中的空间的方法而言，术语是必要的，但有相当的随意性，各种概念都将为它们的目的所用。

10 

## 重提的问题

本章开头提出的问题，现在可以重述如下：

1.哪些条件会增加或者减少使一个霸权政体的或近似霸权政治的政体民主化的可能性？



2.更具体地说，哪些因素会增加或者减少公开争论的可能性？

3.再进一步具体地说，在一个高度包容的政体——也就是多头政体——下，哪些因素会增加或者减少公开争论的可能性？

---

争论(dispute、contention)或诉讼(litigation)的题目，与它的意思最接近的同义词是争论(dispute)、挑战(challenge)或竞争(vie)。然而，使用这个词最早是受到勃特兰德·德·乔维内尔的“争辩的手段”(《政府与反对派》，1966 年 1 月，第 1 卷，第 155—174 页)的启发。乔维内尔使用这个词的含义与我使用的相类似，这个法语词与英语词是相同的，他采用的是其原意，意思是：débat(辩论)、objection(异议)、conflict(冲突)、opposition(敌对)。但是，在这份杂志的同一期上，吉塔·伊尼斯库(“某些一党制国家的控制与反对”，第 240—250 页)采用了这个词的狭隘的但是现在是相当常见的意义，即“反对派基于主张和意识形态上的根本原则的分道扬镳的分歧而形成的反制度的基本而持久的必要条件”。显然，伊尼斯库的定义，比我在这里和乔维内尔在他的论文中所使用的定义，对这个概念有更多限制的定义。

## 限制条件

于是，本书要探讨的就是公开争论制度得以发展和存在的条件。由于公开争论是民主化的一个方面，如我在这一章的开头所提到的，本书就有必要在一定程度上探讨民主化问题。但是，重要的是要记住：这里所关注的不包括民主化分析中通常会考虑的某些重要问题。

最好是把民主化过程看成是由几次广泛的历史演变构成的。一是由霸权政治和竞争性寡头政治向近似多头政治的演变。这基本上就是 19 世纪西方世界所发生的过程。二是由近似多头政治向完全多头政治的演变。这是 19 世纪末和第一次世界大战之间的 30 年左右的时间里在欧洲所发生的事情。三是完全多头政治的进一步民主化。这个历史过程或许可以追溯到大萧条发生后民

主福利国家的迅速发展，后因第二次世界大战而中断；在 20 世纪 11
60 年代后期，这一过程似乎以迅速发展的要求各种社会组织民主化的形式——这在青年人中尤为显著——又一次复兴。

本书所关注的是第一个和第二个演变而不是第三个演变。① 民主化的第三个浪潮无论成功还是失败，它都肯定会与另外两个浪潮一样重要。由于第三个浪潮将只发生在最“先进”的国家，并将有助于这些“先进”国家 21 世纪的生活方式的形成，因此，对这

---

① 我在《革命之后？美好社会中的权威》（纽黑文：耶鲁大学出版社，1970 年）这本书里讨论了第三次演变的某些方面。

些国家的许多人来说，第三个浪潮肯定会显得比另外两个浪潮更为重要。不过，世界上的大多数国家还不具备实现这一特别演变的可能性。1969 年名义上的独立国家有 140 个，其中，有 20 多个国家具有很大的包容性并且建立了高度发达的公开争论制度：简言之，这些国家是包容性的多头政体。或许，按照完全多头政体的理性标准，另外还有十来个国家是近似的多头政体。第三个浪潮就是在这 30 多个国家里必定会发生。一些非多头政体的国家是否能够像某些空想理论家所断言的那样，跳过多头政治制度，而以某种方式实现比多头政治国家里现存的民主更加完全的民主化呢？根据下面的分析，这似乎是十分遥远的事。对大多数国家来说，民主化的第一个和第二个阶段——而不是第三个阶段——才是最要紧的。



实际上，这本书所要关注的范围，甚至比对民主化的前两个阶段的分析还要狭窄。我已经提到“政体”(regimes)和“公开争论制度”(systems of public contestation)。但是，到现在我还没有详细地说明国家组织发展到多高水平，政体和公开争论制度才能有效地实行。那么，我现在就要强调的是，这里所分析的是国家的政
12 体(national regimes)，也就是国家(country)——或许你会强调是法律上独立的国家(the legally independent state)，或者用不够恰当的词语，民族或民族国家(the nation or nation-state)——这个层次上所采取的政体。毫无疑问，某些分析会用于较低层次的政治和社会组织，如城市、省、工会、公司、教会等等；某些这样的分析也许对正在出现的包容性更加广泛的政治组织——各种国际组织——来说也是相关的。不过，人们特别展开争论的只是国家政体的问题。

再说，在一本讨论民主化的书中这会是一个重大的遗漏。甚至从公开争论的方面看，这个遗漏也是不可忽视的。偶然的观察启示我们，不仅在全国政府而且在各种较低级别的政府和社会组织的过程中，各国提供的争论和参与的机会的范围都是很不相同的。次国家单位一般特征上的总的区别，看来是与国家的政体性质的区别相联系的（例如，它是否是多头政体），就在这个范围内，我将在我的分析中考虑这些区别和联系。

然而，强调应该进行更进一步的分析似乎是合理的。任何人
要详尽说明一个国家里可以得到的参与和争论的机会，他确实有
必要对次国家的单位可以得到的这种机会也有所说明。在南斯拉
夫，尽管实行的是一党制，但我们可以说，允许在次国家的单位进
行大范围自治的特别尝试，表明该国的参与和争论的机会要比阿
根廷和巴西多。要全面观察这个问题，就得注意图 1.3 所提出的
所有可能性。的确，近来对多头政治的不完全民主化的一些批评
争辩说，虽然多头政治在国家层次上可能是竞争性的，而大量次国 13
家的组织，尤其是民间协会，却是霸权政治或者寡头政治。①

尽管把对国家政体的说明扩展到次国家单位的任务很重要，现在如试图考察相当多的国家，我认为，所要求的分析会太复杂，所遇到的资料数据问题也会令人不堪重负，因而计划会完成得令人很不满意。诚然，原则上说，可用沿着图 1.1 和图 1.2 所图解的

① 特别要参看格兰特·麦康内尔：《私人权力与美国民主》（纽约：诺夫出版公司，1966 年）；亨利·卡利尔：《美国多元主义的民主》（斯坦福：斯坦福大学出版社，1961 年）；在某些方面也可参看罗伯特·保罗·沃尔夫：《自由主义的贫困》（波士顿：培根出版社，1968 年）。

| | | 国家政体 | |
|---|---|---|---|
| | | 低级 | 高级 |
| 次国家组织 | 高级 | Ⅲ | Ⅰ |
| | 低级 | Ⅳ | Ⅱ |

Ⅰ. 完全“自由化”或“竞争性”政体

Ⅱ. 国家层次上的竞争性政治,次国家组织的霸权政治

Ⅲ. 次国家组织的竞争性政治,国家层次上的霸权政治

Ⅳ. 完全的霸权政治

**图 1.3 根据可得到的争论机会对不同国家的假定排序**

两个尺度来确定次国家组织的位置。但是,要在图 1.3 的假想空间中确定不同国家的位置,问题就不简单了。首先,这个空间只能
14 处理两个尺度中的一个:争论。显然,要有一个类似的程序来处理另一个尺度:参与。更有甚者,甚至在一个国家里,次国家的各个单位提供的争论和参与机会往往也是不同的。例如,在许多现代国家里,城市政府里的这种机会要比工会里多得多,而工会里又要比商业公司里多。结果,就只好将次国家的单位分成一些类别:商业公司、工会、城市政府、教会、学校,等等。[①] 遗憾得很,在这个场合,这些要求简直就是空想,也就是基于这个理由——实用的而不

① 西摩·马丁·李普塞特、马丁·A.特罗和詹姆斯·S.科尔曼已经做了经典性的研究,《工会民主》(格伦科:自由出版社,1956 年)集中探讨了一个例外的争论和参与程度很高的工会的案例。以单独一个国家的背景来描述和解释这个不常见的案例,是件非常了不起的事情。

是理论的——我决定把注意力限制在国家层次。

## 若干假定

当霸权政体和竞争性寡头政体向多头政体转变时，有效参与和辩论的机会就会增加，因而，其偏好必须在政策制定中加以考虑的个人、集团和利益的数目也就会增加。

从那些当权的现任官员的观点看来，这样的转变会造成新的冲突的可能性，冲突的结果就是，他们的目标（及他们本身）就可能被新组织起来的个人、集团和利益的代言人所取代。

反对派的问题，也就反映出现任当权者的问题。任何为政府反对派提供更多的把目标转化为国家政策的机会的变革，都会带来与他们在政府里所取代的那些个人、集团和利益的代言人之间 15
发生冲突的可能性。



这样，政府与反对派之间的冲突越大，每一方就越有可能拒绝让另一方有机会有效地参与政策制定。换句话说，一个政府与它的反对派之间的冲突越大，一方宽容另一方的代价就越大。由于反对派为了抑制现任官员就必须取得对国家的控制（在这种情况下反对派与政府已经掉换了角色），我们可以系统地阐明关于政府宽容其反对派的原理的普遍命题。

原理 1：宽容的预期代价下降时，一个政府宽容一个反对派的可能性将增加。

但是，一个政府也得考虑，压制一个反对派会付出多大代价；因为即使宽容需付出代价，但压制反对派所付出的代价可能要大得多，因而压制显然是愚蠢的。因此：

> 原理 2：压制的预期代价增加时，一个政府宽容一个反对派的可能性将增加。

于是，可以认为，一个比较具有竞争性的政治体系出现或者持续存在的可能性，取决于这样两组代价：

> 原理 3：压制反对派的代价超出宽容的代价越多，竞争性政体的机会就越大。



原理 3 可以如图 1.4 所示。

16 宽容的代价越低，政府的安全性就越大。压制的代价越大，反对派的安全性就越大。因此，使政府和反对派都获得高度相互安全保障的这些条件，往往会造成并保持让反对派对政府行为进行争辩的广泛机会。

所以，前面提出的问题可以重新叙述如下：

> 什么样的环境有效地增加政府和反对派的相互安全，从而增加了公开争论和多头政治的可能性？

但是，在我试图回答这个问题之前，让我先考虑更重要的问题:多头政体重要吗?

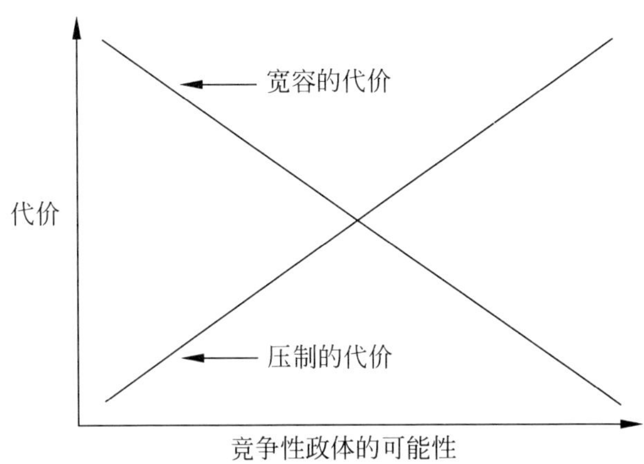


**图 1.4**

17 # 第2章　多头政体重要吗？

有的读者可能倾向于认为国家政体的区别并不十分重要。例如，一个人可能同意盖塔诺·莫斯卡[*]等人力主的观点：每种政体终究都是由少数统治者控制的。莫斯卡对下述信念提出了严厉的挑战：一个国家的政体变革之后，接踵而来的必定是该国人民的不祥之兆，因而他的怀疑论就有许多东西可谈。而且，政体变革的肤浅之处，就在于有时根本就不是真正的政体变革，而只不过是人事的变更、词藻的翻新以及空洞的宪法规定。

但是，似乎没有什么人能够一贯地坚持这样的观点：政体的区别——例如多头政体与包容性霸权政体之间的区别——基本可以忽略。实际上，在我的印象中，支持这种观点的经常是些知识分子，他们在内心里是自由主义的或激进的民主党人，但又对多头政体或近似多头政体的明显失败感到失望；相反地，倒是那些有过在高压的霸权政体下实际生活体验的知识分子，却很少认为政体的

---

* 盖塔诺·莫斯卡(Gaetano Mosca，1858—1941)，意大利法学家和政治理论家。曾先后担任意大利众议院议员和上议院终身议员。他认为任何社会都存在少数人的统治，反对纳粹的种族优越论；他不赞成让最没有文化的阶层得到选举权，但主张从社会经济地位较低的阶层中吸收有统治意志和才能的人，从而使统治阶级逐渐更新，缓和贵族化的趋向。——译者

区别无关紧要。或许，最有说服力的例子是像莫斯卡和克罗齐这样的意大利知识分子提供的，他们毕其一生来抨击意大利在法西斯主义之前存在的令人轻蔑而又有明显缺陷的议会制政体。虽然从统一到法西斯主义之间的 70 年间，意大利的政体典型地走过了 18
从竞争性寡头政体到包容性多头政体的道路，意大利人在政治事务中相信议会中多数派的变化论*（*trasformismo*）和在政治生活中缺乏公民道德的毛病（*incivismo*）就太明显了，这就使得议会制政体不能得到充分支持。但是，莫斯卡认识到，这种有严重缺陷的政体在重要的本质方面与法西斯主义是不同的——而且，纵然这种政体曾经不足取，也比法西斯主义要好。在他对意大利参议院的最后一次演说中，莫斯卡承认他的讲话

> 带有某种情感，因为——让我们坦白地说——我们参加了一种政府形式的葬礼。我没有想到会是由我来为议会制致悼词……我，一个一直对议会制苛刻挑剔的人，今天，却不得不为它的逝去而痛哭……任何人也许都会诚挚地说：还是议会制好一些。

但是，他未能以庄严的懊悔姿势喝下这杯苦酒，因为他一直活到 1941 年，因而除了那种不幸的新秩序的最后瓦解外，他目睹了一切。至于克罗齐，他开始是欢迎法西斯主义的，但最后他承认，就在他一直对议会制政体嗤之以鼻的时候，

* 指多数派政府吸收各派人士参加，以免形成真正的反对派的主张。——译者

> 他绝对没有想到，哪怕是很小的可能性也没有想到过：意大利曾为之付出了很大代价的自由，他那一代人曾以为一劳永逸地获得了的自由，竟会被人剥夺掉。

到1945年，盖塔诺·萨尔维米尼——一个持激进观点的知识分子，一直对焦利蒂*领导下的意大利持激烈批评的态度——也不怀疑，尽管议会制有种种缺陷，其实际现状和潜在情况还是比后来出现的制度要好得多。他推断说，“与建立中的意大利民主的后果相对照，法西斯独裁政权的后果此时就摆在我们的眼前。让我们期
19 待，意大利人并不是唯一从那次可怕的经历中得到教训的人。”①

* 焦利蒂(Gioanni Giolitti，1842—1928)，意大利政治家，曾于1892年、1903年、1906年、1911年、1920年五次出任首相。——译者

① 莫斯卡的引文参见詹姆斯·迈泽尔：《统治阶级的神话》(安阿伯：密歇根大学出版社，1958年)，第225—226页；克罗齐的引文出自乔万尼·萨托利：《民主理论》(底特律：韦恩州立大学出版社，1962年)，第37页；关于克罗齐早年赞成法西斯主义的态度的讨论，参见萨托利：《克罗齐的伦理政治学和自由哲学》(佛罗伦萨：大学科研项目，日期未注明)，第191页以后；萨尔维米尼的陈述参见他写给A.威廉·萨拉莫内的介绍性论文《焦利蒂时代的意大利：建造中的意大利民主，1900—1914年》(费城：宾夕法尼亚大学出版社，1945年、1960年)；萨尔维米尼的简短论文实际上力主，代议制政府在意大利出现时，与英国和美国相比，并不是非常不顺利。他的陈述概括了他的判断：“意大利的民主在成为尽管不是‘完美的民主’，却是‘不那么不完美的民主’之前，就会需要又一代人的试验和错误。但是，第一次世界大战后的危机决定了民主进程的厄运。”(第XX页)萨尔维米尼接着说：

> 回顾30年后改革者所做的事情，我觉得我没有什么后悔的。但是，我必须承认，假如我在批评焦利蒂的制度时更温和些，我就会更聪明理智了。我对焦利蒂以后在意大利出现的那些人的认识，以及我对我在过去20年里生活过的那些国家的认识，使我相信，即使焦利蒂不是更好，他也不会比他之后的许多意大利以外的政治家更坏。一段时间里，我们意大利改革者从左的方面攻击焦利蒂，指责他败坏了建造中的意大利民主——他也确实如此；另一些人从右的方面攻击他，因为

虽然这样的见证人提供的证言并不能证明要点,却告诫人们不要接受政治体制的变革无关紧要的简单想法。我想,要对政体变革重要性的程度、条件进行负责的分析,恐怕就得写一本书,我在这本书里打算放弃这一努力。而且,如果理论和资料数据连确定各种不同政体发展的最有利条件都远远不够,确定不同政体的不同后果(最近的政治学行话称之为“输出”)就更无从谈起了。尽 20
管如此,还是有理由认为,一个政权从霸权政体转变为更有竞争性的政体或从竞争性寡头政体转变为多头政体,的确具有重要意义:

1.首先,有古典自由主义的自由,这些自由属于公开争论和参与的应有之义:有机会反对政府,建立政治组织,表达个人对政治问题的意见而不用担心政府的报复,能读到和听到可选择的观点,在选举中秘密投票,在选举中不同政党的候选人为争取选票而竞争,而在选举后输掉的候选人平和地放弃对职位的要求而让给获胜者,等等。在已经建立的多头政体下,这些自由很久以来就已没有了吸引力,不能激起新的理想,更不用说引起任何革命要求。这些权利在人们看来已习以为常,实现得也不彻底,显然不足以确保一个良好的社会,在许多代人的时间里因被看作词藻滥用而变得平凡浅薄,因而很容易被理所当然地当作不大重要的遗产。而对那些失去了自由或者从未得到过自由的人来说,自由的价值无疑显得更为重要。在意大利像莫斯卡、克罗齐、萨尔维米尼这样一些

他们觉得他甚至太民主了。结果,我们的批评不仅无助于使意大利政治生活向不那么不完美的民主政体的发展,反而朝着那些军国主义者、国家主义者以及反动集团得势的方向发展了,他们感到焦利蒂的民主太完美了。

对法西斯制度之前的议会制提出批评的人，正是由于想当然地看待这样的自由，才没有能够预见到在一个新的政体下意大利会遭受多么沉重的压迫。在捷克斯洛伐克，自由化力量在他们的革命被苏联人阻止和挫败之前，在很大程度上就是要扩大这样的自由。许多反对佛朗哥独裁政权的力量的一个共同目标，也是要在西班牙争取这样的自由。

21 2.与政治竞争相结合的参与的扩大，改变着政治领导人——尤其是在那些通过选举获得职位的人，因而主要是议会议员——的构成。当新的集团被赋予选举权时，社会特性与新组织起来的社会阶层比较接近的候选人就会赢得更多的选任职位。这样，当竞争性寡头政体下狭窄的选举权扩大到中间阶级时，从中间阶级中吸收的政党领袖和议会议员的人数就会增加。在工人阶级被给予了选举权时，尤其是在工党和社会党获得大量工人选票的国家，同样的情况也会发生。① 美国内战后，当重建给予南方的黑人普

① 有大量的证据说明这些变化，但迄今为止，据我所知，还没有关于这些变化的比较分析。长期的系统研究，有马太·多甘的“一个阶级社会里的政治提升：1870—1958年的法国议员”，载德韦恩·马维克主编：《政治决策者：征募与表现》（格伦科：自由出版社，1961年），第57—90页；W.L.格兹曼：《英国的政治精英》（伦敦：麦吉本-基出版公司，1963年）。关于1832年后英国所发生的变化，证据丰富，却显然不系统。但是，可比较刘易斯·纳米尔爵士：《乔治三世即位时的政治结构》，第二版（伦敦：麦克米兰出版公司，1961年），第84页以后关于1761年来自各自治市的议员的资料；W.艾弗·詹宁斯：《英国议会》（剑桥：剑桥大学出版社，1939年），第38页表Ⅱ；以及格兹曼：《英国的政治精英》。关于意大利议会1909—1963年的职业和社会阶级构成变化（1913年采用普选制，1919年采用比例代表制），参见S.绍莫吉、L.罗迪、A.普雷迪耶利和G.萨托利：《意大利议会制：1946—1963年》（那不勒斯：意大利科学出版社，1963年），第160—162、168—169、197—200页。

至于阿根廷1911年实现普选权以前控制议会的保守政党议员与1916年选举后拥

选权时,南方黑人第一次开始拥有官职;但重建要结束时,黑人从 22
公共生活中消失了。当黑人在 1964 年民权法通过后再次获得投票权时,他们再一次开始赢得公共职位。①

这并不是说政治领袖和议会成了代表一个社会里的各种社会经济阶层、职业或其他集团组合的抽取的样本,绝不会如此。在现代立法机构里,中产阶级和专业人员的代表人数是超比例的,而蓝领职业人员(甚至在工党、社会党和共产党的代表中)所产生的代表人数则不够比例,其他许多社会集团也是如此,如农场主、家庭主妇。② 即使"政治阶级"从来就不是一个国家的社会和经济分

有多数席位的激进政党和社会主义政党议员的社会经济水平差别,见达尔福·坎顿:"作为动员工具的普选权"(提交第六届世界社会学大会的论文,法国埃维昂,1966 年 9 月),第 24 页。

① 重建条件下的黑人投票权及其后果,C.万·伍德沃德在《南部历史的负担》(纽约:文塔治图书公司,1960 年)第 98—103 页做了讨论。至于最近一个时期,南方地区理事会的选民教育计划提供的资料表明,到 1968 年夏天,黑人选民登记的百分比大大提高了。此项百分比为(括号里为相应的白人选民登记百分比):阿拉巴马,56.7 (82.5),阿肯色,67.5(75.2);佛罗里达,62.1(83.8);佐治亚,56.1(84.7);路易斯安那,59.3 (87.9);密西西比,59.4(92.4);北卡罗来纳,55.3(78.7);南卡罗来纳,50.8(65.6);田纳西,72.6(81.3);得克萨斯,83.1(72.3);弗吉尼亚,58.4(67.0)。这些州合起来总百分比为 62.0(78.1)。南方地区理事会,选民教育计划,"南方的选民登记,1968 年,夏季"(亚特兰大,南方地区理事会,1968 年)。到 1969 年夏天,南方各州约有 473 名黑人官员当选,包括 17 名市长和 200 名市议会议员。见"南部各州的当选黑人官员",南方地区理事会劳工项目主任埃默里·F.维亚致美国政治学会重要成员的备忘录,1969 年 8 月 12 日。

② 关于英国,参见 W.L.格兹曼的"英国劳工领袖的变化",载《政治决策者》,第 91—137 页。至于 20 世纪 50 年代和 60 年代的平民院议员和平民院议员候选人资料,参见 J.布朗德尔:《选民、政党和领袖》(巴尔的摩:企鹅出版社,1963 年),第 135—145 页;彼得·G.J.普尔泽:《英国的政治代议制与选举、政党和投票》(纽约:普雷格出版公司,1967 年),第 67 页以后。

关于战后的意大利议会,参见萨托利等:《意大利议会制》,第 93—97 页。关于比利时 1964 年的议会议员,参见 F.德拜斯特:《比利时议会的职能:通往形象的机制》(布鲁塞尔:

23 类的直接样本[①]——许多议会制民主的鼓吹者极力主张“政治阶级”不需要也不应该是这样的样本——但是，从纯统计学的意义来说，伴随着政治竞争而扩大投票权，的确大大减少了议会和政治领导（特别是前者，一般而言也有后者）缺乏代表性的情况。

3.当一种制度变得更有竞争性或更有包容性时，政治家们就要寻求那些现在比较容易参与政治生活的集团的支持。政治家们对参与和公开争论的新机会的反应形形色色，且影响深远。我刚刚描述了其中的一种：推出选民感到在某种意义上与他们比较“亲近”的候选人。另一种反应就是使词汇、纲领、政策和思想都迎合那些被认为迄今未能得到代表的集团或阶层的要求和利益。因此，社会党和工党在西欧的兴起，就是与给予城市和农村的工人阶层投票权密切相关的。诚如在许多现在实行多头政体的国家那样，如果在投票权扩大以前能够比较自由地组织政党，社会党和工党最初提出的要求中就会有普选权。一旦工人阶级有了选票，这些政党自然就首先把他们的大部分力量用于动员这些阶层。

竞争性和包容性导致了政党制度本身的变化。当然，最激烈、
24 最明显的变化发生在一党制的霸权政体被多头政体迅速取代的时候：单一政党的霸权突然向两个或更多的竞争性政党让路，如第二次世界大战结束时的意大利、德国和日本。在有的国家，参与和辩

---

CRISP，1966 年），第 90—109 页。德拜斯特还提供了一些图表，对比利时、法国、英国、意大利和美国（参议院）国家立法机关议员的专业背景进行了比较（第 110 页），并比较了欧洲各国社会党和共产党里出自中下层或工人阶级职业或党的官员的议员的百分比（第 113 页）。

① 例如，汉纳·费尼歇尔·皮特金：《代议制的概念》（伯克利：加利福尼亚大学出版社，1967 年），第 4 章，第 60—91 页。

论的机会的扩大经过了一个漫长的时期，稍微类似的发展在这些国家就显得缓慢。当投票权超出了显贵及其追随者的范围时，主要以显贵们——因家庭、阶级、居住区、生活方式和传统的纽带而形成——的社会联系为基础的旧政党和派别，就被那些能更有效地吸引中间阶级的政党取代或补充了。当工人阶级获得投票权时，这个过程再次发生。在英国，老的辉格党在 1832 年改革法后让位于自由党；1867 年和 1884 年的改革法又促进了工党的建立和发展。在挪威，围绕 19 世纪 60 年代和 70 年代的动员农民的斗争，导致了左右两翼选举和议会联盟的发展。围绕成年人投票权的斗争及其在 1900 年所取得的成果，产生了新的政党。老的右翼成了保守党，与此同时，老的左翼联盟按其主要成分分裂为自由主义者、乡村基督教原教旨主义者和农民，而工党则获得了工人阶级大多数。[①] 尽管具体情况各国不同，只要多头政治经过了相当一段时间的发展，那里就会出现类似的模式。

政党的结构和组织也会发生变化。如有人经常指出的，需要动员更多的选民，导致“现代”政党组织的发展。在选民集团人数很少（其中许多人总是受显贵们的支配）的情况下，传统的、主要是非正式的安排曾运行得很好，当选民增加时，这种安排简直就不适 25
应了。一个政党要在新的竞争中继续生存，它就得运用投票区、地区和基层的各级组织争取党员、追随者和潜在的选民。这种现在已经司空见惯的政党组织形式，许多是在那个最先确立大众投票

① 参见斯坦·罗坎：“挪威：数字民主与社团多元主义”，载罗伯特·A.达尔主编：《西方民主国家的政治反对派》（纽黑文：耶鲁大学出版社，1966 年），第 70—115 页，尤其是第 75—81 页。

权的国家——美国——首先发展起来的，但很快就在所有在广泛投票权的环境下展开政治竞争的国家出现了。例如，在英国，地方性保守主义和自由主义协会，还有著名的伯明翰核心会议，都是在1867年扩大投票权、1872年引进秘密投票制后紧接着建立起来的。[①]

政党组织上的变化以及在城市和乡村地区的日益扩展，引起政治生活的进一步变化。政治竞争和政治参与都加强了。由于有组织的全国性政党竭力动员它们的选民，无争论或无党派的选举减少了。争夺党员、追随者、投票人的竞争使全体选民更具有政治性，至少在选举开始阶段是如此。例如，参加选举的积极性很可能在有政党竞争的选区比较高。[②]

① 例如，参见普尔泽：《英国的政治代议制》。关于保守党的“婢女”全国工会——作为讨好新获得投票权的城市工人的组织——的起源，参见R.T.麦肯齐：《英国的政党》（伦敦：海涅曼出版公司，1955年），第146页以下。关于自由主义协会和伯明翰核心会议，参见艾弗・詹宁斯爵士：《政党政治》，第2卷《政党的成长》（剑桥：剑桥大学出版社，1961年），第134页以下。

② 跨国比较的数据资料同样缺乏。在英国，议会选举中没有竞争的选区的数目1835年为57％，1868年为43％，1880年为23％。参见普尔泽：《英国的政治代议制》，第61—62页。在挪威，当工党在地方一级（社区）设立选民的动员机构时，对立的一方发现有必要这样做；因此，从1900年起，举行无党派相对多数选举的乡村社区的数目减少了（从1901年的78％下降到1959年的2％），而有两个以上竞争性政党展开竞争的社区数目增加了。选举中的投票率，在无党派相对多数选举的社区，明显地低于实行比例代表制和有政党竞争的社区的投票率。参见斯坦・罗坎和亨利・瓦伦：“边缘地带的动员：关于投票率的资料数据，挪威的党派属性与候选人征募”，载斯坦・罗坎编：《政治参与研究入门》（卑尔根：Chr.米切尔森研究所，1962年），第111—158页，尤其是第144—145页的表2、表2.1和表2.2。另见托尔斯坦・耶鲁姆：“地方政府的政治化：变化率、条件因素、对政治文化的影响”，载《斯堪的纳维亚政治研究》，第2卷（1967年），第73页以下，表1和表2。

4.在任何特定的国家,表达、组织、陈述政治偏好的机会越多,可能在政策制定中被代表的偏好和利益就越多,越具有多样性。于是,在既定时间的既定国家,在政策制定中得到代表的偏好和利益,在政体为多头政体的条件下,可能比混合政体条件下更多、更有多样性,而混合政体下又可能比霸权政体下更多、更有多样性。因此,在任何特定的国家,霸权政体向混合政体或多头政体的变迁,或者混合政体向多头政体的变迁,很可能使在政策制定中被代表的偏好和利益更多、更有多样性。① 26

5.遗憾的是,政府放宽对参与和公开争论的限制的政策的结果并不明显。在这个领域进行跨国研究所面临的困难特别大。在政策的差异与政治竞争和政治参与的差异之间的相关程度问题上,甚至对美国 50 个州之间的政策、政治和社会经济变量的差异的研究,迄今为止也没有获得明确的发现——尽管所有这些变量的差异程度显而易见地当然要比国家之间的差异小。② 一个国家

---

① 我在《政体与反对派》的导言中对此做了长篇的发挥(纽黑文:耶鲁大学出版社,1971 年即将出版)。

② 最初的统计研究发现,像选民参与和政党竞争这样一些政治变量,与州的政策之间没有多大关系。最有说服力的因素是——如人均收入所显示的——社会经济发展水平。参见托马斯·R.戴:《政治、经济与公众》(芝加哥:兰德·麦克纳利出版公司,1966 年);理查德·E.道森、詹姆斯·A.罗宾森:"美国各州政党之间的竞争:经济变量和福利政策",载《政治学杂志》,第 25 卷(1963 年),第 265—289 页。另见艾拉·夏坎斯基:《税收与开支的政治》(印第安纳波利斯:波布斯-梅里尔公司,1969 年),第 121—145 页。不过,更晚近的分析表明,政治变量的确是有影响的,参见查尔斯·F.克努德、唐纳德·J.麦克龙:"政党竞争与美国各州的福利政策",载《美国政治学评论》,第 53 卷(1969 年 9 月),第 858—866 页;艾拉·夏坎斯基、理查德·I.霍弗伯特:"州政治、经济学与公共政策",载《美国政治学评论》,第 867—878 页;布赖恩·R.弗赖、理查德·F.温特斯:"再分配的政治",载《美国政治学评论》,第 54 卷(1970 年 6 月),第 508—522 页。

27 的社会经济发展水平、该国社会和经济制度的特征以及该国的传统这样一些因素都对政府政策具有很强的影响，因此，可以肯定，政体的性质对大多数政府政策都不会单独产生什么影响。

我们可能需要从别的方面来发现政体对政策的影响，尤其是影响政府在什么范围内采取的政策要使用——对比较多数的人民来说——物质上的强制手段。对公开争论设置的障碍越小，政治体制所包容的人口比例越高，一个国家的政府要采取和执行极端处罚手段来对付人口中比例不小的人就越困难；政府试图这样做的可能性也越小。

这方面的根据给人的印象是深刻的。然而，据我所知，到目前为止，还没有哪个多头政体执行的政策像苏联在 1931—1932 年强制农业合作化时期采用的强制手段那样严厉和广泛，当时，千百万人被流放到西伯利亚劳动营，或被处死，或饿死。斯大林在 30 年
28 代的清洗，有数百万人被监禁、拷问和处死。[①] 众所周知，还需要着重提到的是希特勒灭绝犹太人和一切政治反对派的政策。在霸权政体下，领导人的变动和基本政策的改变，时常会造成相当规模的流血。印度尼西亚在 1965 年 10 月由亲共转向反共独裁政权

① 我们将永远不可能有关于这些事情的可靠资料。俄国的物理学家安德烈・D.萨哈洛夫在他的著名信件中指出，许多俄国知识分子都相信，归罪于斯大林的死亡人数达到 1500 万。参见《纽约时报》，1968 年 7 月 22 日，第 15 页。罗伯特・康奎斯特在他的精确详细但怀有敌意的报告中估计，合作化造成“约 550 万人死于饥饿和疾病”，同时“似乎有 300 万人死于新扩大的劳动营制度”。康奎斯特引证说，“最谨慎地估计”劳动营的人数 1933—1935 年“大抵在 500 万人”，1935—1937 年有 600 万人，他相信“1938 年劳动营中被流放者的人数为 800 万”。他估计，1936—1938 年在劳动营的这些人中死了“约 300 万人”。参见《大恐怖：30 年代斯大林的清洗》（纽约：麦克米兰公司，1968 年），第 23—24、333、335—336 页。

时，据估计在几个月的时间里至少有 25 万人丧命。[①] 1969 年下半年，约有 11.6 万人被怀疑是共产党的同情者而遭监禁。[②]

我并不是要证明在霸权政体下，当然也不是在混合政体下，必然发生这种大规模的压制，而只是要说明这种危险很大，反之，在多头政体下则不会有这种遭遇。很容易注意到的例外情况实际上支持这一点。在第 6 章，我将证明，在美国南方，白人为了压制黑人，南方只好发展了一种双重的制度，即对白人的多头政体和对黑人的霸权政体。记住这个定义很重要，不是为了在逻辑上咬文嚼字和下一个纯粹的定义，也不是为了不惜一切代价“维护”多头政体，而确实是因为这个定义得到经验概括的支持：假如有被解放的 29
黑奴过去在南方被允许参与公开争论的制度，我相信，他们也就不可能因为强制和恐怖遭受有组织的压迫，因为他们是一个人数很多的少数民族。正是因为把他们强行排除在多头政治之外，才能在南方保持压制和恐怖制度。美国的多头政治之所以在某种程度上不是完全兼容并包，正在于它排斥了黑人。[③] 事实上，第一次世界大战后，美国的多头政体的包容性不如大多数其他多头政体，因为在普遍采用普选制后，实行多头政体的其他国家(瑞士是个例

---

① 唐纳德·欣德利曾于 1967 年 5—12 月在印度尼西亚进行了多次采访，他说，“也许总共有 25 万人被杀死，同样多的人被投入监狱和匆忙修建起来的集中营。”不过，他在一个脚注中陈述说，“消息灵通的外国观察家曾经估计，死亡人数高达 100 万。”参见“一致和分裂的困境：印度尼西亚对政治模式的探索”，载《政府与反对派》，第 4 卷(1969 年冬季号)，第 79 页。

② 《纽约时报》，1970 年 6 月 22 日，第 8 页。

③ 南方的黑人在 1900 年占美国总人口的 10.3%，1920 年为 8.4%，1950 年为 6.8%。参见美国统计局：《美国历史统计：殖民地时期至 1957 年》(华盛顿特区：政府出版局，1961 年)，第 7、12 页。

外，阿根廷的多头政体则很短暂）都没有一个人数相当的集团遭到排斥。（把多头政体定义为应具有比美国所提供的更大的包容度，这并非完全不切实际，如果这样定义，美国这个国家就只能被归入近似的多头政体。）

美国的例子说明了政体对政策的意义中最重要的一点。我并不认为，多头政体比其他政体对实际上被排除在公民权利之外的人民更体谅周到。在这些被排斥的集团中，曾经有（在一定程度上仍然有）生活在美国南方的黑人，但对所有的多头政体来说，住在特定国家疆界之外的外国人都是被排斥的。尽管没有理由认为这些国家更坏，但在对国境之外的人民的利益承担责任方面，实行多头政治的国家可能并不比其他国家更好。

6.一个人可能推测政体差别的其他可能后果。例如，经过很
30 长一段时间后，政体的差别可能对人们的信仰、态度、文化和人格产生影响。正如我们将在第 8 章看到的，这些东西通常又会被视为影响政体的介入的或独立的变量。但是，也可以合理地假定，这些因素与政体的特性之间存在相互影响的作用：如果这些因素对一定类型的政体存在的可能性产生影响的话，随着时间的流逝，政体的固有性质同样也可能对人们的信仰、态度、文化甚或在一个国家里可能发展的人们的个性产生影响。顺着这些线索，有许多令人神往的、重要的可能性，但是，可供选择的假设虽貌似合理，却不可能根据满意的证据予以评价，而且这样的假设如此之多，因而我在这本书里将不会把这个问题推向深入。

然而，争辩的焦点是足够清楚的。似乎相当明显，不同的政体确实有不同的结果。虽然有些人可能不承认这些结果很重要，但至少多头政治的提倡者和反对者都力主，这些结果的差别和重要性都是值得注意的。如果多头政体的结果与那些非多头政体并无不同，或者这些结果并不重要，就没有理由要提倡多头政体而不是提倡一党制的独裁政体，或者相反。可能许多读者都会同意，各种结果——尤其是第一种——是重要的。

围绕多头政体相对于霸权政体或混合政体的价值展开争论的根源，与其说是在于上面所讨论的公开争论和包容性的预期结果，不如说是其他价值的后果。例如，人们一直在争辩说，一党制符合大多数非洲国家的需要，因为一党制表达了一种天然的一致或团结，或者是为实现经济发展、从多种多样的亚文化中建立起一个国家或者是为保证政治稳定而需要一党制。如 S.E.芬纳令人信服地指出，这类争辩有的是自相矛盾的——任何人为单一政党辩护 31
都不可能合乎逻辑，说它表达了“天然”一致性，又争辩说需要这个党来从部族的多样性和不和谐性中建立起国家的团结；一切所谓一党制的优越性似乎都在事实面前落空了。[①]

但是，我在此的目的并不是要为多头政体辩护。如果我已说明，减少不利于公开争论的障碍、增加有参与权利的人口比例之后，就会有重要的结果，这就足够了。我想，很多人不仅会同意这些结果重要，而且会同意这些结果是令人向往的，好处常常（如果不是始终）大于坏处，这种情况下的净收益是值得为之奋斗的。

---

① S.E.芬纳：“非洲的一党制政体：重新考虑”，载《政府与反对派》，第 2 卷（1967 年 7—10 月），第 491—508 页。

我在这本书里使用的概念系统，反映了一种赞成多头政体而反对民主化程度较低的政体的意见（或者另有一些人可能认为这是一种偏见。可能不明晰的——与本书的主题关联较小——还有一种赞成多头政体更加民主化的偏见）。虽然如此，我并不认为，从霸权政体向多头政体的转变始终是令人向往的。让我现在就澄清：我深信从霸权政体向多头政体的转变经常是令人向往的；我的信念成为我之所以对本书主题进行考察和对其中心问题和概念加以系统阐述时的动机之一。不过，严格地说，至于任何一种变革方向是否令人向往，任何人都可以完全不加设想地涉及本书提出的问题，使用本书所陈述的概念。我相信，事实上，甚至一个持极端立场而认为从霸权政体向多头政体转变决不值得向往的人，也会想要懂得阻止这种变革所需要的条件。在这个意义上，我打算使
32 所做的分析不受我的赞成多头政体的意见或偏见的约束——尽管在这个阶段资料分析有困难的条件下我也许不会完全成功。

最后，我还想澄清的是：我并未设想从霸权政体向多头政体的变迁是历史的必然。第三次民主化浪潮结果未卜，甚至可能导致倒退而缩小现在在多头政体下可以得到的公开争论的机会，在这种时候，以为某种历史的发展规律会强使社会必然告别政治霸权而转向公开争论，或者以为在这个问题上会向相反的方向发展，都是荒唐愚蠢的。由于现代民族国家同时表现出向两个方向的运动，凭几个著名的案例就足以虚构出某种简单的单向发展规律。例如，任何人都可以考虑到阿根廷、巴西、德国、意大利、俄罗斯、捷克斯洛伐克和日本的历史。我们将要看到，这本书里分析的含义之一，就是最有利于多头政体的条件相对少见而不易创造。

现在回到上一章末尾提出的问题——哪些条件能有效地增加公开争论和多头政治的可能性?——我将在随后的各章里探究七组条件的后果:历史的序列、社会经济生活的集中程度、社会经济发展水平、不平等、亚文化的分裂、外国的控制以及政治行动的信念。

33

# 第 3 章　历史的顺序

任何人都能想象历史过程存在与我们的中心问题有关的两个方面:政体变换的具体道路或顺序和创建一种新政体的方式。

## 通向多头政治的道路

历史的顺序重要吗?① 某些顺序比另一些顺序更可能导致双方的共同安全,因而促进向更具有多头政治特征的政体转变吗?前一章*里介绍的表示我们所关心的民主化尺度的两个示意图,当然考虑到无数条道路。历史已经描绘了某些道路。但是,即使一个人可能因历史和常识而限制了想象力,他肯定会发现和构想出比任何人所能涉及的更多的道路。由于适当关注合理节制而易
34 于处理的理论,促使我尽量缩小范围以便关注焦点。那么,让我只考虑三种可能的通往多头政体的道路,以此作为开始:

---

① 这也是小巴林顿·摩尔的《专制与民主的社会起源:创建现代世界的贵族和农民》(波士顿:培根出版社,1966 年)这本书的中心问题。不过,如该书的副标题所显示的,摩尔关心的是各种不同的变量和更长的历史顺序。而且,他选择了忽略小国经验,其理由在我看来则是没有说服力的(第Ⅷ页)。

* 疑为第 1 章之误。——译者

Ⅰ. 自由化先于包容性:

A. 一个封闭的霸权政体增加公开争论的机会,于是变为竞争性寡头政体。

B. 然后竞争性寡头政体通过增加该政体的包容性而变为多头政体。

Ⅱ. 包容性先于自由化:

A. 一个封闭的霸权政体变得有包容性。

B. 包容性的霸权政体然后通过增加公开争论的机会而变为多头政体。

Ⅲ. 捷径:一个封闭的霸权政体由于短期内迅速赋予普选权和公开争论权而发生突变成为多头政体。

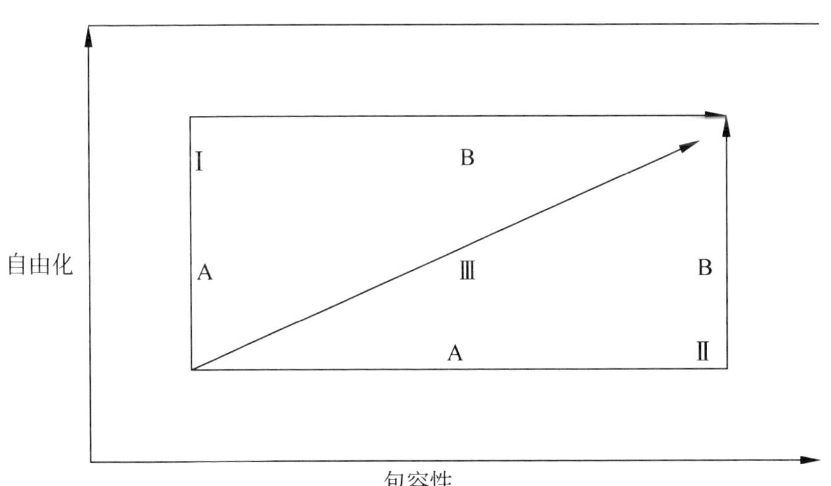


**图 3.1　通向多头政体的几种道路**

这三种道路如图 3.1 所示。第一种大体上近似于英国和瑞典

所走过的道路。① 第二种概略地说是德国从帝国到魏玛共和国的
35 道路。第三种大概是法国1789—1792年间所走过的道路（虽然对投票和建立组织的自由做了各种限制，其结局或许可以更准确地描述为近似的多头政体）。②

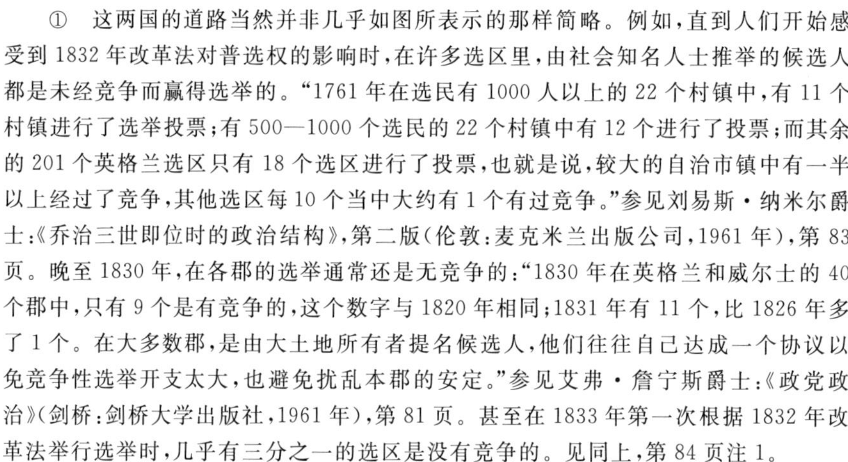

① 这两国的道路当然并非几乎如图所表示的那样简略。例如，直到人们开始感受到1832年改革法对普选权的影响时，在许多选区里，由社会知名人士推举的候选人都是未经竞争而赢得选举的。“1761年在选民有1000人以上的22个村镇中，有11个村镇进行了选举投票；有500—1000个选民的22个村镇中有12个进行了投票；而其余的201个英格兰选区只有18个选区进行了投票，也就是说，较大的自治市镇中有一半以上经过了竞争，其他选区每10个当中大约有1个有过竞争。”参见刘易斯·纳米尔爵士：《乔治三世即位时的政治结构》，第二版（伦敦：麦克米兰出版公司，1961年），第83页。晚至1830年，在各郡的选举通常还是无竞争的：“1830年在英格兰和威尔士的40个郡中，只有9个是有竞争的，这个数字与1820年相同；1831年有11个，比1826年多了1个。在大多数郡，是由大土地所有者提名候选人，他们往往自己达成一个协议以免竞争性选举开支太大，也避免扰乱本郡的安定。”参见艾弗·詹宁斯爵士：《政党政治》（剑桥：剑桥大学出版社，1961年），第81页。甚至在1833年第一次根据1832年改革法举行选举时，几乎有三分之一的选区是没有竞争的。见同上，第84页注1。

② 根据1789年选举法，约有60%的成年男子享有投票权。在一种间接选举制度下，这些“积极公民”挑选代表，随后再由这些代表选举议员。虽然数字有所争议，成年男子中可能只有不到45%的人能够具有担任议员的资格。试比较，R.R.帕尔默：《民主革命的年代：挑战》（普林斯顿：普林斯顿大学出版社，1959年），附录V，第522页以下；彼得·坎贝尔：《法国的选举制度与选举：1789—1957年》（伦敦：费伯兄弟公司，1958年），第50—57页。1792年的选举法采用了成年人投票权，国民议会就是根据这个法律选举产生的，但它仍然保留了间接选举；1793年宪法规定了成年人的普选权，但这部宪法从未实行过；“这个时期的所有选举中，大批选民都没有投票。1792年，全国的700万选民中只有70万人投了票。在对连续的几部宪法的公民投票中，就有1/3到5/6的选民弃权。在共和制下，各个党派的候选人和他们的支持者大搞腐败、欺诈、恐吓和暴行……有错误观点的选民被阻止投票；可能有错误观点的公民被剥夺了公民权。”见坎贝尔书，第57页。而且，勒·查佩列法禁止成立工人（如果不是在实际上，原则上也包括企业家和商人）的经济组织。参见瓦尔·R.洛文：《法国的劳工运动》（坎布里奇：哈佛大学出版社，1954年），第4页。

从旧政体到比较稳定的多头政体之间，最寻常的历史顺序，大概就是近似于第一条道路，即先实现竞争性政治而后扩大参与。[①] 36
结果，竞争性政治的规则、惯例和文化首先在少数精英中发展起来，而从无党派政治向党派竞争的决定性变迁也首先在有限的集团内发生了。虽然这种变迁很少是轻而易举的，而政党冲突常常是粗暴而又痛苦，但冲突的激烈性被显贵集团盘根错节的友谊、家庭、利益、阶级和意识形态关系抑制了，他们虽然人数有限但控制着国家政治生活。后来，当其他社会阶层被接纳进入政治生活时，他们更容易社会化而接受已经在精英当中发展起来的准则和惯例，他们普遍地接受了许多——如果不是所有的——经过多少代人的发展形成的共同保障。结果，无论是新的阶层还是受到被取代的威胁的原来在位的精英，都不会感觉到宽容的代价大得超过压制的代价，尤其是压制会毁掉已经健全发展的共同安全体制。

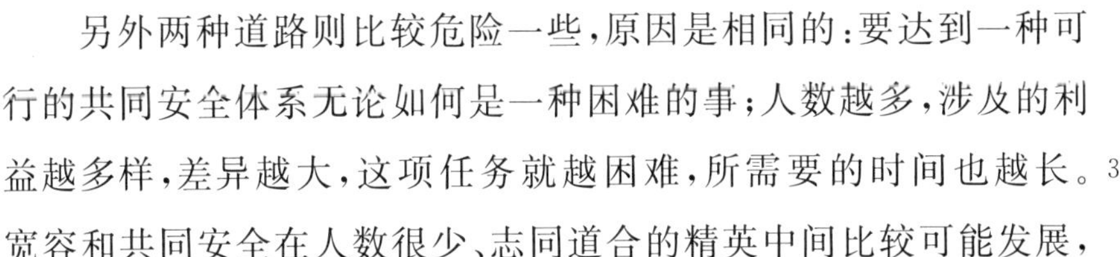

另外两种道路则比较危险一些，原因是相同的：要达到一种可行的共同安全体系无论如何是一种困难的事；人数越多，涉及的利益越多样，差异越大，这项任务就越困难，所需要的时间也越长。37
宽容和共同安全在人数很少、志同道合的精英中间比较可能发展，

① 显然，这种非常简短的描述，忽略了另一种背景下的变化，这些变化对解释现代欧洲各种制度的区别是至关重要的——例如政党制度。我所知的关于欧洲各国的不同历史道路及其政治后果的最广泛的分析，可见斯坦·罗坎的著述，试参照他的“政治参与比较研究”，载 A.兰尼编：《关于政治的行为研究论文集》(厄巴纳：伊利诺伊大学出版社，1962 年)，第 45—90 页；“群众的投票权：秘密投票与政治参与”，载《欧洲社会学文献》，第 2 期(1961 年)，第 135—152 页；“分裂的结构：政党制度与选民联盟”(合著者 S.M.李普塞特)，载斯坦·罗坎和西摩·马丁·李普塞特编：《政党制度与选民联盟》(纽约：自由出版社，1967 年)，第 1—64 页；“欧洲民主小国的群众政治结构：一种发展的类型学”(提交给国际政治学会的论文，布鲁塞尔，1967 年 9 月)。

而在一群人数很多、性质各异的领袖们——他们代表着目标、利益和观点都相差甚远的社会阶层——中间可能性则较小。这就是为什么第一条道路比另外两条道路更可能实现从霸权政体向多头政体的平稳转变的原因。走第三条道路，为学会复杂的技术和理解、建立可能极其微妙的共同安全体系所需要的时间就会大大缩短。第二条道路要求不是在一个人数较少、意气相投的精英中间，而是在反映整个社会的——至少是很大的一部分——所有不同阶层和政治观点的代言人中间，设计出共同安全体系。

38 明确的走捷径的成功案例似乎很少。[①] 诚然，在意大利、德国和日本，一种现存的霸权政治在第二次世界大战中被军事征服所摧毁，而在被包容性多头政体打败后的占领期间，霸权政体被取代了。但这是些含义非常模糊的例子。因为在这三个国家，在独裁者取得政权之前，就已经进行了向竞争性政治的变迁，而在独裁政权毁灭后某些旧的竞争性政治的传统又再现了。在日本，保留君

① 丹麦的例子似乎有几分反常，尽管我知之甚少，无法做出确有根据的评价。根据 1665 年宪法，国王的权力是绝对的，在随后的两个世纪里，国家由国王手下的一个高度集中的政府治理。1830 年的法国七月革命促使国王建立了四个供咨询的地方议会。在 1848 年革命的刺激下，国王颁布的宪法把立法权委托给了丹麦国会，除了无家的仆人和农场帮工以及正在或已经领取救济者的人以外，所有 30 岁以上的男子都获得了投票权。从这个意义上说，丹麦确实走了一条捷径。但是，选举下议院的投票是公开的，以举手表决；选举上议院的投票是间接的，并且根据 1866 年宪法，在上议院里，土地所有者和纳税多的公民获得了占优势的影响。而且，国王拒绝接受他的大臣们应向议会负责的原则；1901 年后，政府责任成为既成事实；1915 年后才成为法律。1915 年的宪法还确立了 29 岁以上的男子和妇女的普选权，并废除了选举上议院的特恩投票权。这样，丹麦在 1849 年走了一条捷径，扩大了投票权并大大增加了公开争论的机会，但是，把最后向表 1.1 中所列举的八项制度保证的转变推迟了半个世纪。对丹麦的政治经验所进行的系统分析非常之少，所以我也不清楚它对这个部分的论证有怎样的关系。

主政体还有助于将某些传统的合法性转承给新的竞争性政治的体制。此外，在每个案例中，独裁政权不是从内部摧毁的，而是被压倒性军事力量打败后从外部摧毁的。占领军至少暂时从公共生活中取缔了旧独裁政权的代言人，并在几年的时间里决定一切重要问题。由于所有这些原因（无疑还有另一些原因），新的政体没有受到因旧政体的代言人的反对而引起的有关合法性问题的重大冲突的困扰。虽然如此，这三个案例的确表明，在某种极不寻常的情况下，从霸权政体向多头政体的突然转变可以产生相当稳定的体制。不过，上述情况在历史上可能是绝无仅有的。

第二条道路也是危险的。如果在竞争性政治艺术被精英们掌握并承认为正当合法之前就扩大投票权，要寻求一种共同安全体制就很可能很复杂并耗费时日。在变迁的过程中，当冲突爆发时，双方都不可能完全相信宽容对方会带来安全。因为政治游戏的规则模糊不清，而竞争性政治的正统性还很脆弱，压制的代价也许不会过高。于是，危险就在于，在竞争者之间建立起一种共同安全体 39
制之前，正在形成然而并不稳定的竞争性政体就会被由竞争者之一所主宰的霸权政体代替。

虽然第一条道路似乎是三条道路中最安全的，但在未来要走这条道路却不大可能，因为如我们已注意到的，大多数实行霸权政体的国家已经有了包容性。只有很少数的国家拒绝给予10%以上的男性公民投票权，可能只有不到半打的传统君主政体或独裁政权国家完全拒绝给予投票权。而且，投票权似乎更容易扩大而不是缩小；历史上，典型的过程是朝着一个方向：一旦给予了投票权，就很少再取消。在这方面，法国在1789年到1848年之间出现的在广泛的或普遍的男子投票权与限制性选举权之间的反复摇摆似乎并不常见。即使现存的少数还没有给予公民投票权的政权，也不可能走第一条道路。因为如果对包容性和自由化的要求开始威胁这个政体时，领导人无疑就会尝试使廉价让步成为可能：通过给予投票权，他们就可以给霸权政体赋予“民主政治”的象征和某种合法的外衣——最初，对领导人来说这是很小的代价。

因而，到此就可以将上面的论证总结为四个命题：

1.第一条道路与另外两条道路相比，更有可能使共同安全达到一个稳定的公开争论体制所需要的程度。

2.但是，第一条道路对大多数霸权政体的国家已不再可行。

3.因此，近似的霸权政体的自由化将冒失败的严重风险，因为在普选制和群众政治的条件下，要设计共同安全体制是很困难的。



40 4.但是，如果伴随着自由化的步伐，同时执着而又启蒙式地探索可行的共同安全体制，失败的风险就可以减少。

## 开创竞争性政体

创立一个竞争性政体的方法重要吗？我所谓的创立是指运用权力、影响或权威引进一种政体——既然这样，就是指一种竞争性政体——并使之合法化。在这个意义上，“创立”强调的是变迁的过程，从概念上说，大约就介于我们刚刚关注过的通向多头政体的道路与多头政体开创之后的保持之间。虽然道路、创立、保持之间的区别界限是模糊的，但创立的概念[①]有助于我们把注意力集中在竞争性政体发展的一个重要因素上。

一个判断创立是否重要的方法，是考查过去创立多头政体或近似的多头政体所采用的某些重要方法。主要形式似乎有：

Ⅰ. 在一个已经独立的民族国家

A. 旧政体经过改良的过程而改变：新的政体是由现任的领导人创立的，他们向希望变革的要求做了（或多或少的）和平让步，并参与创立了多头政体或近似的多头政体。

B. 旧政体经过革命而改变：新的政体是由革命领袖们创立的，他们推翻了旧政体，建立了多头政体或近似的多头政体。

C. 旧政体因军事征服而改变：军事上失败后，胜利的占领军帮助创立了多头政体或近似的多头政体。 41

Ⅱ. 在一个至今仍从属于另一个国家的国家

D. 旧政体经过改良的过程而改变：新政体是在当地的居民中间培育起来的，他们的领导人创立了多头政体或近似的多头政体，没有经过独立运动，也没有经过反对殖民主义强国的重要斗争。

E. 旧政体是在反对殖民主义强国的“革命”过程中改变

① 我要感谢我的同事胡安·林茨，他坚持认为竞争性政体的创立方式具有重要意义。

> 的，这个改变是争取民族独立斗争的一部分：新政体是由民族独立运动的领袖们创立的，他们在争取民族独立的成功斗争期间或者在这之后建立了多头政体或近似的多头政体。

表 3.1 给出了创立多头政体的例子。

42 **表 3.1　多头政体的创立过程**

Ⅰ．在一个已经独立的民族国家

A. 通过改良过程

英国

比利时

智利

哥斯达黎加

丹麦

日本（明治维新至 20 世纪 30 年代）

荷兰

挪威

瑞典

瑞士

乌拉圭

B. 旧政体崩溃或经过革命被取代

法国（1789—1792、1848、1870 年）

德国（1919 年）

奥地利，第一共和国（1918 年）

西班牙（1931 年）

C. 由于军事征服（均在第二次世界大战之后）

奥地利，第二共和国

德意志联邦共和国

意大利
日本

Ⅱ. 在一个附属国

D. 通过改良过程
澳大利亚
加拿大
冰岛
新西兰
菲律宾

E. 经过民族独立斗争
芬兰
印度
爱尔兰
以色列
美国

表3.1中的例子表明创立多头政体的过程没有统一的模式，尽管如此，这些例子还是告诉我们各种选择或许并非同样顺利。稳定的高度一致的多头政体，似乎多得不成比例地是以第一种或第四种方式产生的，前者是在已经独立的民族国家通过和平改良的方式，后者是在非独立国家通过和平改良的方式。原因可能是：和平改良产生的多头政体最有可能获得广泛的正统观念的支持。由于现任领导人（基本上）的和平让步，参与变革，经过他们的赞同，原有政体的合法性完好地转让给了新政体，而和平变革的过程又增加了——对多头政体至关重要——合法性。

与第一种过程相比，第二种过程——在旧政体突然崩溃或被革命推翻后创立新的政体——比较少见：在三个最著名的案例——法国革命、魏玛德国和西班牙共和国——中，革命或旧政体 43

崩溃之后出现的是一个不稳定的政体，并且不久就倒退到霸权政体。这种倒退是偶然的吗？大概不是，因为在和平改良不可能发生或没有发生而出现革命的地方，新政体的合法性更有可能受到挑战。旧政体的突然崩溃给新政体没有留下合法性的遗产；新政体靠革命上台也就证明使用革命反对它自身是合法的。于是，新政体最初的那些年很可能就是最危险的年代，这时，新政体的合法性仍然受到质疑，而对旧政体的忠诚依然存在。

第三种过程到目前为止已被证明通向了惊人稳定的多头政体的，只有最近因征服而创立了多头政体的四个国家。第二次世界大战后在盟军占领下创立的多头政体，有人已经指出了它们能够稳定的某些可能的原因；我还要指出，这些可能是历史上绝无仅有的案例。

第五种过程，是美国人最熟悉也是（至少在语言上）最同情的。在美国，独立运动将民族主义与代议制政府观念和政治自由主义融合起来了，芬兰、爱尔兰、以色列和印度也是如此。因此，民主观念因民族主义观念而加强：攻击代议制民主就是攻击民族。民族独立运动的胜利，大量清算了为旧政体的正统性而争辩的首要分子。这些人主要是殖民强国的代理人，他们不是回到本国，就是自我流亡、永远离开了新的国家，例如托利党人的例子，他们在美国革命后移居去了加拿大。或如艾尔兰和阿尔斯特家族仍然是旧政权的一部分，如果在新国家他们就会构成一个敌对的少数派。

44 但是，稳定的多头政体在将来未必能通过第五种过程创立。首先，在许多新的国家里，国家意识很薄弱，民族主义运动的领袖在争取独立的斗争期间曾宣布过民主的目标，稍后，他们作为新的但很脆弱的国家的领导人却把有组织的反对派视为对国家整合的威胁。因此，在这些新国家里，民族主义与其说是支持对异端和反对派的宽容，不如说是为不容和压制异端提供了合适的现成理由。[①]（值得记住：在美国，在我们国家的整个历史上，对国家的生存和忠诚问题的担心，导致了压制异端的企图——有时还取得了成功。合众国众议院非美活动委员会这个官方组织的原始名称，就完全显示了对异端的敌意，它对美国的民族主义、忠诚与对异端的担心之间的关系也是一个很好的象征。）

对第五种战略的一种也许更为重要的限制，在于世界的发展已经使这种战略即将成为过时的东西。随着殖民帝国的消失，世界的绝大部分现在是由名义上的主权国家组成的。在一个由独立国家组成的世界上，不会再有许多民族独立运动的机会来创立更有竞争性的政体。

事实上，可选择的战略似乎受到更多的限制。殖民帝国的消失也减少了第四种创立过程的机会。如果第三种过程——通过军事征服——也确实不大可能，那么，最可能的选择就只剩下前两种：在现存的霸权政体下，不是必须通过改良就是必须通过革命来创立一个比较有竞争性的体制。仅仅因为革命带来失败的很大风险并不意味着就不能一试，但革命很可能使得围绕合法性的严重 45
冲突成为新政体的沉重负担，因此，一开始就造成了这种很大的可能性：倒退到霸权政体。

① 爱德华·希尔斯的“亚洲和非洲的新国家的反对派”和汉斯·达尔德的“新国家的政府与反对派”，载《政府与反对派》，第1期(1966年1月)，第175—226页。

于是，将来和过去一样，稳定的多头政体和近似的多头政体，都更可能产生自相当缓慢的改良，而不是产生于用革命推翻现存的霸权政体。[1]

如果这个解释显得限制太多，就值得回想一下，当今牢固确立的——对各种各样的反对派都非常宽容的——大多数多头政体中，演进都是极其缓慢的。17世纪末，一个“组织起来”的反对派在英国还是非法的、不合时宜的。一个世纪后，一个或多或少是组织起来的但是“忠诚”于国王陛下政府的议会反对派的概念，就已经取得了相当的合法性。[2] 然而，又过去了一个世纪之后，英国才发展了其现今的政党制度——高度组织的政党为赢得广大选民的支持而竞争。在其他国家，如法国，企图通过革命来缩短这个缓慢的演变过程，结果却造成了持久的反对新政体的反对派。还值得回忆的是：1968年，苏联纪念了布尔什维克革命50周年。尽管斯大林时期的极端霸权政体已经变换了，但苏联还是没有演变成一个近似的多头政体，即使是乐观的观察家，也认为创建一个近似的多头政体至少是一代人以后的事情。

多头政体和一党制霸权政体都在20世纪获得发展，这意味着
46 不论是改良还是革命，都不可能在完全脱离现成样板的情况下发生，这些样板在18世纪还完全不为人们所知，即使知道了也不会

① 摩尔强调暴力革命的至关重要性，认为它是通往民主的道路上的一个阶段，我认为这是一种误导，尤其是如果把这运用于创立多头政体的过程。摩尔着重强调了英国内战、法国革命和——一个很值得怀疑的案例——美国内战。参见《专制与民主的社会起源》，各章节。我认为，他在这个问题上的争辩被他的下述观点削弱了：小国家的经验不知何故没有意义。问题是：对什么没有意义？

② 参见阿奇博尔德·富德：《陛下的反对派》（牛津：牛津大学出版社，1964年）。

理解。忠诚的反对派、两党制度、一党制独裁政权，都不是因为好像没有什么样板可以模仿而不得不重新创造出来。任何国家都不需要在对高度自由化的政体所要求的基本制度毫无概念的情况下摸索几个世纪：竞争性的政党和非强制性的选举不仅仅是一个目标，而且是一个事实。同样地，当一个近似的多头政体垮台时，反民主的领袖们也不是非得要摸索一党制的方案。

对创立的过程来说，这种结果还是不清晰的。今后，走向多头政治的改良过程不需要——或许是不可能——像英国、瑞典及其他国家那样再耗费几个世纪的时间。现在有已经“考验过的”样板可供模仿，给现代社会提供了根本不同的政体，例如最极权主义形式的一元化霸权政体，或者对各种反对派非常宽容的包容性多头政体。这些“考验过的”样板无须重新发明创造，有这种样板可供模仿有时可能促进政体的迅速转变，甚至引起在一个很短的历史时期内从一种极端到另一种极端的震动：比如说，1919—1950年之间的意大利、德国和日本就是证明。

这一节的讨论可以归纳为以下命题：

1. 多头政体的最幸运的创建过程是：将原先合法的霸权政体形式和组织改造成适合于政治竞争的形式和组织，这样就不会造成持续的分裂，也不会造成对新政体合法性的普遍怀疑。
2. 最有可能导致这种结果的创建过程，是在一个独立的民族国家里或者在一个未经民族独立运动而获得独立的类似 47

独立的国家里进行的和平改良。

3. 多头政体的最遗憾的创建过程,是遗留下很大一个分裂出来的与竞争性政治的合法性相对抗的公民团体。

4. 这种结果很可能是:多头政体经内战或革命而创立,占人民很大一部分的维护旧政体的合法性或拒绝承认新政体的合法性的集团在内战或革命中被打败了,但是,在新的政体下他们作为公民而结成团体。

5. 殖民帝国衰落了,而在第二次世界大战结束时促使被盟国打败的国家采用多头政体的环境不可能再重复出现,这意味着,将来可供选择的主要就是在已经独立的民族国家里进行革命或改良。

6. 多头政体和一党制霸权政体的活样板在世界上的存在,可能对政体的创建过程发生影响,但效果尚未可知。从最低限度说,这种样板的存在也许会提高人们对政体可能迅速朝任何一个方向演变的期望。

7. 然而,在没有竞争性政治运作的最新经验的国家,霸权政体向多头政体的演变很可能依然是一个缓慢过程,时间要以世代计量。

8. 过程的长度或许可以缩短,稳定变迁的期望或许可以增加,条件是随着创建过程的同时寻求一种国内的共同安全体制。

# 第 4 章　社会经济制度：集中还是分散？ 48

社会和经济制度会造成什么差别？在某些社会经济制度下，从霸权政体向更有竞争性的政体演变的可能性，比在另一些制度下大吗？多头政体得以维持的可能性取决于社会经济制度吗？

## 若干假定

在第 1 章里，我采用了多少是不证自明的原理，即当压制的预期代价上升、宽容的预期代价下降时，一个政府就更有可能宽容反对派。由于宽容或压制的代价相应地取决于政府和反对派可以获得的相对资源，显而易见：

> 原理 4：政府可用于压制反对派的资源相对于反对派的资源下降，政府宽容反对派的可能性就会增加。

现在，政府用于压制反对派的关键资源有两种主要类型：暴力
的强制、说服、诱导手段，典型的就是运用军队和警察；非暴力的强 49
制、说服和诱导手段，或者说，这里称之为社会经济制裁，主要是以

对经济资源、通讯工具及教育、政治社会化过程加以控制的形式。因此

> 原理5：政府使用暴力或社会经济制裁手段压制反对派的能力下降，政府宽容反对派的可能性就会增加。

两种非常普遍的情况可能会削弱政府对反对派使用暴力或社会经济制裁的能力。首先，这些因素有时不再可以作为政治资源利用。这种可能性特别是与由警察和军队对政府的反对派所施用的暴力有关，可能是因为警察和军队实际上规模很小，或者——几乎是同样重要的——是因为非政治化使得政治领导人不能再为了国内的政治目的而动用它们。其次，这些（或其他）政治资源可能广为分散，以致任何一个统一的集团，包括政府（或者说政府里的一个统一的领导人集团）在内，都不能垄断这些资源。

因此，在18世纪，除海军外，英国的"职业"军队和警察不仅分散在各郡，由各郡地方上的贵族控制，而且事实上几乎就不存在。英国的最重要的有组织的暴力工具就是海军，政府拥有垄断的控制权，但是，海军不是实行国内镇压的有效工具。美国发展成为一个没有常备军和全国警察力量的多头政体，而火器则广泛地分散在公民当中。即使美国的社区警察有时介入政治，对警察的控制
50 权也是广泛地分散在全国数不清的地方政府手里。在瑞士，规定通过普遍兵役制保卫国家，因而建立了一支小而精悍的职业常备军。

在军队规模较大、中央集权且等级森严的国家——当今大多

数国家都是如此——当然没有可能实行多头政体,除非军队充分地非政治化以便实行文官统治。为什么组织严密的军队在有的国家干预政治而在另一些国家不是这样,这一直是使人们不断探索、争辩不休而又令人迷惑不解的问题。显然,其中关键的因素是一种信念。但是,为什么政治中立、宪政主义、服从文职权威这些信念只能在某些国家(并非都是多头政体国家)的军队中得到发展和支持?其中提出的问题所涉及的范围太大,我无法在此回答,尽管这些问题可能非常重要。这里的论点应该既简单又明了:当今多头政体的可能性直接取决于不仅是文职官员而且是各级军人的某种信念的力量。于是,多头政治在智利是可能的,该国的军队在传统上不愿意介入政治舞台;而在与其相邻的阿根廷,只要军队坚持这种信念——每当军方领导人认为选举结果对国家不利时,他们就有权利和责任取消选举结果——多头政治就是不可能的。

很显然,如果一个政府垄断了暴力和社会经济制裁并可以随意使用这些资源压制反对派,实际上就不可能存在竞争性政治的可能性,但是,这并不意味着,只要政府没有垄断这些关键资源,就必定会有利于竞争性政治。因为在某些情况下,缺少这些重要资源只能产生一个虚弱而不稳定的竞争性政体。表 4.1 将有助于我们澄清这个论点。

最有利于竞争性政体的情况在这种条件下才会存在:要么反 51
对派[①]和政府双方都有使用暴力和社会经济制裁的权力和机会,

① 为使有关这个论点的立论和说明简单化,我把“政府”和“反对派”都当作单独的、统一的行为者。显然这种情况是很罕见的。

**表 4.1　有权使用暴力和社会经济制裁的有关途径:政府与反对派**

| | | 政府可以得到吗? | |
|---|---|---|---|
| | | 可以 | 不可以 |
| 反对派可以得到吗? | 可以 | 分散的 | 被反对派垄断;拒绝政府使用 |
| | 不可以 | 被政府垄断;拒绝反对派使用 | 中立:双方均不得使用 |

要么双方都得不到。而最不利的情况则会在暴力和社会经济制裁为政府所单独占有并拒绝反对派使用的条件下发生。但是,还剩下一种情况:如果这些关键资源成为反对派的独占品,又会怎样呢?这种纯粹的情形是很难发生的,因为在这种情况下,一个"政府"就会不成其为政府了。不过,如果一个国家的经济资源被一小群地方上的或外国的所有者和管理者垄断,或者军队在政治上决心保卫特定的社会阶层或意识形态,也可能暂时出现上述情况。遇到这种情况时,政府必定是虚弱的、不稳定的,因为,只要政府的行为惹怒了反对派,就随时可能被轻易推翻。



许多拉丁美洲的国家出现的情况与我所想到的大致相似,与其说是因为社会经济制裁的手段被垄断,不如说是因为有军人干
52 预政治的传统。一个国家的军人要是具有为维护特殊利益或者捍卫他们的国家利益观而干预政治生活的倾向,这个国家的任何实行军方所不同意的政策的政府都是短命的,阿根廷就是如此。

但是,这也会使人误以为暴力和社会经济制裁的手段必定要以同样的方式分配。请看表 4.2。

**表 4.2　暴力和社会经济制裁手段的分配**

| | | 使用暴力的机会和权利：分散或中立 | 使用暴力的机会和权利：独占 |
|---|---|---|---|
| 使用社会经济制裁的机会和权利 | 分散或中立 | A | B |
| | 独占 | C | D |

很明显,最有利于竞争性政治的情况是 A,我将称之为多元的社会制度。

同样明显的是:最不利于竞争性政治而最有利于霸权政治的情况变量是 D,我将称之为集中控制型社会制度。

另外两种情况则比较模糊。二者都不如多元社会制度对政治竞争有利,也都不如集中控制型社会制度那样对霸权政体有利。现代的西班牙、葡萄牙和阿根廷,大致与 B 相近似,可以称之为有镇压暴力的准多元社会制度。剩下的一种可能性 C,可以称之为无镇压暴力的准控制型社会制度,似乎比较罕见,原因或许是因为拥有大量资源优势的统治精英不会容许所有的主要暴力工具分散
或者在政治上中立,而且可能拥有足够的资源(如合法权力、宣传、 53
报酬和财富)阻止这种情况的发生。

## 农业社会

由于当今世界上许多国家还主要是农业国,或者刚刚进入工业阶段,农业社会的倾向并非限于单纯的历史影响。历史上,农业社会似乎可大致分成两种极端的类型,当然,也有很多变种。最普

遍的类型也许可称之为传统乡农社会，存在严重的不平等、等级森严和政治霸权等倾向。①

另一种类型，我称之为自由农民社会，平等得多，民主得多。虽然自由农民社会在关于农业社会的讨论中往往得不到重视，它却提供了很多被忽略的重要的历史事例：瑞士、美国②、加拿大、新西兰和挪威，都是主要的实例。③

试图解释这种类型或另一种类型产生的原因，都将是一项庞大而使人着迷的事业。雄心勃勃的理论家显然就应把托克维尔所做的事情作为出发点。但那种努力不在本书的范围，我在这里做的不过是提供一个摘要的叙述。

三个基本条件也许特别有关，并将有助于给我们的叙述提供
54 一点儿动力。托克维尔认为，任何人如果不是对信念——自然包括对“自由”的信念——的独立影响给予相当的重视，要对美国政治发展（让我们说是与南面的其他国家相比较）做出解释是非常困难的，托克维尔就是指出这个问题的第一人。④ 对于第二个解释

① 格哈特·伦斯基：《权力与特权》（纽约：麦格劳-希尔出版公司，1966 年），第 8、9 章；卡莱·斯瓦拉斯托加：《社会的分化》（纽约：戴维·麦凯公司，1965 年），第 3 章。

② 路易斯·哈茨极力强调用没有封建社会的经历来解释自由主义的民主在美国的发展。参见他的《美国的自由主义传统》（纽约：哈考特·布雷斯公司，1955 年）。

③ 还有另外一些相关的实例，尽管这些例子需要更多的考证：例如澳大利亚、智利（19 世纪和 20 世纪早期）、爱尔兰（20 世纪），倘若有人打算忽略奴隶制的存在，就有公元前 5 世纪和公元前 4 世纪的雅典。历史上，瑞典也许处于两种类型的中间。哥斯达黎加大概是拉丁美洲最近似的例子。

④ 这种巧妙的论证可以在托克维尔的《论美国的民主》（纽约：文塔治图书公司，1955 年），第 1 卷，第 17 章“有助于维护美国的民主共和政体的主要原因”，第 298 页以下找到，它们极好地展示了托克维尔进行比较分析的能力。关于拉丁美洲的主要参考分析参见第 331—333 页。他用拉丁美洲作为他在第 331—333 页的心理实验的一种“控制”。

的因素，任何人都可能注意到——就像托克维尔那样——土地分配的平等程度。因为在一个农业社会里，拥有土地或有权从土地收获是地位、收入和财富的主要来源，而土地不平等也就意味着政治资源的分配不平等。换一个说法，在农业社会里，不平等将不断积累，而不会缩小，并且，（如 17 世纪的英国哲学家哈林顿极力说明的）权力将与土地所有权密切联系。第三个因素，托克维尔注意得较少，是军事技术的状况，即技术对个人运用强制手段的能力的影响。在某些时期，军事技术由于使少数人更容易垄断强制的工具，因而加剧了不平等，例如在中世纪，骑士的武器昂贵、兵强马壮，而农民没有武装或者只有少许武装，相比之下，农民就没有什么影响力，这个例子是人们熟悉的。或者还可以举出另一个例子：西班牙征服者（*Conquistatores*）最初由于垄断了马匹和火枪，因而少数西班牙人打败并征服了先进的墨西哥和秘鲁的印第安人文明。在另一些时期，军事技术又促进了平等，原因就是最有效的强制工具在居民中间广为散发，例如，在 18、19 世纪的美国，火枪和 55
步枪价格便宜，但性能优良。

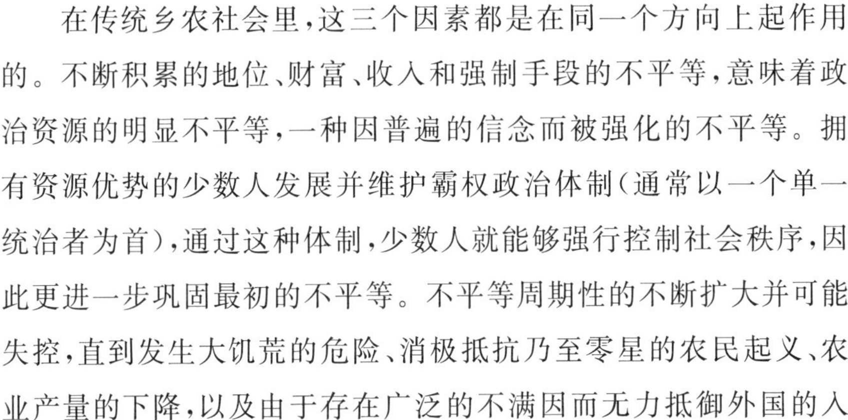

在传统乡农社会里，这三个因素都是在同一个方向上起作用的。不断积累的地位、财富、收入和强制手段的不平等，意味着政治资源的明显不平等，一种因普遍的信念而被强化的不平等。拥有资源优势的少数人发展并维护霸权政治体制（通常以一个单一统治者为首），通过这种体制，少数人就能够强行控制社会秩序，因此更进一步巩固最初的不平等。不平等周期性的不断扩大并可能失控，直到发生大饥荒的危险、消极抵抗乃至零星的农民起义、农业产量的下降，以及由于存在广泛的不满因而无力抵御外国的入侵。但是，对于人口中的大多数来说，生活中充满艰辛、困苦不堪、依附他人、心怀不满而受到压制、愚昧无知[①]，另一方面极少数人却拥有特别的权力、财富和社会尊重[②]。图 4.1 中也许未加修饰地表现了传统乡农社会的动力。

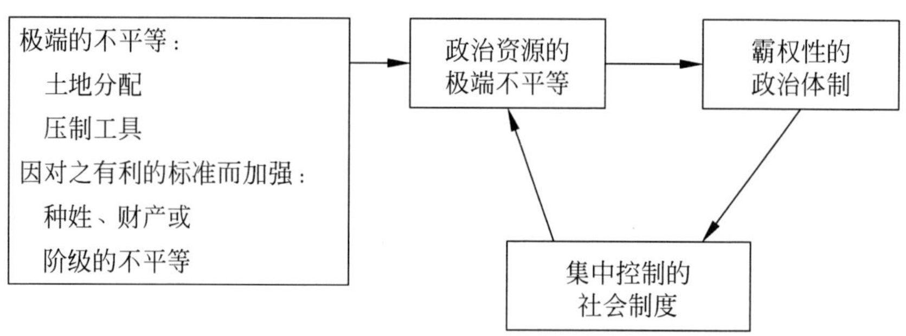


**图 4.1　传统乡农社会的动力**

相比之下，在自由农民社会，土地的分配比较平等，尽管远远不是完全的平等。如果标准是平等的和民主的——如托克维尔坚
56 持认为，这是美国的标准——二者就会相互加强。最后，在一些案例中，通向平等（或通向对不平等的低度限制）的这两种趋向，因某些军事技术而得到加强。在美国，火枪和后来的步枪有助于造成

① 梅米特·伯奎拉吉：《革命中的农民》（纽约，伊萨卡：康奈尔大学国际研究中心，1966 年），各章节。

② “例如，最近的研究表明，在 19 世纪的中国，贵族和有身份的人组成了统治阶级，在 19 世纪的上半叶他们总共约占人口的 1.3%，到世纪末约占 1.9%。在 19 世纪中期的俄罗斯，贵族阶级构成了该国人口的 1.25%。在法国的大革命前夕，各个等级的贵族仅占人口的 0.6%，虽然最新汇集进来许多富有的商人家族。在罗马共和国的最后岁月里，估计统治阶级包括约 1%的首都人口。最后，在 17 世纪的英格兰，贵族、准男爵、骑士和绅士，合起来大约占总人口的 1%。”参见伦斯基：《权力与特权》，第 219 页。

一种强制手段的平等,并延续一个世纪之久。在瑞士有许多山区,在挪威和新西兰有山区和海湾并且陆地分隔,而智利有狭长地形——它们都使居民中的任何一个阶层要想成功地垄断暴力的前景变得渺茫。[①] 这些因素在一个自由农民社会里相互作用的方式如图4.2所示。

① 任何人不应低估关于法律、秩序和个人暴力的信念和准则对使用暴力强制的影响。在北美的两个英语国家中,加拿大传统上就是比较遵守法律而较少暴力。例如,参见西摩·马丁·李普塞特:《革命与反革命》(纽约:基础图书公司,1968年),第37—39页。一位加拿大作者力主,这两种文化甚至在淘金热时期就显示出来差别:

> 加拿大和美国的采矿地是按不同的法律习惯发展起来的,在很大程度上,这种习惯使得加拿大和美国特色的真正区别更加鲜明。美国人是自己决心摆脱他们所认为的殖民地奴役的,他们始终坚持彻底管理自己的事务,尤其是在边疆。加拿大人从来就不知道革命的血腥,往往是宁可要从上面强加的法律和秩序,而不是让它从基层产生。
>
> 在英属哥伦比亚的三次淘金热中,警察和法院按照英国殖民地的传统执行了一套单一的法律。采矿法到处都是相同的,金矿的行政长官拥有绝对的权力,因此在英属哥伦比亚的采矿地未曾听闻在美国的采矿史上非常常见的无法律状态。
>
> 但是,在美国的落基山脉采矿地以及后来的阿拉斯加,每个社区都有其自己的惯例和就地制定的规则。权威就属于采矿者自己,他们按新英格兰的方式举行镇民大会以矫正错误或执行正义……在阿拉斯加领地,在1897—1898年的狂躁岁月,没有有组织的政府机构,值得一提的是:地方委员会的治理,时而慎虑,时而任性,但始终是简单化的。而在加拿大这一边,如果说有什么,那就是政府管得太多,就如道森城引进的管理所显示的;但在河流的每个拐弯处,还有身着制服、给人安慰的骑警的身影。

参见皮埃尔·伯顿:《克朗代克的狂热》(纽约:诺夫公司,1958年),第23—24页。

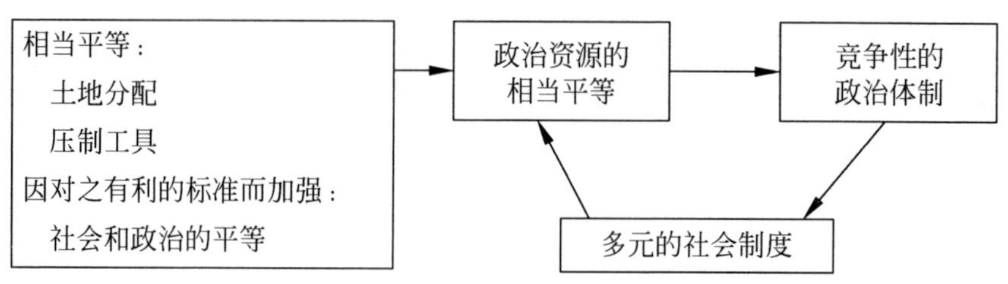


**图 4.2　自由农民社会的动力**

57

# 商业和工业社会

从历史上看，商业和工业社会比农业社会更欢迎竞争性政治。正统的自由主义学说对此所做的解释是确定了多元社会制度与私有的竞争经济之间的关系：竞争性政治要求竞争性的经济。实际上，古典的自由主义学说建立了以下方程式：



竞争性政治 ⇨ 多元社会制度 ⇨ 竞争性经济 ⇨ 私有制①

58 有人声称，正如对反对派的宽容和竞争性代议制政府的存在要求一个多元社会制度一样，多元社会制度也要求竞争的资本主义经济。同时，古典自由主义的思想认为，为了社会主义经济的生存——社会主义被理解为对现代资本主义唯一可供替代的选择——就必定要有完全中央集权的社会制度，并将施行社会的、经

① 双箭头可以理解为“意味着”或“要求”。如自右向左的相反方向理解，这个符号的含义就是“一种必要的条件”。

济的、身体的制裁的权力和手段集中在中央政权手中；显然，这样的社会制度将要求霸权政体（并使之成为可能）。因此，这个双向的方程式就是：

社会主义经济 ⇨ 集中控制的社会制度 ⇨ 霸权政体

这样，古典的自由主义严格地规定了竞争性政治以及随后在竞争性资本主义条件下的多头政体得以存在的前提：它指出，实际上，如果你不选择实行竞争性的资本主义经济，你就不可能合乎逻辑地选择实行与竞争性政治相联系的自由；如果你选择实行社会主义经济，从逻辑上说，你就会选择霸权政体而破坏政治自由。布尔什维克革命后，苏联可以作为这两个方程式的证据加以引用，因为那里是一个高度霸权的政治制度维护着一个集中控制的社会制度，这个社会制度的最重要的因素就是完全中央集权的社会主义经济。

这个分析虽然在表面上具有说服力，却没有真正证明这两个方程式是正确的，另外一些历史发展显示出它们的不足之处。

亚当·斯密这样的古典自由主义经济学家从重商主义的历史中认识到，私有制并不是经济竞争的充分条件；第一个方程式只是说明，它是一个必要条件。许多独裁政权——在意大利、德国、日本、西班牙及其他地方——所提供的进一步经验表明，私有制的确绝不是竞争性的经济或允许公开争论的政治制度的保证，更不是 59
多头政体的保证。极端的案例——如意大利、德国和日本——证明，一种私有制[①]甚至可以与集中控制的社会制度同时共存。

由于上述方程式所说的是必要而非充分条件，严格说来，这些推导留下的论据是完整的。但另一些推导实际上却歪曲了方程式。一是在实行混合经济（非严格竞争的资本主义）的国家里能够保持包容的多头政体，这种经济使用无穷无尽的方法和管理手段，这些手段结合起来维持着甚至可能巩固了多元社会制度。任何人都会想到瑞典这个原始模型。1959 年，政府、社会保险和公共企业的开支占了瑞典国民生产总值的 53%。[②] 但是，实际上，所有实行多头政体的工业化国家都已用混合体制代替了完全竞争的资本主义，而在这个过程中，它们设法保持了多元的社会制度。

古典自由主义的方程式的错误就在于：它以为任何替代竞争资本主义的选择都必定要求集中管理的经济，但是，事实上，私有公司之间的竞争绝不是使经济分散化的唯一方法。的确，近些年
60 里，东欧一些共产主义政权一直在告别中央指挥；其中，南斯拉夫在分散对经济企业的控制方面走得最远。如果分散的社会主义经济表明能够相当成功地处理主要经济问题，那么，就没有固定不变的理由说社会主义不能造成并维持一个非常多元化的社会制度，

① 当然，这种私有制可能与“私”有制的某种定义并不等同。这个术语可以定义为一个明确拒绝生产和分配手段的私有权的集中控制的社会制度。

② 其他国家的数字是：英国，45%；奥地利（不包括所有公共企业），44%；新西兰，43%。参见拉西特等：《政治和社会指数世界手册》（纽黑文：耶鲁大学出版社，1964 年），第 63 页，表 15。据估计，在奥地利“公司资本总额的 75%直接或间接地是在公共领域”。参见亚历山大·沃多皮维克：《谁统治奥地利?》，第 2 版（维也纳，1962 年），第 255 页，转引自弗雷德里克·C.英格尔曼：“奥地利：反对派的汇合”，载罗伯特·A.达尔编：《西方民主国家的反对派》（纽黑文：耶鲁大学出版社，1966 年），第 270 页。

从而造成并维持竞争性的政治。

简言之,正确的方程式可以是:

竞争性政治⇨多元社会制度⇨分散的经济

高度集中的经济⇨集中控制的社会制度⇨霸权政体

本章的论证可以概括如下:

1. 没有多元的社会制度,就不可能维持竞争性政治体制,因而也不可能维持多头政体。集中控制的社会制度有利于霸权政体而不是竞争性政体(因而也不是多头政体)。
2. 在一个军队或警察习惯于干预政治的国家,不可能维持竞争性政体,即使社会制度是多元的而不是集中控制的。
3. 农业社会看来倾向于两种极端类型,传统乡农社会的特性与霸权政治体制相关联,而自由农民社会的特性与竞争性政体和向包容性多头政体的演变相关联。决定农业社会方向的主要因素似乎是:关于平等的标准、土地的分配和 61
军事技术。
4. 私有制既不是多元社会制度以及公开争论和多头政体的必要条件,也不是充分条件。
5. 在实行分散经济的国家,多元社会制度可能存在,因而公开争论和多头政体也可能存在,而不论采用什么所有制。

6. 但是，公开争论以及多头政体不可能在对经济实行高度集中指挥的国家存在，而不论采用什么所有制。

# 第5章 社会经济秩序：发展的水平 62

人们普遍认为，社会经济的高度发展不仅有助于使霸权政体转变为多头政体，而且有助于维持多头政体——甚至可能为维持多头政体所必需的。这个观点在多大程度上是正确的呢？

早些时候严重依靠仅凭印象的解释以及一两例个案研究就做出答案，而近来已经让位于更加雄心勃勃的努力，即尽量利用迅速增加的跨国研究的数据和运用适当的计算机程序处理这些数据的简便方法。即使运用这些数据、方法及其解释所给出的答案并不明确或者尚有争议，但近期的研究①对几个命题所提供的支持的确给人留下了深刻的印象。

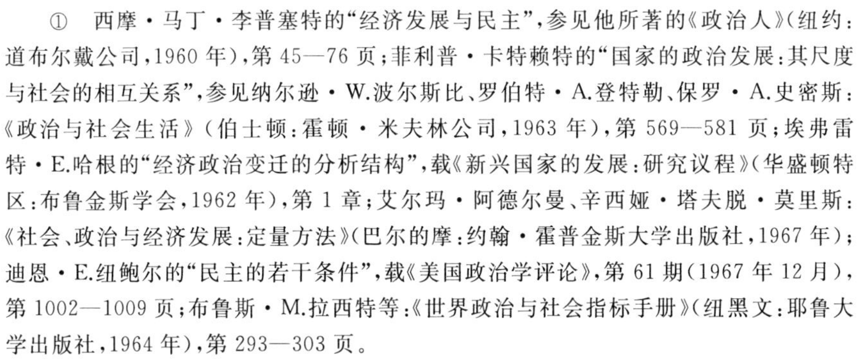

① 西摩·马丁·李普塞特的"经济发展与民主"，参见他所著的《政治人》(纽约：道布尔戴公司，1960年)，第45—76页；菲利普·卡特赖特的"国家的政治发展：其尺度与社会的相互关系"，参见纳尔逊·W.波尔斯比、罗伯特·A.登特勒、保罗·A.史密斯：《政治与社会生活》(伯士顿：霍顿·米夫林公司，1963年)，第569—581页；埃弗雷特·E.哈根的"经济政治变迁的分析结构"，载《新兴国家的发展：研究议程》(华盛顿特区：布鲁金斯学会，1962年)，第1章；艾尔玛·阿德尔曼、辛西娅·塔夫脱·莫里斯：《社会、政治与经济发展：定量方法》(巴尔的摩：约翰·霍普金斯大学出版社，1967年)；迪恩·E.纽鲍尔的"民主的若干条件"，载《美国政治学评论》，第61期(1967年12月)，第1002—1009页；布鲁斯·M.拉西特等：《世界政治与社会指标手册》(纽黑文：耶鲁大学出版社，1964年)，第293—303页。

63 
# 若干确定的问题

首先，各种衡量社会经济水平的尺度都是密切相关的。因此，拉西特写道：

> 在一项对一百多个国家和殖民地的研究中我们发现，人均国民生产总值与其他经济和社会发展指标之间存在很高的相关性，如两万人口以上的城市在人口中的百分比（相关性为0.71）、成年人识字率（0.80）、人口中高等教育的在册人数比例（0.58）、每一千人中收音机的拥有量（0.85）和每个居民医院病床床位数（0.77）。这些变量与其他指标——如在农业中就业的劳动力的百分比、人口中的工薪收入者的百分比以及健康和大众传媒等，一起构成了一组随经济发展水平而变化的变量集合。①

一个国家如果比较穷或者比较富裕，那么，其贫穷或富裕除了显示在人均收入上之外还显示在所有的其他方面。不同的国家处于经济和社会发展的不同“阶段”这一常识性概念得到这些数据的充分印证。②

---

① 布鲁斯·M.拉西特：《世界政治趋势》（纽约：麦克米兰公司，1965 年），第125—126 页。

② 例如，拉西特在《世界政治趋势》第 127 页中根据用于 107 个国家的九项指标归纳出经济政治发展的五个“阶段”。阿德尔曼和莫里斯在《社会、政治和经济发展》第170 页，用许多因素的评分作为指标，把 74 个“不发达国家”——从尼日尔（1961 年人均国民生产总值 40 美元）到以色列（1951 年人均国民生产总值 814 美元）——分成了

其次，社会经济水平与“政治发展”之间无疑具有重要的联系。这篇文章提出的问题表明，人们不再怀疑竞争性政治与社会经济 64
水平往往是同时发展的。这些资料无可置疑地说明：

> 一个国家的社会经济水平越高，就越有可能实行竞争性政治体制。

> 一个国家的政治体制越具有竞争性，这个国家就越有可能处于相对较高的社会经济发展水平。

于是，拉西特发现，在处于经济发展的两个最“发达”的阶段上（他称之为“工业革命社会”和“高消费大众社会”）的国家当中，“竞争性”与“半竞争性”体制的比例大大高于三个较不发达阶段的国家，在后一类国家，占优势地位的是“独裁”政体。（表 5.1）[①]

---

社会经济发展水平的三个等级。

① 阿德尔曼和莫里斯在对 74 个“不发达”国家的因素分析中发现，人均国民生产总值既与社会因素也与政治因素有关（第 151 页，表Ⅳ）。政治因素实质上就是竞争性政治体制的程度和实力。“这一因素的每一增长都可以被认为是代表了一种沿着一个阶梯——即从各种中央独裁政治形式到能够反映社会不同集团利益并通过参与国家政治组织实现这些利益的聚合的特定政治体制——的运动……这样，第二类因素中的一个积极变化是由以下构成的：(1)民主制度的有效性的提高、政治反对派的自由和新闻自由的扩大、政党竞争的发展及劳工运动实力的增强；(2)政党从重视全国一致变为强调意识形态纲领；(3)军方力量削弱和集权程度下降。”（第 155—156 页）此外，阿瑟·S.班克斯与罗伯特·B.特克斯特在《跨政体纵览》（坎布里奇：麻省理工学院出版社，1963 年）一书中提供了另外的证据：例如，“选举制度为竞争性而不是非竞争性的政体”的特点与“选举制度为非竞争性而不是竞争性的政体”的特点相对比（FC104，以及FC101、FC107、FC139）。另见卡特赖特的“国家的政治发展：其尺度与社会的相互关系”（第 577 页表 1）。

65 社会经济发展与包容性或近似包容性的多头政体之间的关系，也许在如下数据(表 5.2 和表 5.3)中更鲜明地表现出来。如同社会经济水平与竞争性政体之间的关系一样，其与多头政体之间的关系也是如此：

> 一个国家的社会经济水平越高，其政体就越有可能是包容性的或近似的多头政体。

> 如果政体是多头政体，它就越有可能存在于社会经济发展水平相对较高而不是较低的国家。

显然，迄今为止所提出的主要命题是完全不用质疑的：提出经济发展“水平”或“阶段”的问题很有意义，因为所有的主要社会经济指标都紧密相关，并趋向于一起发生变化。不仅一般说来竞争性政治，而且尤其是多头政治，都引人注目地与相对较高的社会经济发展水平相联系。因此，本章开始时提出的问题的答案就一目了然了：一个社会的政治竞争的可能性的确依赖于社会经济水平。

**表 5.1　经济发展与政治制度**

| | 发展的“阶段” | | | | |
|---|---|---|---|---|---|
| 政治制度 | Ⅰ | Ⅱ | Ⅲ | Ⅳ | Ⅴ |
| 竞争性的 | 13% | 33% | 12% | 57% | 100% |
| 半竞争性的 | 25 | 17 | 20 | 13 | 0 |

（续表）

| | | | | | |
|---|---|---|---|---|---|
| 独裁主义的 | 63 | 50 | 68 | 30 | 0 |
| 数目 | (8) | (12) | (25) | (30) | (14) |

资料来源:布鲁斯·M.拉西特,《世界政治趋势》(纽约:麦克米兰公司,1965 年),表 8.2,第 140 页。

说明:由于四舍五入,百分比没有总是精确至 100%。

**表 5.2　29 个多头政治国家社会经济发展程度分布** 66

| | | 国民生产总值人均数 | | | 同样社会经济水平的国家中多头政体 | 所有的多头政体国家的 |
|---|---|---|---|---|---|---|
| | 总额 | 范围 | 平均 | 数目 | 百分比 | 百分比 |
| “传统原始社会” | 11 | 45—64 美元 | 56 美元 | 0a | 0 | 0 |
| “传统文明社会” | 15 | 70—105 | 87 | 1b | 6.7% | 3.5% |
| “转型社会” | 31 | 108—239 | 173 | 1c | 3.6 | 3.5 |
| “工业革命社会” | 36 | 262—794 | 445 | 13 | 36.0 | 45.0 |
| “高消费人众社会” | 14 | 836—2577 | 1330 | 14 | 100.0% | 48.0 |
| 总数 | 107 | | | 29 | | 100.0% |

说明:作者对多头政体进行了分类;见附表 3。上面表中的多头政体没有包括附表 3中的六种近似的多头政体。社会经济发展水平引自布鲁斯·M.拉西特等人的《世界政治与社会指标手册》(纽黑文:耶鲁大学出版社,1964 年),第 294 页。表中国家的数目稍大于引自拉西特的《世界政治趋势》的表 5.1 中的数目。拉西特的五个等级运用了六项社会经济指标和三项政治指标(投票率、军事人数的比率以及中央政府支出)。当六项社会经济指标之间的联系紧密时,它们与这些特定“政治”变量之间的联系就相当弱,并且,国家在五个“等级”中的位置似乎与这三项政治指标无关。因此,尽管“投票率”对我们关于多头政治的测量略有干扰,但多头政体与拉西特所提供的五个“等级”之间的关系并不显得没有根据。

a 索马里,从 1960 年独立到 1969 年间一直维持了包容性的多头政体,但没有包括在拉西特等人分类之中。索马里的人均国民生产总值达到 57 美元(出处同上,第 157 页)。1969 年 10 月,索马里军队夺取了政权,逮捕了所有政府部长,解散了国民议会。

b 印度。

c 菲律宾。

然而，论证到此，尽管得到所有可获得的证据的有力支持，却并未使我们非常满意。事实上，它留下了许多关于竞争性政治与社会经济发展“水平”的一般关系本身的性质和密切程度的关键问题没有澄清。

67 **表 5.3　多头政治与社会经济发展**

| 社会经济指标 | 所有国家 | | 多头政体与近似多头政体 | |
|---|---|---|---|---|
| | 数目 | 平均 | 数目 | 平均 |
| 人口 2 万以上的地方单位 | 120 | 23% | 31 | 38% |
| 1957 年人均 GNP | 122 | 377 美元 | 32 | 822 美元 |
| 工薪人口 | 79 | 35% | 31 | 42% |
| 农业劳动力 | 98 | 50% | 27 | 19% |
| 劳动年龄人口中的 | | | | |
| 　非农业就业百分比 | 77 | 36% | 31 | 46% |
| 劳动人口中 | | | | |
| 　工业就业百分比 | 78 | 15% | 31 | 20% |
| 每 10 万人口中 | | | | |
| 　高等教育在册人数 | 105 | 281 | 33 | 499 |
| 5—19 岁人口中 | | | | |
| 　小学和中学在册人数 | 125 | 43% | 33 | 62% |
| 15 岁以上识字人数 | 118 | 52% | 33 | 82% |

注：所有国家的数据均来自拉西特等人所著的《世界政治与社会指标手册》。有关多头政治与近似多头政治的数据是从“耶鲁政治数据库”提供的数据中计算出的。由于数据有遗漏，这里所出现的国家的数目有差异。作者对多头政体的分类见附表 3。

# 几个有待讨论的问题

## 存在“极限”吗?

有这样一个问题,即社会经济水平是否存在“极限”,在上下极限之间竞争性政治或多头政治的可能性不至于有根本改变。换言之,它们的关系是直线还是曲线?

对证据的考证有力地说明,这种关系不是直线(例如表 5.2 及表 5.3),而是曲线:

> 存在一个上限,也许大约在人均国民生产总值 700—800 68
> 美元(1957 年的美元)之间,在这个数额以上实行多头政治(及竞争性政治)的可能性已经很大,以致人均国民生产总值的任何增加(及由这种增加而产生的各种变量)不会对结果发生任何重大影响。



> 存在一个下限,也许大约在人均国民生产总值 100—200 美元之间,在此以下实行多头政治的可能性就会很小,人均国民生产总值的不同或有关的变量都不再有什么真正的意义(尽管其他的竞争性政治形式未必如此)。

## 怎样看待反常案例?

然而,即使我们接受这个“极限”的概念,所谓竞争性政体甚或多头政体只存在于社会经济高度发展的国家的说法，也肯定是不正确的。并不是所有的社会经济发展水平高的国家都实行多头政体甚或是竞争性政体。经济或社会经济发展与政治竞争或多头政治的维度上的许多国家，任何一个等级都总可以列出一定数量的
69 反常的案例。[①] 这种矛盾现象和例外情形可以举出很多，例如，印度实行的竞争性体制——是一个确确实实的多头政体——而该国1957年的人均国民生产总值大约只有73美元；苏联和东德都是社会经济发展水平很高的霸权政体（1957年人均国民生产总值为600美元）；对社会经济发展水平较高的四个拉美国家进行的政治比较则令人迷惑不解，阿根廷（490美元）、智利（379美元）、古巴（431美元）、乌拉圭（478美元）；而在“变迁”社会也有许多这类矛盾案例，菲律宾（220美元）、土耳其（220美元）、锡兰*（128美元）存在的是竞争性政体，而在巴拉圭（114美元）、印度尼西亚（131美元）、埃及（142美元）、葡萄牙（224美元）却不是。



如果说当今世界提供了大量矛盾的案例，历史也同样提供了这样的例子。我们如何说明包容性多头政治很早就在美国产生了呢？戈德史密斯估计，大约在托克维尔写作《美国的民主》时，美国

① 例如，参见哈根的“亚非国家政治结构类型与经济发展等级的分类”以及他在“分析结构”中对拉美国家所作的类似分类，见第2、4页表1.1和表1.2；卡特赖特的“国家的政治发展，其尺度与社会的相互关系”，第572—573页，图1“政治发展与通讯发展的关系：71国”。另见詹姆斯·S.科尔曼的“拉美国家11项经济发展指数的综合等级排序”，以及加布里埃尔·A.阿尔蒙德和詹姆斯·S.科尔曼对亚非国家所作的类似等级排序，载《发展中地区的政治》（普林斯顿：普林斯顿大学出版社，1960年），第541—542页。还有阿德尔曼与莫里斯：《社会、政治与经济发展》，第262页，“关于人均国民生产总值与国家民主化程度评分的分散图解”。

* 锡兰，今为斯里兰卡。——译者

的人均国民生产总值约为 350—400 美元。[①] 但竞争性政治在美国的建立却是在托克维尔的考察之前。到 1800 年，这个国家就已经（在白人中）建立起包容性多头政体，而当时的人均国民生产总值要比 1840 年低得多。更有甚者，根据通常的社会经济水平指标，美国在 1800 年肯定是一个前现代、非工业化的农业国。到 1820 年，只有五个 5 万以上人口的城市。居住在 2.5 万人口以上的城市的人口大约只占总人口的 3%。有 93%的人口是居住在真正的乡村。在总劳动力中，约 70%从事农业。[②] 当然，所有的家庭 70
都没有电话、收音机、汽车。一位社会科学家仅仅凭借迄今所核查过的数据——以及常常用来解释这些数据的理论——就可以有理由得出结论，美国在 19 世纪早期几乎就没有可能发展民主，但是，我以为，我们中的大多数人都会继续认为托克维尔的解释更令人信服。

适用于美国的情况，不仅适用于澳大利亚、新西兰和加拿大，而且在某种程度上也适用于英国、挪威、瑞典和许多其他在 19 世纪存在竞争性政治（虽然并不是包容性多头政体）的欧洲国家。根据当代世界的指标，那时这些国家的社会经济发展还处于很低的水平。

① 按 1957 年价格计算。雷蒙德·戈德史密斯的“收入与产出的长期增长，1939—1960 年”，载拉尔夫·安德列亚诺编：《美国经济发展新说》（马萨诸塞，坎布里奇：申克曼公司，1965 年），第 2 章，第 357 页。戈德史密斯是按 1929 年价格计算国民生产总值的。我已换算成 1957 年价格，利用了美国商务部《美国收入与产出》（华盛顿特区：政府出版局，1958 年），第 220—221 页的表 Ⅶ-2“1929—1957 年国民生产总值或支出的绝对价格紧缩”。

② 数据来自美国统计局：《美国历史统计：殖民地时期至 1957 年》（华盛顿特区：政府出版局，1960 年），第 14、72 页。

竞争性政治无疑以某种方式同社会经济发展相联系，这一点似乎并不是一个令人非常满意的——也许甚至不是一个令人感兴趣的——结论。更令人焦虑的事实是，这种联系很微弱，上述结论忽视了大量重要的反常案例，并且它们之间的相互关系尚未得到说明。而这个关系中的其他奥秘之一，就是哪个为因，哪个为果。

## 何为因，何为果？

是高水平的社会经济组织和生产力“导致”了竞争性政治？还是反过来，竞争性政治促进了社会经济的发展？或者，竞争性政治与社会经济发展相互作用、相互影响？最后或者说，它们都是由其他事物引起的？

正如前面引用的研究成果的作者们所反复告诫的，说明一种关系的存在并没有辨别出原因。[①] 而要从数据中梳理出原因，就
71 只有借助理论。

然而，有一件事似乎是清楚的，无论因果关系如何，它们都不是简单的、单向的。

能够说明一般趋势与例外事例的因果理论应当是复杂的。因为证据的确无法支持这样的假说，即社会经济的高度发展是竞争性政治的必要或者充分条件；也无法支持相反的假说，即竞争性政治是社会经济高度发展的必要或充分条件。[②]

---

① 例如，阿德尔曼和莫里斯的否定说明，参见《社会、政治与经济发展》，第 148 页。

② 类似的评论参见丹克沃特·A.拉斯托提交国际政治学会的“民主、多数人意见与新国家”（1967 年 9 月，布鲁塞尔）；以及他的“向民主的变革：走向动态模式”，载《比较政治》，第 2 期（1970 年 4 月），第 337—364 页。

我并不认为现在有可能提出可以接受的将说明所有案例的因果理论。这里，我希望做的全部事情，就是提供一些解释，来帮助我们理解一般趋势与例外事例。我随后提供的在任何意义上也都不是完整的理论。

## 前工业化社会天然不适合竞争性政治吗？

竞争性政治与前工业化社会之间的关系形成了一个悖论。在19 世纪，在某些前工业化社会里，竞争性政治甚至某些情况下的多头政治都是兴旺发达的，可以提到的有美国、澳大利亚、新西兰、加拿大、挪威、瑞典，等等。但在当今的世界上，几乎没有处于前工业化阶段的国家实行多头政体；事实上，它们更可能实行霸权政体或是独裁政体。

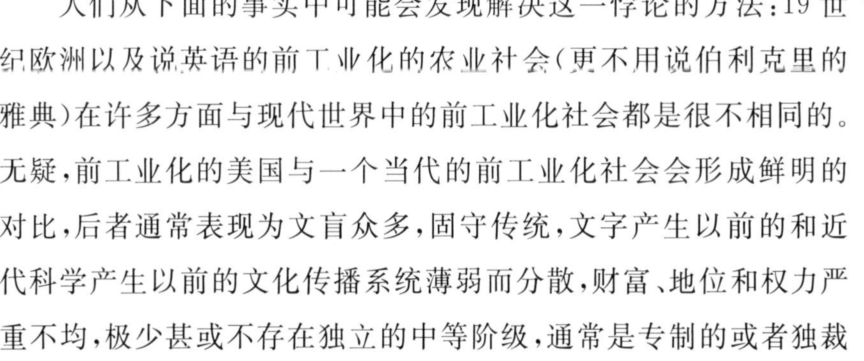

人们从下面的事实中可能会发现解决这一悖论的方法：19 世 72
纪欧洲以及说英语的前工业化的农业社会（更不用说伯利克里的雅典）在许多方面与现代世界中的前工业化社会都是很不相同的。无疑，前工业化的美国与一个当代的前工业化社会会形成鲜明的对比，后者通常表现为文盲众多，固守传统，文字产生以前的和近代科学产生以前的文化传播系统薄弱而分散，财富、地位和权力严重不均，极少甚或不存在独立的中等阶级，通常是专制的或者独裁的统治传统。人们只需阅读托克维尔的著作，就会看到所有这些特征与托克维尔所见到的美国是多么不同。[①]

① 即使适当考虑到托克维尔的夸大其词，显然同时代的人中也不会有人用这种语言来描述今天的前工业化社会："美国人的社会情况非常民主；这是这些殖民地建立的时候就有的特点，在今天它表现得更加明显，……即使是贵族制度的萌芽也从未移

除了所有这些结构的区别以外，还时常会有一个重要区别：国家在社会经济发展中所担任的角色是不同的。的确，在 19 世纪和 20 世纪从农业社会向都市化工业社会转变的复杂过程中，国家从
73 来就不是一个可忽略的力量；各国政府——甚至在美国——通常发挥了重要作用。但通常它们并不具有命令式的地位；经济发展与其说是“诱导”出的不如说是“自发”的。[1] 相比之下，在当今的许多前工业化国家，政治领袖们却要保证运用国家可能拥有的所有诱导和强制手段，来改变或取代传统的而且往往是极为顽固的旧社会体制。

因此，在 19 世纪的前工业社会，不论竞争性政治在哪里高度发展，政治领袖们所持的观点和策略基本上都是将大部分主动权留给非政府团体。而在今天的前工业化社会，领导人却是更倾向于“统制经济”(*dirigisme*)的观点和战略。前一种观点有助于在社会秩序中造成相当程度的自治和地方分权。而在更具有当代世界特点的观点中，自治与地方分权只不过是永远保存传统社会并阻碍经济发展所需要的变革。因此，当代的前工业化社会的领袖们所采用的变革策略更可能强调迫切需要中央集权和霸权政治。

植到(新英格兰)……但是，财富以不可思议的速度周转分散，经验表明，很少能找到上下两代人全都享乐于财富的……我认为，世界上再没有一个人口相当于美国的国家，竟如此少见愚昧无知之辈，同时也如此罕见知识渊博之士。初等教育人人可及；高等教育却几乎无人达到……美国富人不多……美国的大多数富人从前都是穷人……在美国，贵族的基础自一开始就一向很薄弱，……我们几乎无须考虑它会对事态进程发生任何影响……那里所见到的人们，比世界上任何其他国家，比历史上有记录的任何时代，在财富和知识上都更加平等，或换句话说，在力量上更加平等。”参见《论美国的民主》(纽约：文塔治图书公司，1955 年)，第 1 卷，第 48—55 页。

① 伯特·F.霍斯利兹：《经济增长的社会学视角》(格伦科：自由出版社，1960 年)，第 74 页、第 97 页以下。

如果本世纪的某些反常事例清楚地表明,工业化与都市化并不是竞争性政治的充分条件(例如苏联和 20 世纪 30 年代的德国),历史上的反常事例却证明,工业化与都市化甚至也不是竞争性政治的必要条件。[①] 前工业化的乡村农业社会肯定不是天然就 74
不适合竞争性政治或者甚至多头政治的。因为某些前工业化的乡村农业社会已经有过竞争性的政治制度——有时也确实令人惊奇地为包容性的多头政体提供了基础。

在当今世界,如果前工业化社会不能为竞争性政治或多头政体提供良好的环境,那么它一定是文盲、贫困、中等阶级弱小以及独裁专制主义的政治文化等这样一些社会特征的结果。今天,这些特征与虚弱的工业化、都市化基础相关。但是,它们不是——或者至少不曾是——前工业化社会的固有特征。

## 对上述因果关系的解释

现在,假设公开争论(和多头政治)与社会经济发展水平之间有某种关系,假设也有重要的例外情形,并且假设多头政治或公开争论不会发生重大变化的可能性也许有上下极限——我们能够怎样说明这一切呢?

我认为,一个很概括的假说有助于确定政治制度与社会经济

① 我认为,如果忽略那些竞争性政治确实在前工业化的环境里发展起来的重要历史特例,就会导致言过其实地强调都市化对发展民主制度的重要性。例如,参见唐纳德·J.麦克龙和查尔斯·F.克努德的"关于民主政治发展的传播理论:因果模式",载《美国政治学评论》,第 61 卷(1967 年 3 月),第 72—79 页。

水平之间的联系：

> 一个国家发展和维持竞争性政治体制（甚至是多头政治）的机遇，有赖于本国的社会和经济能在多大程度上在该国与政治有关的社会阶层中：
>
> （a）提供识字、教育与通讯；
>
> （b）创造多元主义的而不是集中控制型的社会制度；
>
> （c）防止极端不均。

75 我将在本章简要考查前两个条件。由于第三点的重要性和复杂性，我将在下一章全面阐述。

## 识字、教育与通讯



每当公民团体庞大的时候，广泛参与和高度公开争论的可能性就在某种程度上有赖于阅读、书写、识字、教育和报纸或其他类似东西的普及，对此确实无须在这里争论。我不打算探讨这种依赖的性质和以各种方式——比如在印度和土耳其——扫除文盲的可能性。相关的一点是：识字、教育、报纸以及其他交流方式——正如我们在前面所见到的——都与都市化和工业化有关。城市、商业、工业和专业训练的发展不仅需要而且培育了这些必需的要素条件。

但是，一个受过适当教育的民族，又给他们提供了大量的报纸（或者，今天能收听广播和收看电视），就不需要高度发达的工业化或都市化社会。总之，正如托克维尔指出的，19 世纪早期的大多数白种美国人都有文化；受到适当教育的机会相当广泛（尽管实际情形也许不像托克维尔认为的那样广泛），人们普遍可以得到报纸，尽管美国人分布在广大的地区，政治交流似乎一直比较有成效。在其他一些国家，识字和教育的普及也是在广泛的工业化、城市发展以及人均收入提高之前：新西兰、澳大利亚、加拿大、挪威、冰岛、芬兰就都是实例。因为实现普遍教育和广泛利用新闻媒体所需要的费用并非高到使繁荣的农业社会无法承担的地步。

那么，似乎可以合理地得出这样的结论： 76

> 假设竞争性政治的可能性有一个下限，这可以部分地由这个水平之下的国家为实现普遍识字、受教育和使用新闻媒体在动员所需的资源方面存在的困难来加以说明。

> 尽管如此，竞争性政治特别是多头政治的这些最低限度的需要可以由这个极限以上的国家给予满足，即使这些国家主要还是农业、乡村和非工业化的。

因此，满足这些最低限度条件的需要，有助于说明下限却无法说明其一般关系。

## 多元社会秩序

现在来思考一下，何种比较“发达的经济”既因为它的运行才使得多元社会秩序成为可能，又需要多元社会秩序才能运行呢？发达的经济不仅能够而且也需要减少文盲、普及全民教育、提供广泛的受高等教育的机会以及发展通讯工具。它不仅能够创造出而且也需要有文化的劳动力：能读写的工人、能阅读设计图纸和按说明书操作的技术工人、工程师、技术人员、科学家、会计师、律师以及各种管理人员。它不仅创造了而且也必须具有迅捷、可靠的通讯系统，包括传输大量公共信息或准公共信息的系统。它不仅使持久的高度专业化的组织的多样化成为可能，同时也需要这种组织的多样化，受到强烈激励、忠于组织目标的工作人员管理着这些组织：工厂、银行、商店、学校、大学、医院、公众运输系统以及成千
77 上万种类型的其他组织。

由于本身的内在需要，发达经济及其对社会结构的支撑就自动地将政治资源和政治技能分配给各种各样的个人、集团和组织。这些技能与资源包括：知识；收入、社会地位和在专业团体中的声望；组织和交流的技巧；可以利用的组织、专家和精英人士。这些技能与资源可以用于谈判来——为自己、为集团、为组织——获利。各个团体和组织都极力实现自主自治，培养狭隘的内部忠诚，完善各种复杂的有分有合的模式。当冲突发生——因为冲突不可避免——时，使用政治资源有助个人和团体防止靠压力和强制来解决冲突，而是坚持通过某种程度的——直率的和含蓄的，合法的、非法的和介于合法与非法之间的——谈判协商来解决。因此，谈判协商制度就在等级安排之中，或者与之平行或者与之相对立而发展起来；这些制度有助于培育一种包括若干规范的亚政治文化，这些规范将以下行为均视为正当合法的：谈判、协商、互投赞成票、平等交换、取得同意而不是单方面的影响或强制。

甚至在等级分明的组织中，领袖们也懂得，压力和强制往往会

损害激励的力量。在发达的经济下，长期在威胁和强制下工作，在所有的层级上其工作效率都比不上以自愿服从为基础的比较乐意的工作。这样，因表现不好而受到惩罚的担心不仅因对成功表现的奖赏抱有期望而得到弥补，而且在某些方面被这种期望所取代。正如奴隶劳动效率一般低于自由劳动效率一样，报酬差而心怀不满的工人的工作效率终究比报酬高而满意的工人的工作效率低。对技术人员、行政官员、科学家和知识分子来说，就更加需要一定程度的（以他们的“同意”为基础）的乐意的工作。而且，人们还发 78
现，高度的自主和自决会产生比僵化的、过分集权的监控更好的效果。

因此，发达的经济会自动地造成多元社会秩序所要求的许多条件。并且随着多元社会秩序的发展，至少以一种初级形式，其一些成员要求采取更适合于竞争性政治体制而不是霸权政治体制的方式来参与决策。

如果我们用一个单箭头 C 来说明彼此的因果关系，上述论述可以描述如下：

发达经济—C→多元社会秩序—C→要求竞争政治体制

诚然，这个论点就其原意来说过于简单。它至少需要三点限制条件：

第一，即使发达经济造成了**某些**多元社会秩序所需要的条件，它也无法造成所需要的**全部**条件：看看苏联和东德，那里相当发达的经济是与集中控制型的社会制度结合的。

如我们已经看到的，经济“水平”与政治制度之间相互适应的关系是松弛的，然而，正如在经济的低水平上适应关系比较密切（多头政治很少见）一样，在经济的高水平上适应关系也比较密切（霸权体制很少见）。我们的论证（我想是肯定的）意味着，由于实行霸权体制的国家向经济高水平发展（例如苏联和东欧国家），集权统治的社会秩序将越来越难以维持。如果我们的论证是正确的，经济发展自己就能创造出多元社会秩序的条件。因此，霸权体制的领导人所喜好的对社会经济管制权力的垄断，正是因为他们的经济成功而遭到削弱：他们在经济变革方面越成功（不可避免地
79 伴随着社会变革），他们就越是遭到政治失败的威胁。如果他们允许打破其对社会经济控制权力的垄断，却又企图利用其暴力垄断来保持其政治霸权——从集权统治社会秩序向我们前面所说的具有镇压性武力的准多元社会秩序的转变——那么，他们在管理发达经济时所面对的就是大量的缺陷、高昂的代价和暴力、强制及强迫的无效，因为在发达经济中需要的是激励和复杂行为，是不可能靠暴力威胁来操纵的。[①]

① 同样的观点可见于亚历山大·埃克斯坦的“共产主义制度下的经济发展与政治变革”，载《世界政治》，第 22 期（1970 年），第 475—495 页。乔治·费舍尔力主，苏维埃政权也许能够在不损害经济动力的基础上容纳要求社会多元主义与自由化的压力。如果我对他的论点理解正确的话，他是预见到一种“有限的一元主义”，即“不受国家控制的自主权”被拒绝赋予“社会中的主要集团”，但是，在“职业与个人生活中、技术活动（包括经济）中以及部分法律和公共事务中”却是允许的，参见《苏维埃制度与当代社会》（纽约：阿瑟顿公司，1968 年），第 14—18、142—153 页。可是，我无法理解，他的书中关于苏联出现“双重行政”的证据对他的论证提供了什么支持。

高度发达的社会里的霸权体制中的张力也许可以描述如下，这里，锯齿状的双向箭头代表冲突：

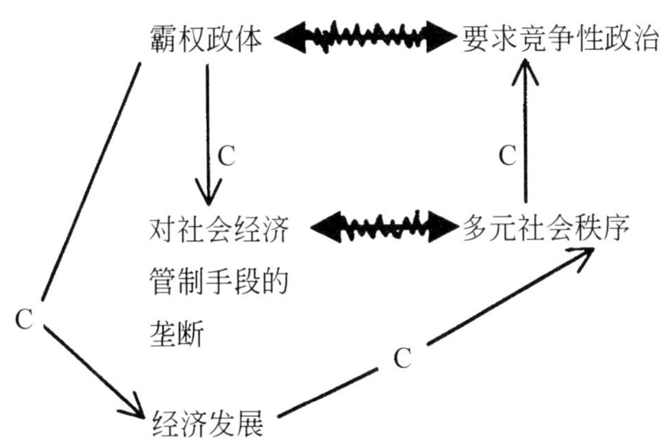

第二，虽然经济的“成功”可能会产生政治自由化的要求而威 80

胁霸权政治，经济成功却没有威胁到多头政治，但经济的失败却会威胁到多头政治。因为经济困难，尤其是当它们表现为严重失业或通货膨胀时，就会产生实行霸权政体和集权统治社会秩序的要求。

第三，也许这一区别的尖锐性早已不再模糊，因为现在正变得明朗起来的是：富裕社会也会产生其自己的挫折与不满。虽然富裕可以在由霸权政体治理的国家增强要求实行竞争性政治的压力，但是，富裕将在已经实行包容性多头政体的国家继续加强对民主制度的忠诚吗？这却是还远远没有搞清楚的。

# 81 第 6 章　平等与不平等

自从亚里士多德(也许是自从前苏格拉底的哲学家)以来，政治理论家们就普遍认为，极度不均会助长产生霸权政体，而比较平等的非霸权政体则必须使占人口绝大多数的处于中等地位的公民集团能或多或少保持平等，从而避免(公民之间)在地位、收入和财富方面产生极端差距。发达工业社会具有向极端不平等方向发展的强烈趋向，然而，一个古希腊人无法预见的现象是：包容性的多头政体在发达工业国家却发展得最为兴旺。这种似乎矛盾的现象已有许多种解释，为了解开这一困惑，有的人是为这些国家的不平等进行辩解，而另一些人则是对"民主制"做了这样一番解释：这些国家的表面上的"民主"政体其实是被掩饰的霸权政体。

社会秩序和经济水平对平等的关系在我们讨论的一些论点中已经略有涉及，但现在才是更集中地关注某些包容性问题的时候。

一个社会中的平等与不平等似乎至少通过两组不同的介入变
82 项影响着是实现霸权政治还是竞争性政治的可能性：即政治资源和技能的配置与怨愤和挫折感的产生。

# 政治资源和技能的配置

在分配收入、财富、地位、知识、职业、组织角色、声望和各种其他价值时，每个社会还要分配那些一个行动者至少能够在一定情况下用来影响其他行动者行为的资源。于是，这些资源就成了政治资源。然而，谁能得到什么样的以及多少政治资源，不只是社会经济体制的一种被动的输出。影响或控制着国家的行动者可能会利用各种各样的国家权力重新安排那些产生于社会经济体制过程的政治资源的初始配置：例如通过所得税，或者限制竞选捐款；或者他们可能实际上创造和分配新的政治资源，比如投票权。

诸如收入、财富、地位、知识和军事力量这样一些重要价值分配的极端不均，就等于政治资源的极端不均。显然，政治资源极端不均的国家，在运用权力方面很可能出现极端的不平等，由此存在霸权政体的危险。这都是不言而喻的。

前面我已提出，在农业社会，像知识、财富、收入、地位和权力等重要价值是密切相互关联的：富裕者在所有这些方面都富裕，而贫困者——他们在许多农业社会占人口的大多数——在所有方面都贫困。因此，政治资源不断累加：如果行动者A在一项政治资源方面——比方说财富或收入——超过角色B，那么，A也会在所有其他政治资源，以及知识、发言权或地位等方面超过B。但是，正如我们所见，有两种主要的不同的农业社会。简单地说，在传统的乡农社会，价值分配上存在极端不均，因而政治资源也存在不 83
均，结果权力的运用也存在不均。但在自由农民社会里，在价值的分配上，因而在政治资源上，这样也就在权力的运用上，都在相当程度上是平等的。如果在自由农民社会，相对较好的平等条件又与通过选举权、竞争性政党、选举和责任制领导人所配置成的更大程度的政治平等相结合，则不平等的累积就会进一步受到抑制。通过积累声望、追随者和选票，领导者们可以弥补在财富和地位方面的差别所带来的潜在影响，并运用国家的控制权力来缩小这些差别或减少它们对政治生活产生的后果。

在这一点上，拉西特在就 1960 年前后的 47 个国家（或地区）的政治制度与土地分配不均之间的关系所做的研究中提出了一些有趣的根据。包容性的多头政体在土地分配最平均的国家或地区更为常见。反之，土地分配最不平等的国家就会趋于非多头政体。（表 6.1 和表 6.2）在 23 个土地平均程度在中等以上的国家中，有 17 个国家是包容性多头政体。换种方式来看这些数据，在 24 个包容性多头政体国家中，有 17 个国家的土地均等程度在中等水平之上。在 24 个土地均等程度在中等及以下的国家中，仅有 7 个国家是包容性多头政体，15 个国家是非多头政体。由于多头政体国家在经济上就平均水平来说更为发达，这些国家在农业中就业的劳动力较少；因此，土地分配上的平等与不平等对政治生活的影响较小。例如，在 7 个土地均等程度在中等以下的包容性多头政体国家中，有 5 个国家在农业领域就业的不到其劳动力的三分之一。相比之下，在霸权政体国家中，农业劳动力的比例相对较高，因此，土地分配的不平等对政治生活的重要性就增强了。土地均等程度在中等以下的霸权政体国家，除阿根廷外，其他所有的国家农业劳动力的比例都高于三分之一；事实上许多国家的农业劳动力超过

了半数。

**表 6.1　1960 年前后 47 个国家(或地区)多头政体、近似多头政体和非多头政体(根据土地分配不平等程度排列)** 84

| 不平等的基尼系数[a] | 包容性多头政体[b] | 近似多头政体[b] | 非多头政体[b] |
| --- | --- | --- | --- |
| 43.7 | | | 南斯拉夫 |
| 45.0 | | | 波兰 |
| 45.8 | 丹麦 | | |
| 47.0 | 日本 | | |
| 49.7 | 加拿大 | | |
| 49.8 | 瑞士 | | |
| 52.2 | 印度 | | |
| 56.4 | 菲律宾 | | |
| 57.7 | 瑞典 | | |
| 58.3 | 法国 | | |
| 58.7 | 比利时 | | |
| 59.8 | 爱尔兰 | | |
| 59.9 | 芬兰 | | |
| 60.5 | 荷兰 | | |
| 63.8 | 卢森堡 | | |
| 65.2 | | | 台湾 |
| 66.9 | 挪威 | | |
| 67.1 | | | 南越 |

| | | | |
|---|---|---|---|
| 67.4 | 西德 | | |
| 70.0 | | | 利比亚 |
| 70.5 | 美国 | | |
| 71.0 | 联合王国 | | |
| 73.7 | | 巴拿马[d] | |
| 74.0 | 奥地利 | | |
| 74.0 | | | 埃及 |
| 74.7 | | | 希腊 |
| 75.7 | | | 洪都拉斯 |
| 75.7 | | | 尼加拉瓜 |
| 77.3 | 新西兰 | | |
| 78.0 | | | 西班牙 |
| 79.2 | | | 古巴 |
| 79.5 | | | 多米尼加共和国 |
| 80.3 | 意大利 | | |
| 81.7 | 乌拉圭 | | |
| 82.8 | | | 萨尔瓦多 |
| 83.7 | | | 巴西 |
| 84.9 | | 哥伦比亚 | |
| 86.0 | | | 危地马拉 |
| 86.3 | | | 阿根廷 |
| 86.4 | | | 厄瓜多尔 |
| 87.5 | | | 秘鲁 |

| | | | |
|---|---|---|---|
| 88.1 | | | 伊拉克 |
| 89.1 | 哥斯达黎加 | | |
| 90.9 | | 委内瑞拉 | |
| 92.9 | 澳大利亚 | | | 85
| 93.8 | 智利[c] | | |
| 93.8 | | | 玻利维亚 |

资料来源：布鲁斯·M.拉西特的“不平等与不稳定：土地占有与政治的关系”，载《世界政治》，第 16 期（1964 年 4 月），第 442—454 页，表 2。

a 基尼系数是人们普遍接受的衡量不平等的尺度。例如，参见小海沃德·阿尔克与布鲁斯·M.拉西特的“不平等比较的指标”，载理查德·L.梅里特与斯坦·洛坎主编：《各国比较：跨国研究中定量数据的使用》（纽黑文：耶鲁大学出版社，1966 年），第 349—382 页。

b 此处的分类有别于拉西特的分类，他将国家分为稳定民主制、不稳定民主制和专制政体。此处所用的分类见附录 B，附表 3。

c 由于根据识字限制选举权，1960 年的智利的包容性远远不及其他国家，尽管其公开竞争的程度高。

d 后来变成非多头政体。

**表 6.2　多头政体与土地不均**

| | 土地均等程度 | | |
|---|---|---|---|
| | 在中等以上（数目） | 在中等及以下（数目） | 总数 |
| 完全多头政体 | 17 | 7[a] | 24 |
| 近似多头政体 | 1 | 2 | 3 |
| 非多头政体 | 5 | 15 | 30 |
| 总　数 | 23 | 24 | 57 |

资料来源：拉西特的“不平等与不稳定”。

a 包括智利。

随着农业社会的工业化，在公民或国民中间的平等与不平等的性质发生了巨大变化。工业化彻底地重新分配了人们的报酬和
86 特权。的确，这种新的配置常常极不平等。但是，正如我在前面提到的，发达工业社会的需求和它所创造出来而又使之得到满足的希望，分散了在传统乡农社会只由极少数精英垄断的政治资源——文化、教育、技术知识、组织技能、接触领导人的途径，等等。如果工业社会没有消灭不平等，它也会大大地消除许多不平等现象。[①] 由于平均收入随着技术的提高和生产的发展而增长，至今一直为少数精英所僭取的越来越多的好处为越来越多的人口所分享。甚至(纳税前)收入的不平等或许也在缩小。

关于这一点，在一份关于美国 1959—1960 年的收入与不平等的研究中提供了一些有趣的证据。在包括 50 个州和哥伦比亚特区的 51 个政治单位中，在每个单位的中等收入与该单位收入分配不均的程度之间存在一种相当密切的否定关系(−0.78)。正如人们所预料的那样，一个州收入分配越不平等，其住房和教育分配也越不平等。[②] (表 6.3)

那么，可以不确切地说，随着一个国家走向高度工业化，它在



---

① 参见伦斯基的结论:《权力与特权》(纽约:麦格罗-希尔出版公司，1966 年)，第 437 页。

② 戴维·I.弗维:“根据人口和税收资料排列的各州不平等等级”，载《经济学与统计学评论》，总第 48 卷，第 3 期(1966 年 8 月)，第 314—321 页。在弗维的研究(第 320 页)中，收入不平等的基尼系数与按其他标准测定的系数的联系如下：

系数同为 0.98 的最多为 20%；
系数同为 0.88 的最多为 10%；
系数同为 0.72 的最多为 5%。

重要政治资源上的极端不平等就会缩小；虽然这个过程没有产生平等，它却确实使得政治资源的分配比较平均了。

**表 6.3　美国各州和哥伦比亚特区的收入与不平等(1959—1960年)** 87

相关系数

| | 收入不平等的基尼系数 |
|---|---|
| 平均收入 | −0.78 |
| 不平等的基尼系数 | |
| 　住房 | |
| 　　房产所有者居住 | 0.65 |
| 　　租佃居住者 | 0.73 |
| 　教育 | 0.76 |
| 使用佣人：家务雇佣率 | 0.77 |

资料来源：戴维·I.弗维："根据人口和税收资料排列的各州不平等等级"，载《经济学与统计学评论》，总第48卷，第3期(1966年8月)，第319—320页。

而且，我在前面提到，工业社会还以另一种方式改变了不平等的模式：虽然工业社会没有完全阻止价值——特别是财产、收入和地位——的积聚，但与传统乡农社会相比，它们还是极大地减少了政治资源的积聚，而且还创造了一种将不平等分散的制度，在这种制度下，当各种角色缺乏一种政治资源时，就很有把握接近其他政治资源而部分地获得补偿。如果政治体制本身是多头政体，则分散不平等的制度就会进一步加强。

那么，工业社会的发展究竟是增加还是减少了平等，这取决于工业化发生于其中的农业社会的类型。工业化如果被引进一个传统乡农社会，迟早都是一种实现平等的力量：它将累积不平等的制度转变为某些主要资源比较平等的制度，而在政治资源方面一般地说是把不平等分散了（但并没有根除）。但是，如果被引进一个
88 自由农民社会，工业化就可能实际上增加政治资源的不平等，尽管这些不平等是分散的而不是在累积增加。①

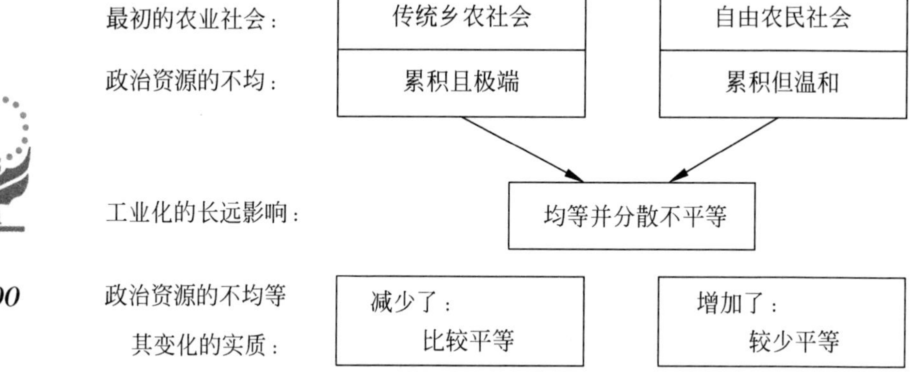


**图 6.1　工业社会与不平等**



本节论点的小结如图 6.1 所示。

① 在《谁治理？》（纽黑文：耶鲁大学出版社，1961 年）一书中，我解释了从纽黑文（我认为它是东海岸大多数老城市在这一方面的典型）得到的历史证据，认为这意味着 18—20 世纪从不平等的累积向分散的转变。这并非与下述这种观点相矛盾，即与这些极少数老的城市中心不同，在美国的农村，从 18 世纪早期到 20 世纪的转变是从相对平等转向分散不平等。迈克尔·祖克曼引人注目地解释说，殖民地时代的马萨诸塞城镇生活是高度和谐、相对平等的，这种解释为这种观点提供了支持。参见他的《太平的王国：18 世纪新英格兰的镇》（纽约：诺夫出版公司，1970 年）。

## 怨愤和失望的产生

如果不平等会造成不满，那么对不平等的不满甚至在工业社会也肯定存在，因为虽然工业社会的不平等可能不如传统乡农社会那样极端而且比较分散，但残留着的不平等却远远不是微不足
道的。那么，不平等没有在不够富裕的阶层中间削弱对政权的效 89
忠吗？如果这样，我们又怎能解释这一事实：绝大多数多头政体，大概正是受到不平等最大威胁的政体，实际上却是在严重和广泛的不平等之中发展起来的？再者，许多多头政体现在正是存在于有着大量严重不平等的社会里，例如收入、财产、受高等教育的机会的不平等。在这些情况下，多头政体又能够怎样维持呢？

我希望每一位读者都将懂得，在试图解释这些事情时，正如我所要做的一样，我并不希望为它们辩解。多头政体宽容了大量的不平等，这并不意味着它们应该宽容。但是，在多头政体中可以在收入、财富、教育和其他价值的分配方面继续保留相当多的不平等，所激起的反对却不足以导致允许这些不平等的政府政策发生变化，也不足以导致政体本身发生变化，这一事实就需要解释。

我认为，这一解释可以分为两个方面：

> 当人们要求更多的平等时，一种政体就可以通过对其中某些要求——虽然不一定是全部要求——做出响应来赢得弱势群体的效忠。

但是大量的不平等并没有在弱势群体中间产生希望更多平等的政治要求。

## 政府的响应

客观上存在不平等的状态会引起人们要求消除不平等的原因，但也许不会。如果这种要求确实产生了，它们可能会也可能不会被人引向政府。不平等可能会作为政府行为的后果而得以减弱
90 或者消除，但是，即使政府没有采取明确的积极行动，或者在某些情况下甚至政府行动被导向了错误的方向，不平等的条件也仍会降低。在某些情况下，即使政府的行动方向错误，他们也会仅仅因为这些行动象征着政府关心了弱势群体就降低进一步的要求。的确，有的时候，政府的一项固执的但似乎意图良好的政策可能完全不会减少不平等，然而政府表示关注这一事实本身就可能足以保持住甚至能争取到弱势群体的效忠，这至少在理论上看来是可能的。

但是，在各种各样的可能性中，有两种似乎与本章的问题尤其有关。一条比较熟悉的途径是从一种不平等到政府做出反应——减少不平等(或不平等的感觉)从而加强弱势群体对政体的效忠。在此，人们会想起瑞典政府在 20 世纪 30 年代减缓失业的成功努力，或者是同样在 30 年代富兰克林·罗斯福政府在美国采取的提供更多经济保障的各种行动。

事实上，一些今天已经成为包容性多头政体并且似乎相当稳定的欧洲国家以及英语国家里，自由主义的政府在 19 世纪和 20 世纪已响应了减少不平等的要求。典型的情况是，这些要求首先

强调并导致了政治权利扩大到过去被排除在政治制度的合法参与之外的那些阶层；这一进程实际上大约到1920年才在这些国家完成。于是，这些民主政体变得更加积极地响应早先提出的将“社会权利”扩大到社会保障、福利、教育等等的要求。这一进程仍在继
续，虽然这个进程在许多国家由于已经进行了广泛的改革而放慢 91
了。通过满足这些要求更大的政治和社会平等的愿望，许多国家为使那些迄今仍处弱势的群体——当然特别是工人阶级——效忠而进行的长期斗争似乎已经取得了胜利。图6.2左边的路径说明了这一点。由于这一过程已另有充分的分析，我认为没有必要在此再做讨论。[①] 路径A′表示一个政府的案例：由于它减少了不平等而在弱势群体中间获得认可，即使它的行动没有达到目标而且不平等的情况或多或少地依旧没有改变。当然，这个政府最终未
能在减少不平等上取得成功这一事实可能或者确实将显现出来。 92
然而，到这种情况发生时，这个政府完全可能已经获得了相当多的人们的效忠。

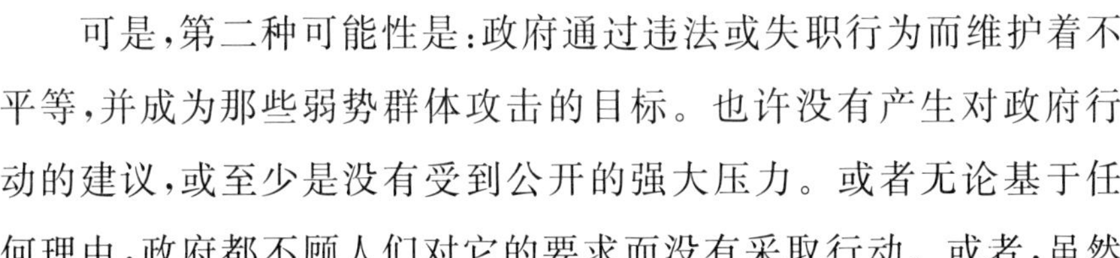

可是，第二种可能性是：政府通过违法或失职行为而维护着不平等，并成为那些弱势群体攻击的目标。也许没有产生对政府行动的建议，或至少是没有受到公开的强大压力。或者无论基于任何理由，政府都不顾人们对它的要求而没有采取行动。或者，虽然

① 其他讨论，参见T.H.马歇尔：《公民资格与社会阶级》（剑桥：剑桥大学出版社，1950年）；罗伯特·A.达尔主编：《西方民主国家的政治反对派》（纽黑文：耶鲁大学出版社，1966年），第359—367页。虽然下判断为时尚早，但是在20世纪60年代后期可能开始一个将强调使等级制一直占主导地位的各种社会、经济和政治组织实现民主化的新阶段。

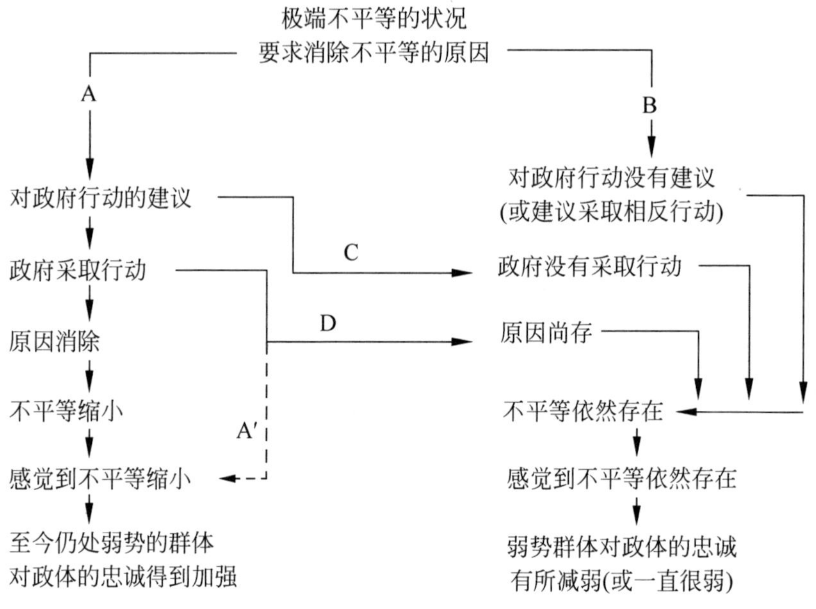

**图 6.2　不平等可能影响对政权效忠的几种情况**

它行动了，但它的政策却搞错了方向。或者甚至是政府慎重选择的政策被理解为剥夺（例如州政府强制推行的种族歧视）的基本原因。这些可能性在图 6.2 中如路径 B、C 和 D 所示。如果作为一个结果，不平等仍在继续，那么，那些弱势群体对特定政权的效忠就很可能遭到削弱。

任何类型的政体下都会存在普遍的离心倾向和不满的危险，因此，一个国家的大部分人民都感到对之怨愤的极端不平等状态对任何政体——不管是霸权政体还是竞争性政体——都会造成威胁。但是，有理由认为霸权政体可能比竞争性制度（特别是多头政体）纵容“更多的”不平等。因为霸权政体，特别是那些集中控制性社会制度下的霸权政体，拥有任其支配使用、无所不包的强制手段，他们可以用来压制人们不满情绪的表达；于是，可以对弱势群体的破坏和滋扰进行控制，甚至在他们自己当中造成内讧，或者使他们陷于失望、冷漠和绝望。而竞争性政治体制所拥有的任其支配用来压制人民的资源较少，因为竞争性政体尤其是多头政体的基本条件，包括或多或少的多元社会制度和对政府强制行动的各 93
种有效的法律与宪法上的限制。

我相信，二者的区别是真实的、至关重要的，但也不宜夸大。雅典的民主和美国的民主各自为我们提供了一个在其一部分居民中兼容并包而对另一部分人（奴隶和美国的被释奴隶）实行霸权政治的竞争性政体的实例。

美国的实例不仅突出得令人无法忽视，而且它有助于澄清不平等和政体之间的复杂关系。人人皆知，无论在奴隶制时代还是在奴隶制废除之后，美国的竞争性多头政治都强迫黑人接受一种极端的不平等状态。在北方，几乎一个世纪的时间里，一个相当包容的多头政体并没有因为强加给其中黑人身上的不平等而遭到任何重大威胁，这也许是因为直到第二次世界大战结束时黑人都是一个较小的少数民族，贫于政治资源，缺乏战斗精神。另一方面，在南方，黑人是一个大得多的少数民族，在两个州甚至占人口多数。[1] 为了强化长期存在的严重剥夺南部黑人的条件，南方白人（就像雅典

---

① 1860 年，在主要的奴隶制各州中奴隶占人口的百分比：南卡罗来纳，57%；密西西比，55%；路易斯安那，47%；阿拉巴马，45%；佐治亚，43%；弗吉尼亚，40%；北卡罗来纳，33%。参见里查德·B.莫里斯：《美国历史百科全书》（纽约：哈珀出版公司，1953 年），第 516 页；美国统计局：《美国历史统计：殖民时代至 1957 年》（华盛顿特区：政府出版局，1960 年），第 13 页。

的自由人一样）不得不发展了两套政治体系，一个置于另一个之上：一个是包容了大多数白人的多少具有竞争性的多头政治体制，一个是黑人处于被统治地位而南方的白人绝对忠诚于它的霸权制度。为了维持其双重体制，南部在一个半多元的社会秩序中建立起镇压的暴力：暴力和恐怖一般是针对黑人，也针对不时公然反对
94 霸权体制的极少数白人异己分子。美国南部双重体制的稳定不仅依靠过去和现在的影响以及在黑人中间制造并强化逆来顺受和丧失希望的情绪（正如“汤姆大叔”的形象所揭示的，甚至形成了白人至上是正当合理的观念）而使用恐吓高压，而且依靠加强同北部的主要政治阶层达成的不干预南部制度的默契。到 20 世纪中期，这两个条件都开始衰落，并且每当一个条件削弱，它的衰落都会促使另一个条件的毁灭。虽然旧的霸权政治绝不会被完全取代，但在过去十年间它一直明显地处于深刻的危机之中。到 20 世纪 60 年代末，南部黑人已经开始参加进入竞争性政治体系。[1] 建立在强制性暴力基础之上的政治霸权体制正在土崩瓦解。

美国黑人的例子是否动摇了下述这个假设：能够维持相对受剥夺的不是竞争性政体，而是霸权政体？我相信，这个例子证明正好相反：要造成大多数人陷于严重的相对受剥夺，**就像在美国南方一样**，很可能需要一种霸权政治体制和一种运用镇压暴力的——无论是半多元的还是集权控制的——社会制度。

但是，这个例子确实提出了两个重要限制条件：甚至一个包容性的多头政体也可能对一个小的少数民族进行相当严重的剥夺，

① 某些资料见以上第 2 章第 22 页脚注①。

如果这个少数民族(就像直到二战之后的北方黑人一样)不管什么原因,他们不仅在数量上弱小,而且在所有政治资源、技能和需求方面都很软弱。并且正如雅典和美国南方的例子都说明的那样,发展甚至长期维持这种对占统治地位的集团实行竞争而对受剥夺的少数民族实行霸权的双重体制,这在历史上一向都是可能的。

## 弱势者的反应 95

从一种客观不平等的条件到一个弱势者做出反应,要经过个人的感受、评估、期望——简言之,即个人的心灵。那些为唤起弱势群体与命运抗争而努力奋斗的积极分子之所以会感到沮丧和震惊,就在于人类的心灵并非总是推动那些被剥夺了平等权利的人们去追求——有时哪怕是想要得到——平等。[①] 这一现象应该得到比可能在这里得到的更全面、更充分的讨论,因为我只能限于讨论它的几个方面。

那么,我们就来假设一条让弱势群体从客观不平等发展到提出较大平等的要求的路径。(图 6.3)要回答完这条路径上的问题,就得要求所有的答案都为“是”。可是,仍有几处连接容易因回答为“否”而中断。

确实,有人认为客观现实与主观认识的脱节会如此彻底,以致 96
被剥夺权利的人们竟意识不到他们的命运,这种认识真是愚蠢至

① 罗伯特·E.莱恩:“平等的恐惧”,载《美国政治学评论》,第 53 卷(1959 年 3 月),第 35—51 页。

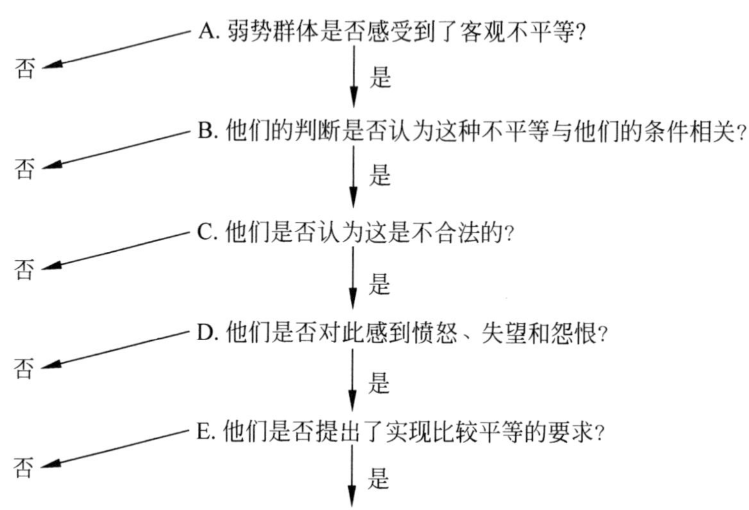


**图 6.3　一条假设的从客观不平等到要求更大平等的路径**

108

极。如果关于快乐的穷人(和不幸的富人)的神话仍需揭穿的话,哈德利·坎特里尔提供了一些确凿的证据说明,在全世界范围内,由于人们的客观环境的改善,条件与期望之间的差距在缩小。在一项对 14 个国家的调查中,要求答卷者在一个设定的从"你可能过上的最好的生活……到你可能过上的最坏的生活"的十级阶梯上选择确定自己的位置。同时还要求他们在一个相应的阶梯上确定他们的国家的位置。坎特里尔发现,国家的社会经济水平越高,它的人民将自己现在和过去的状况确定在满意"阶梯"上的平均水平也越高,他们的国家的现在和过去的状况也是如此。他还进一步发现,平均说来,那些在教育、收入或职业地位方面的客观境况较好的人所表示的对其条件的满意程度,要高于那些受教育少、收入少或职业地位较低的人所做的表示。[①]

不过，即使弱势群体的成员相对更加不满他们的条件，他们也不会完成我们所假设的路径上的所有联结。例如，在 A 这一步，对不平等的感受有时因为一个人“自己”的群体的条件变化而变得模糊起来。因此，朗西曼总结道，在英国“二战之后，由于体力劳动者的阶级状况实现了某些逐步改善，以及深信正在实行比实际上进行的分配更好的分配，相对受剥夺竟被人们淡忘了”。[②]

B 这一步的联结经常中断，因为那些客观上处于弱势的人通 97
常并不将自己同最强势的群体相比较，而只不过是不承认后者的好运与其条件相符，而是代以其他的比较。首先，一个弱势群体的人几乎肯定要将他的群体现在的情况与它自身过去的情况相比（或是与虚构的过去相比）；如果该群体相信现在的境况比过去要好，这种信念可能远比事实更为重要、更为贴切，而事实却是：其他某些群体现在的境况还要好得多。再者，许多人在某个时刻也认为他们与民族或国家这样的大集体是一致的；因而对特定的人或群体来说，过去和现在的不平等也许会变得淡化，因为他们认为整个集体——譬如，国家——正朝着更富裕或更正义的状况方面发展。最后，当某个人真的将自己或他“自己”的特定群体同其他个人或群体相比较时，他很可能将自己与其他——就社会地位而

① 哈德利·坎特里尔：《人类的关注模式》（新不伦瑞克：拉特格斯大学出版社，1965 年），第 194、258—259 页。根据坎特里尔的社会经济指数依次排列的国家是：美国、西德、以色列、日本、波兰、古巴、巴拿马、南斯拉夫、菲律宾、多米尼加共和国、巴西、埃及、尼日利亚和印度。

② W.G.朗西曼：《相对受剥夺与社会正义》（伯克利：加利福尼亚大学出版社，1966 年），第 94 页。

言——并非相差很远而是非常接近甚至非常相似的人进行比较。例如，对于熟练工人来说，他很可能关心的与其说是公司董事长的收入和特权，不如说是那些在他“之下”的半熟练工人或在他“之上”的领班或其他工厂的熟练工人。

由于这些各种各样的比较，在一个广泛存在不平等的社会里，一个人也许会对自己的地位有一种相对满意的判断，即使客观地说与那些精英人士相比他的地位确实很低。

朗西曼根据他在英国对约1400份问卷的应答者的考察提供了直接涉及最后一种可能的对比的某些例证。朗西曼区别了“比较参照群体”和“隶属参照群体”，前者是个人把该群体的处境或属

98 性同他自己的处境或属性进行对比，后者则是“由于比较参照群体而感受到**相对受剥夺**的不平等的起点”。[①] 他发现，在伦敦因不平等而产生的“相对受剥夺”的感觉大为缓解，原因之一是人们趋向于同与之社会地位相近的群体比较。此外，正如我在上面所指出的那样，他把体力劳动者中间相对受剥夺感相当淡漠的原因归结为他们最近的境遇的改善，或许还因为关于过去的不平等的实际缩小程度的夸张想法。相反，中等阶级心怀怨愤很可能不是针对富人而是针对工人阶级的迅速致富。朗西曼还发现：

> 对相对受剥夺的主观感受与客观不平等之间往往不相符。

① 朗西曼：《相对受剥夺与社会正义》，第12页，斜体（即中文版中增加的着重号。下同。——译者）为我所用。

中等阶级不管是否感到他们的地位在恶化，他们更可能对他人的成功感到愤愤不平。

在所有的人当中，处于体力劳动阶层顶端的那些人最不可能想到其他阶层的人比他们做得更好。

已经达到体力劳动职业收入水平顶点的从事体力劳动的工人以及他们的妻子很可能感觉不到相对受剥夺，因为同他们的本来情况相比他们已经做得很好了。

相当比例的应答者给出了一个与他们的实际收入相当或略高的期望收入数字，更多的人说他们对当时的收入感到满意。

在全部收入分配的每三分之一中，体力劳动者（“工人阶级”）答卷人在相当程度上比非体力劳动者（“中等阶层”）答卷
人更可能给出一个“适当的”收入数字，这个数字与他们所说 99
的现在可以挣到的数字大致相当。

不仅比较参照群体不是根据不平等的事实挑选的，而且在所有事实上受到最不公平对待的人们中间，主观感受与不平等的事实之间的一致都是最不可能的。[①]

① 朗西曼：《相对受剥夺与社会正义》，第 197—210 页。

坎特里尔的跨国调查在B的联结上也提供了一些虽然离题但有意义的证据。他的结论证明了这样一种观点，即人们通常是通过感知他们所认同的更大集体——这里指国家——的变化方向来判断自己的境况的。他发现：

> 人们对自己现在的地位——他们在“阶梯”上所处的位置——的评价有多高，这与他们对他们国家的地位（例如他们国家在“阶梯”上的位置）有多高的评价之间必然存在一定的关系。
>
> 人们感受到的他们的地位在过去五年里的改善程度，与他们感受到的自己国家改善的程度之间必然存在一定的关系。
>
> 如果人们期望他们个人的地位在今后五年将会提高，那么他们很可能也期望他们的国家将会改善。[①]

当然，这些关系没有为我们说明任何有关因果关系，它们无疑是互为因果的。不过，就某些特定国家的人们如何评价自己地位所做的一些比较至少还是有启发意义的。例如，两个对自己现在的社会地位评价最高的群体，一个是以色列的十个聚居点抽样——那里客观上的平等异常高，另一个是美国成年人的样

① 坎特里尔：《人类的关注模式》，第184—194页。

本——他们的平均收入异常高，但收入分配的不均也非常严重。100 人民对个人地位评价最高的第三个国家是古巴，该国经历了一场革命，大大地缩小（但绝没有消除）了过去的不平等（可能以平均收入为代价）；而埃及也进行了一场革命，但仍在忍受着极端贫困和不均。所调查的人民对**未来**的个人最高期望（按依次递降顺序排列）为：古巴、埃及、以色列聚居点、美国、尼日利亚、巴西和巴拿马。[①] 所有各国均参照尼日利亚作为个人对从过去到未来的评价（也就是对改善的期望）的变化尺度，尼日利亚是世界上最穷的国家之一，而在调查时正预示着要发生一场灾难性的内战。在尼日利亚之后是古巴、多米尼加共和国、埃及、巴西和巴拿马。[②] 因此，在革命、民族独立或其他戏剧性的政治变迁前后，时间越近，对未来的期望所受到的影响似乎越大，以致一国社会经济水平与该国国民对他们自己的前途或国家前途的期望之间实际上并没有什么联系。[③]

C 的联结是否有效有赖于人的社会化所融入的文化或亚文化中的流行观念。受剥夺的弱势群体可能非常相信他们目前低人一等的地位是天经地义的，其合理性为宗教和宇宙观（如印度教确认种姓制度的合法性）所证明，只有通过彻底的、也许是天启的拯救才能改变。从世界观上证明不平等并使之“合理化”，并不是仅仅因为它有利于那些从现状中受益的精英们才得以持久的。在弱势 101 群体自己中间，这样自我否定的世界观可能促使一种悲惨的而且

① 坎特里尔：《人类的关注模式》，表Ⅸ：4，第 187 页。

② 同上书，表Ⅸ：6，第 188 页。

③ 同上书，第 194 页，相关关系的排序。

往往是屈辱的生活变得比较可以忍受、可以理解。一个长期遭受似乎是不可根除的不平等的群体可能学会如何维持其低要求，并因此使他们的要求与现实可能性的严格限制保持一致。[①]

坎特里尔所做的跨国调查提供了一些有关这个“缓解”过程的有趣的解释性证据。运用一组相当广泛而又认真设计的问题，要求人们谈论他们的希望和恐惧。有人也许以为，在发达程度较高的国家，人们会对比较穷的国家的人们表示出较多的希望、较少的恐惧。事实上，坎特里尔确实发现在一国的社会经济发展水平与其人民所表示的对其自身和国家的希望的大小之间有一种“正相关的但有限度的”关系。但是，与人们可能期望的相反，他还发现
102 了一国的社会经济水平与人民所表达的恐惧的大小之间也有一种甚至更密切的正相关联系：简而言之，国家的经济情况越好，则人民的希望和恐惧就会越大。人民对自己的国家所表示的恐惧最少的两个国家是印度和巴西。似乎不太可能的是，对于健康——不论是希望还是恐惧——最不在意的国家是印度，“那里的健康条件

① 因此，与农民社会“总是强调个人权利的优势概念的复杂性”相反，梅米特·伯奎拉吉描述了“支持现存的制度设计……”的“缓解”观念：

> ……有理由认为，持续的社会问题与其说是现存的社会组织形式引起的，不如说是人为的错误引起的；人是导致那些据推测是完美无缺的社会组织设计遭到失败的原因……优势的观念……由于提出新的需求而威胁到平衡。相比之下，缓解的观念使个人有了勇气来暂缓满足要求并使需求减小到最低限度……由于知识水平低，缓解的观念从功能上比优势的观念更有意义……这种观念本身变成了“目的”。从功效来看，它们的目的在于巩固现存的社会组织形式……从优势观念的影响中摆脱出来并发生了功效，缓解的观念为了现存制度而阻碍知识的进一步发展和提高。

参见《革命中的农民》(伊萨卡：康奈尔大学国际研究中心，1966 年)，第 31—33 页。

比所研究的任何其他国家都更恶劣。"[①]在那里，印度教所支撑的"缓解"过程已发展到登峰造极的程度。

路径尽头(在 D 和 E)的联结可能也会中断。挫折感、怨恨和愤怒可能不会刺激人们提出更平等的要求，而是变成顺从、冷漠、失意、绝望、自我诋毁、幻想、梦想太平盛世来临、逆来顺受、宿命论、"汤姆大叔"式的心理，等等。这类词语实际上是用来描述受到严重剥夺的农民社会里的农民心理的。[②]

---

① 坎特里尔:《人类的关注模式》，第 164 页。等级秩序中人们关心(希望和恐惧)的程度与国家的社会经济指数之间的相互关系排序(第 199 页)为：

个人的希望 0.24
国家的希望 0.25
个人的恐惧 0.46
国家的恐惧 0.51

在报告这些关注的程度时，日本和波兰被忽略了。关于总的关注程度，参见第 155 页。

② 例如，值得注意的是伯奎拉吉对农民所做的生动描述，参见《革命中的农民》，特别是第 1—43 页。例如：

> 悲观主义哲学和虔诚倾向在农民群体中很普遍……农民甚至在他自己的眼里就是"傻瓜""畜生"，有时是"恶棍"。他学会了借助于悲观主义的哲学自暴自弃地生活，这种哲学的基础就是怨天尤人，把自己的失败解释为群体的无能。这种解释……使他得以适应一个尘世社会，他恰当地承认这是不公正的、纵欲的、残酷的社会。(第 11—12 页)……农民靠固守乌托邦式的有关社会习俗的伦理规则支撑着自己，以抵消其行为屡遭失败的影响。他相信"美好秩序"最终会到来，这种信仰驱使他崇敬圣明，把他引向虔诚。他幻想自己在这"美好秩序"中的地位，这种幻影支撑着他的自我评价，与每天都感受到的社会地位的下降保持心理上的平衡。(第 19 页)

当然，断定农民在任何时候、任何地方都是信奉这些观点是错误的，正如伯奎拉吉所指出的，如果他对美好秩序的信念破灭，他们也会愤起暴动和革命。事实上，农民起义一直相当普遍，正如我们可以看到的，在索罗金列出的法国531—1908年的173次骚乱中

103 本章的论点可以总结为以下命题：

> 在实行霸权政治的国家，重要价值分配上的极端不平等降低了稳定的公开争论制度发展的可能性。
>
> 在一个已经实行公开争论制度的社会，极端不平等增加了竞争性政治被霸权政治取代的可能性。
>
> 多头政体特别容易受到极端不平等的损害。
>
> 重要价值分配上的极端不平等不适合竞争性政治和多头政治，因为这种情势：
>
> 意味着重要政治资源分配的极端不平等，并很可能产生会削弱对政体的效忠的怨愤和失望。

可是，各种竞争性政治体制甚至多头政体能够在相当程度的不平等中幸存下来，这是因为：

> 104 大量的不平等没有在地位低下的群体中产生更大平等或变革政治体制的政治要求。

---

有相当多的农民起义。参见彼特里姆·A.索罗金：《社会与文化动力学》(纽约：美国图书公司，1937年)，第3卷附录。另见乔治·鲁德：《历史中的民众：1730—1848年》(纽约：威利公司，1964年)，第1章“18世纪的法国农村暴乱”。

当产生更平等的要求时，一个政体可以对部分——尽管不是全部——要求做出响应，或者这种响应并不缩小客观不平等而只是缓和相对受剥夺感来赢得弱势群体的效忠。

# 105 第 7 章　亚文化、分裂模式与政府作用

显然，任何一种制度如果严重分化为数个高度敌对的集团，它都会处于危险之中。面对严重的两极分化时，竞争性政体就容易崩溃瓦解、发生政变、爆发内战，例如 1919—1923 年间的意大利、事实上整个存在时期短暂的奥地利第一共和国、从 1929 年左右到其灭亡之间的魏玛共和国、1934—1936 年间的西班牙共和国、内战之前十年间的美国。

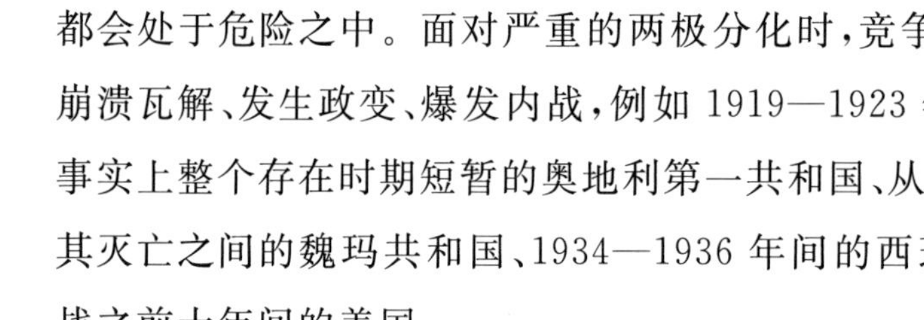

在美国，内战的胜利者们致力于建立多少是包容性的多头政治，那场战争后的十年的时间里甚至包容了获得自由的奴隶。但在其他案例中，胜利的结果却是反民主的运动，顺利地将霸权政体引入国家。

因此，存在着竞争性政治体制不易管理甚或根本无法控制的冲突。一个国家里，相当一部分居民感到他们的生活方式或最高价值受到另一部分人的严重威胁时，任何这样的争议都会在竞争性体制中造成危机。不论最后的结果如何，历史经验都在说明，这种体制极有可能崩溃而导致国内战争，或者被霸权政体所取代，或者两者兼而有之。

106 于是，一个社会里任何有可能使人民分化为敌对阵营的分歧

就是一个异常重大的分裂。不论什么原因，某些国家不常受到那些特别能导致严重分化的分裂的损害，那么，他们是否就因此而比其他国家较少可能拥有竞争性政治而更有可能拥有霸权政治呢？

遗憾的是，这个问题的答案被弄得模糊不清，原因就是马克思主义的某个引人注目的方面对社会思想产生了巨大影响。一个世纪以来，马克思关于围绕经济阶级——即工人阶级与资产阶级——的矛盾的两极分化概念一直支配着人们对两极分化和国内战争的思考，即使在非马克思主义者中间也是如此。然而，自《共产党宣言》发表以来的 120 年间，没有一个国家是按照马克思主义的冲突模式发展的，也没有一个政体——不管是霸权的还是竞争性的——是因为工人阶级与资产阶级截然分明的两极分化而垮台或改变的。

甚至老练的社会理论家也沉迷于阶级冲突，并经常无法自圆其说地把阶级设想为以某种方式成为一个工业社会的差别的“真正”基础，而其他一切差别“根本上”都可以忽略，这种沉迷和偏见往往转移了人们对其他差别的注意力，就是这些差别造成了各种持久的、个人社会化于其中的亚文化，这就是宗教、语言、种族或族裔集团以及地区上的差别。[①]

① 亚文化的形成，当然可以围绕经济或社会的“阶级”或“阶层”（由于它们有多种不同的定义），或者围绕着职业、教育程度或其他无须与种族、宗教联系起来的特征或地区特征。可是，这里所用的“亚文化多元主义”一词属于种族、宗教或地区亚文化的表现。人们可能会把亚文化多元主义看成是一个假设的尺度，为了比较不同社会里亚文化多元主义的相对“总量”而可能解释的一种量度。

有人也许断言，在列举可能作为种族亚文化基础的特征时将“种族集团”这一项包括其中是多余的，因为难以想象进行“种族”的鉴定识别的——至少是次要的——基础

107 围绕这些核心特征所形成的各种差异，常常相互强化的各种差异，在许多国家——的确，毫不夸张地说，在世界上大多数国家——对政治生活的意义都是明显的、重要的、持久的。然而，人们常常忽视这些差异，或者将它们贬低为“真实的”只是被掩饰了的阶级差别，或者在某种程度上不如阶级“真实”，或者如果不是比较不真实就必定是比较难以持久，在工业化、都市化和大众传播的影响下而必定会迅速消失。但是，例如在当代的比利时、加拿大，也完全可能在英国，这些差异以及它们所引起的冲突并不是永远消失，随着时间的流逝甚至可能会更加尖锐。

这并不是说“阶级”差别不重要，而是说，经济上的阶级只是一种因素，通常不及另一些因素——生活方式、观念、规范、身份、忠诚感、组织、社会结构——更重要，这些因素能够并且确实明显地造成了各种独特的亚文化。更有甚者，这些亚文化往往不仅在个人生活中（一个人的阶级属性可以比他的母语或宗教更容易改
108 变），而且在社会生活中都特别持久：一千多年来，各种阶级和帝国已经几番起落，而在今天是比利时和瑞士的地方，语言界限几乎没有什么变化。

可以推测，一个人的种族特质或宗教皈依很早并且深深地渗

---

没有其他某种差异，例如宗教、语言、人种或血统。在此，有一些我故意试图回避明确界定的问题。可是，人们试图扩大种族亚文化和亚文化多元主义这些词汇的含义，以致包含了这样一些集团，对他们来说，语言、宗教、种族或血统上的客观差异随着时间的推移已经减弱，而对“历史性”集团的认同却仍然相当强烈。这方面的实例也许有美国的不信教的犹太人，或是某些具有特定地区根源的集团——现在他们所依附的不仅是一个地区，而且是历史上发展起来的认同，诸如说英语的大不列颠的苏格兰人、威尔士人或信奉新教的爱尔兰人，或者一个斯堪的纳维亚民族从属于另一个斯堪的纳维亚民族的统治而又没有放弃独立的民族属性时的斯堪的纳维亚人。

透在他的个性之中，因此，种族或宗教的亚文化之间的冲突尤其充满着危险，特别是如果它们又同地域相联系的话。由于种族的和宗教的亚文化之间的冲突很容易被看作是对一个人最基本的个人利益的威胁，所以敌对者很容易转变成为一种邪恶的、野蛮的“非我”，他们的威胁刺激了人们的强暴和野蛮行为——这一向是全人类常见的内部集团对外部集团的反应——并证明它们是正当的。种族集团或宗教与地域亚文化的结合产生了早期的国家，其代言人吵着要自治甚至要独立。所以，许多政治学研究者都同意约翰·斯图亚特·密尔的观点，即任何实行代议制政体的国家的国界都必须与民族的界线一致；多民族国家的大量经验对上述论点的支持给人留下深刻的印象。[①]

多元亚文化的存在经常对公开争论制度所需要的宽容和共同安全造成紧张的危险，对此似乎是难以怀疑的，特别是人们发现多头政治更多地实行于比较同一化的国家而不是存在于有大量亚文化的国家。也许，关于这一点的最好的证明见于玛丽·R.豪格的一项研究，她根据一种多元指数[②]以及从班克斯和特克斯特的《跨

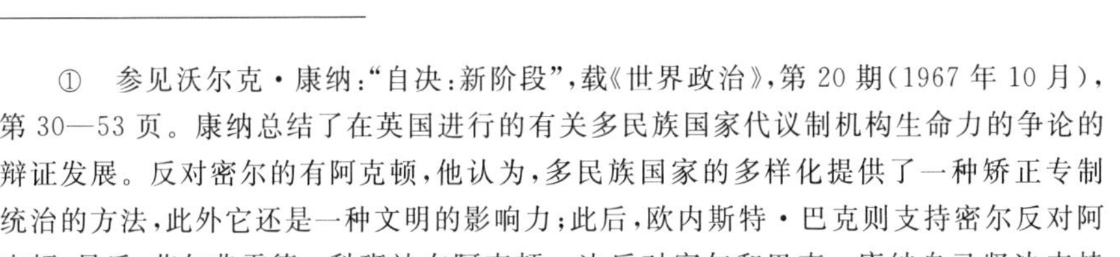

① 参见沃尔克·康纳：“自决：新阶段”，载《世界政治》，第 20 期(1967 年 10 月)，第 30—53 页。康纳总结了在英国进行的有关多民族国家代议制机构生命力的争论的辩证发展。反对密尔的有阿克顿，他认为，多民族国家的多样化提供了一种矫正专制统治的方法，此外它还是一种文明的影响力；此后，欧内斯特·巴克则支持密尔反对阿克顿；最后，艾尔弗雷德·科班站在阿克顿一边反对密尔和巴克。康纳自己坚决支持密尔和巴克而反对阿克顿和科班。

② “社会和文化多元：社会体制分析中的一个概念”，载《美国社会学杂志》，第 73 卷，第 3 期(1967 年 11 月)，第 294—304 页。对这一指数的解释参见该文第 297 页表 2。指数中的变量有：语言、种族、宗教、地方主义和“非组织的集团的利益表达”，这类集团包括亲族关系、血统、种族、地区和宗教集团。遗憾的是仅仅数量上的这种数据不能显示亚文化分裂或尖锐性的深度，在荷兰就是如此。参见下文第 213 页的论述。

政体纵览》中得到的资料对 114 个国家进行了分类。这些资料收
109 集于 20 世纪 60 年代的早期，自那时以来已经发生了一些政体上的变化，但是这些变化绝不可能大到废止上述普遍联系。对 26 个基本上不存在（数字意义上的）多元文化的国家与 34 个文化极端多元化的国家所做的比较，揭示出：

> 在基本上不存在多元亚文化的国家当中，半数以上又被班克斯和特克斯特归入一体化和同一化的政体，它们很少或根本没有极端反对派、地方自治主义、分裂主义和政治上的非同一化（政治的文化适应水平高）。

> 在这些国家当中，没有一个被归入存在一个多数或接近多数的极端反对派——地方自治的、四分五裂的、被剥夺了政治权利的或在政治上非同化（政治文化的适应水平低）——的相对非一体化或限制性的政体。

> 反之，在亚文化极端多元化的国家当中，仅有十分之一的国家政治的文化适应水平较高；几乎三分之二的国家政治的文化适应水平较低。

> 在那些基本上不存在多元亚文化的国家当中，还有 60% 的国家被班克斯和特克斯特归入对在职能上独立的立法、行政和司法机关做了有效的权力配置（极有意义的横向分权）的政体。

在这些国家当中，仅有 18％的国家被归入由一个部门或 110
由一个政府之外的机构实行全面的政府控制（忽略横向分权）的政体。

反之，在亚文化极端多元化的国家当中，仅有三分之一的国家实行了有效的横向分权，而在 57％的国家里有一个政府部门的职能没有真正独立或者有两个部门的职能仅有有限的独立。①

① 这些精确的阐释出自阿瑟·S.班克斯和罗伯特·B.特克斯特：《跨政体纵览》（坎布里奇：麻省理工学院出版社，1963 年），第 88、106 页。其资料可供利用的国家数目已有变化。国家的百分比、数量和卡方函数的有效程度是：

| | 文化多元 | | |
|---|---|---|---|
| | 可以忽略 | 极端 | 卡方函数 |
| 政治文化适应性： | | | |
| 高：一体化政体 | 52.6％ | 0.0％ | 31.92(d.f.6) |
| | (19) | (31) | |
| 低：非一体化政体 | 10.5％ | 63.3％ | $p<.001$ |
| | (19) | (31) | |
| 横向分权 | | | |
| 有效 | 60.0％ | 17.0％ | 16.04(d.f.6) |
| | (25) | (28) | |
| 有限 | 32.0％ | 57.1％ | $p<.02$ |
| | (25) | (28) | |

资料来源：豪格的“社会和文化多元化”，表 7，第 303 页。

在我们自己所做的政治体制分类(也大量依据了班克斯和特克斯特的研究)中,20 世纪 60 年代早期的国家大约有 34 个多头政体和近似的多头政体。[①] 这些国家构成了较大部分的亚文化低度多元(根据豪格的亚文化多元指数来衡量)的国家和较小部分的亚文化明显多元或极端多元的国家。(表 7.1)

111 **表 7.1　多头政体与多元亚文化**

| | 多元亚文化的数量 | | | |
|---|---|---|---|---|
| | 低 | 中等 | 明显 | 极端 |
| 总数 | 26 | 28 | 27 | 33 |
| 多头政体和近似的多头政体 | 15 | 10 | 3 | 6 |
| 百分比 | 58% | 36% | 11% | 18% |



注:低被界定为在豪格的多元指数中的 0 或 1;
中等被界定为 2 或 3;
明显被界定为 4 或 5;
极端被界定为 6、7 或 8。

思考一下在表 7.1 中被归入多元文化明显存在或极端发展的(20 世纪 60 年代早期的)多头政体和近似多头政体,这是有启发意义的。在三个文化多元化十分明显的国家里,自 60 年代早期以来比利时的亚文化冲突加剧了,而菲律宾的农村游击队活动一直在复兴(第三个是黎巴嫩)。在六个文化**极端**多元化的多头政体

① 对多头政体和近似多头政体分类的方法可见附录。表 7.1 中的分类是 20 世纪 60 年代早期的分类。附表 A3 是 1969 年的分类。

中，塞拉利昂甚至连近似的多头政体也不是了；马来亚已经分裂成两个国家；印度发生了极深的语言冲突；在锡兰，地方集团的冲突和对反对党的限制使人们在一段时间里对锡兰是否符合近似多头政体的标准感到怀疑；加拿大经历了法裔加拿大人的民族主义的大爆发。在六个国家中，只有瑞士一直相对平静；但即使在那里，近来在汝拉山的说法语的公民中间也产生了单独建立一个州的要求。

然而，如果在多元亚文化的压力相当大的国家不大可能实行竞争性政治体制，那么说它根本就不可能实行或者说多元亚文化必然排斥包容性多头政治却又说过了头。

必须牢记的一个事实是：现在，亚文化的多元化往往在不够发达的国家最为严重。亚文化极端多元化的国家主要是一些新国
家：其中70%是1945年以来赢得独立的。因此，它们通常具有所 112
有新兴国家的典型不利条件：人均国民生产总值较低，农业雇佣劳动力的比例较高，都市化程度较低，文盲率高，报刊发行量小。除此之外，这些国家的面积较人。（表7.2和7.3）

**表7.2　多元亚文化与社会经济发展（一）**

| | 多元亚文化 | | |
|---|---|---|---|
| | 微不足道 | 极端发展 | 卡方函数 |
| 独立的时间 | | | |
| 1913年或以前 | 72.0% | 24.2% | 27.33 |
| | | | (d.f.6) |
| 1945年以后 | 8.0% | 69.7% | p<.001 |
| 总数 | (25) | (33) | |

| | | | |
|---|---|---|---|
| 人均国民生产总值 | | | |
| 600 或 600 美元以上 | 50.0% | 6.1% | 42.08 |
| | | | (d.f.9) |
| 150 美元以下 | 3.8% | 75.8% | p<.001 |
| 总数 | (26) | (33) | |
| 农业人口 | | | |
| 超过 66%的 | 3.8% | 72.7% | |
| 33%或以下的 | 50.0% | 9.1% | |
| 总数 | (26) | (33) | |

资料来源：玛丽·R.豪格的“社会和文化多元化：社会体制分析中的一个概念”，参见《美国社会学杂志》，第 73 卷，第 3 期（1967 年 11 月），表 5、表 6、表 7，第 301—303 页。

注：百分比按纵向计算。



正如我们所见，社会经济发展的水平低下本身是不利于竞争性政治的。事实上，在国家建立的早期阶段，典型的情况是：各种因素的相互作用削弱了采用竞争性政体的可能性，而且造成了霸权政体；而多元亚文化只是其中的一个因素。因此，多元亚文化与霸权政体之间的某些联系可以顺理成章地归因于其他一些因素，比如社会经济水平。

113 然而，甚至在亚文化相当多元化的国家里也可能存在竞争性政治。的确，比利时、加拿大、印度以及另一些国家已设法发展并维持了多头政体。此外荷兰的例子也很引人注目。在那里，语言、种族、血缘、族裔和地区之间的差异没有起到什么重要作用；因此，从数量上说，亚文化的多元化并非特别突出。然而，在宗教层面上，这个国家被分成了三大宗教派别（天主教、正统派新教、其他教派）。这三种亚文化自发分离的程度在任何其他包容性多头政体下都是闻所未闻的；但是，荷兰已经设法并顽强地维持了代议民主制。[①] 最后，在那些从数量上看亚文化很多的国家当中，瑞士的例 114
子给人的印象是很深刻的。

**表 7.3　多元亚文化与社会经济发展（二）**

| | 多元亚文化 | | | |
|---|---|---|---|---|
| | 微不足道 | 极端发展 | 总数 | 卡方函数 |
| 都市化 | | | | |
| 人口在 20 000 以上的城市超过 20%的 | 41.1% | 12.5% | 56 | 40.92 |
| | | | | d.f.3 |
| 人口在 20 000 以上的城市不足 20%的 | 0.0% | 51.0% | 49 | p<.001 |
| 识字率 | | | | |
| 在 90%以上的 | 52.0% | 8.0% | 25 | 37,68 |
| | | | | d.f.9 |
| 在 10%以下的 | 0.0% | 57.7% | 26 | p<.001 |
| 报刊发行量 | | | | |
| 每 1 000 人在 300 以上 | 57.1% | 7.1% | 14 | 49.57 |
| | | | | d.f.9 |

① 汉斯·达尔德："荷兰：分裂社会中的反对派"，载罗伯特·A.达尔主编：《西方民主国家的政治反对派》（纽黑文：耶鲁大学出版社，1966 年），以及阿伦德·利普哈特：《调和的政治》（伯克利：加利福尼亚大学出版社，1968 年）。可是，这里有大量证据证明荷兰的亚文化之间的隔离正迅速下降。达尔德提到这样一些例子："奈梅亨天主教大学将任命一位加尔文教徒为新的政治学教授；各独立工会的合并几乎迫在眉睫；所有的团体都在以惊人的速度淡化自己的标志。"（个人交流，1969 年）

| | | | | |
|---|---|---|---|---|
| 每 1 000 人在 10 以下 | 0.0% | 57.1% | 35 | p<.001 |
| 面积 | | | | |
| 在 300 000 平方英里以上 | 9.7% | 48.4% | 31 | 15.73 |
| 75 000 平方英里以下 | 29.8% | 12.8% | 47 | d.f.6 |
| | | | | p<.02 |

资料来源：豪格的“社会和文化多元化”，表 4、表 5，第 300—301 页。
注：百分比按横向计算。

如果一个亚文化相当多元化的国家要控制各种冲突以便于维持一个多头政体，至少有三个条件似乎是必不可少的。①

① 我在这里的分析受到荷兰和比利时的经验的影响，前者由达尔德和利普哈特在刚才引用的著作中做了描述，后者见《西方民主国家的政治反对派》一书中瓦尔·R.洛温的“民族政治中的宗教、阶级和语言”所做的描述。尤其参见达尔德的第 216—220 页、利普哈特的第 197 页以下和洛温的第 174—185 页等章节。我与这三位学者都有过长时间的讨论并有机会正在阅读达尔德和洛温的著作，包括洛温提交给 1969 年 9 月召开的托里诺国际政治学会圆桌会议的论文“分裂的多元主义：意识形态的分裂与政治凝聚力”，从中我受益匪浅。还有一个无法估量价值的来源是利普哈特的“民主制度的类型学”，载《比较政治研究》，第 1 期(1968 年 4 月)，第 3—44 页，在该文中他阐述了与精英的态度和行为有关的四个“联盟民主制的先决条件”(第 22—23 页)：

1.识别分裂体制中固有危险的能力；
2.承担维持体制的义务；
3.政治精英阶层超越亚文化分裂的能力；
4.制定适当满足亚文化的要求解决方案的能力。

此外，他还阐述了六个“有益于联盟民主制的条件”(第 25—30 页)：

1.亚文化之间鲜明的分界线；
2.亚文化之间的多种权力平衡；

> 首先,如果所有的种族、宗教和区域的亚文化都没有被 115
> “无限期地”拒绝参与政府——即参与由其领袖们组成“政府”或行政当局的多数联盟——的机会,就比较有可能将冲突保持在适度的水平上。

这就相应地要求,在每一种亚文化足够人数的成员中,尤其是在领袖们当中,至少在某段时间里存有超越亚文化进行合作的愿望。这里有几种进行合作的共同动因。一是对保持国家、维护国家的统一、独立以及政治体制的义务。二是每一种亚文化都认识到,除非参加一个其他各种亚文化都有代表的联盟,否则就不可能形成一个有统治能力的多数。如果每一种亚文化都只构成少数,就会达到这个条件。

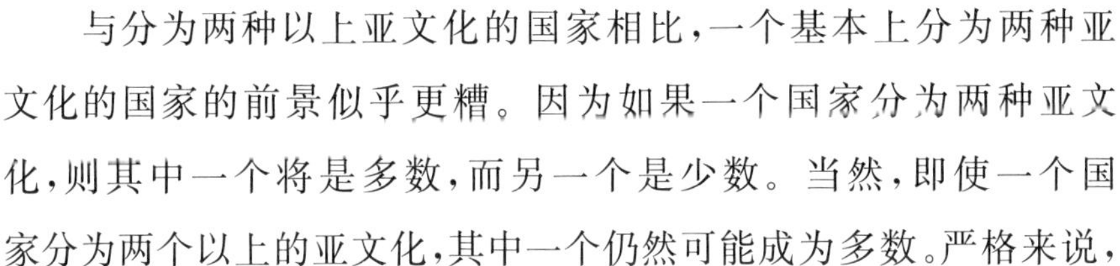

与分为两种以上亚文化的国家相比,一个基本上分为两种亚文化的国家的前景似乎更糟。因为如果一个国家分为两种亚文化,则其中一个将是多数,而另一个是少数。当然,即使一个国家分为两个以上的亚文化,其中一个仍然可能成为多数。严格来说,

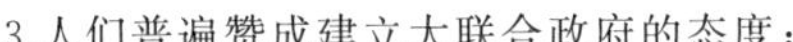

3.人们普遍赞成建立大联合政府的态度;
4.外部威胁;
5.温和的民族主义;
6.体制的总负担较小。

朱尔格·斯坦纳用瑞士的经验检验了 16 种有利于和平解决“在亚文化方面处于分裂的民主制”中的冲突的假设条件,他发现,瑞士的经验引起人们对利普哈特的上述六个条件中的第一个条件的怀疑,虽然不怀疑其他的条件。参见《亚文化分裂的民主制度下,冲突调控模式失控的条件:对瑞士案例的假定解释》(瑞士,图恩,1968 年),第 434—437 页。他对利普哈特所阐述的其他条件的评价,参见第 432—434、439—441、446—450 页。

为了使每一种亚文化都成为少数，存在两个以上亚文化是一个必
116 要条件，但不是一个充分条件。

如果一个国家被分为多数派和少数派亚文化，则多数派的成员就不太需要与少数派和解，因为他们自己就可以组成一个多数联盟。结果，少数派成员就可能根本看不到使自己从多数派的政治统治下解放出来的前景。于是，他们也就没有什么和解的动力。无疑这是现在导致美国种族关系爆发矛盾的一个因素。如果少数派的亚文化还集中在某一地区，譬如说法语的加拿大人，那么危险就更大。因为在少数派成员当中好斗精神的发展，他们几乎肯定会开始提出争取更大自治的要求——在极端情况下就会要求彻底独立。比利时的两种亚文化是以地区为基础的，那里的民族分离倾向不仅受到比利时民族主义的遏制，而且也受到其他一些因素的遏制。作为少数民族的瓦龙人从来就没有理由认为自己是受压迫的少数，因为他们一直在社会上、文化上、经济上甚至几十年来在政治上都是占优势地位的。最近，由于佛兰芒人开始坚持自己的权利，瓦龙人少数民族才开始感到更大的威胁，但完全的两极分化却由于布鲁塞尔作为一种第三要素的存在而有所减弱。首都拥有该国的16%的人口，却同时包容了两种亚文化——瓦龙人的多数派文化和佛兰芒语少数派文化。虽然布鲁塞尔本身在两种亚文化的关系中就是一个关键性问题，但它也是一种和解的力量。①

① 洛温强调了布鲁塞尔的两个方面，既是问题也是调和者。作为问题："布鲁塞尔及其郊区提出了佛兰芒人与瓦龙人之间斗争的主要问题……作为一个佛兰芒移民的目的地和国家的法语统治势力的中心，布鲁塞尔对于赞成佛兰芒语的好斗分子来说

要产生两种以上的亚文化，因而使每一种亚文化可能都成为 117
少数，这并不要求有一个以上的主要分界线。在这种程度上，不同分界类型的数量构成了对一个社会里亚文化多元化的程度进行量度的不充分标准。在荷兰，正如我们刚才看到的，宗教构成一个单独的分裂层面，产生并维持了三种宗教派别(zuilen)——天主教、正统新教及其他教派——它们都不是多数。[①]如果两个(或者当然可以更多)分裂层面相互交叉把居民分为若干——譬如四个——集团，还可能产生两种以上的亚文化。因此，在瑞士，操德语的多数派和操法语的少数派都分成了天主教和新教教徒，以致由此产生的四个集团都不是多数；这四个集团又按地区分成更小的集团。[②]

在印度，语言、种姓和地区把各种亚文化装饰得奇异缤纷，每一种亚文化都是一个比较小的少数。(在一个有五亿人口的国家里，一个比较小的少数通常在绝对数量上比世界上的大多数国家也要大。)如科萨里所证明的，印度的极端多元化不仅是困难的根源，而且在某种意义上也是印度多头政治的力量之一，因为它现在迫使每一个集团的领袖们学会并实践实现和解和建立联盟的艺



就成了既是要克服的阻碍，也是要收复的失地。”作为调和者：“布鲁塞尔具有‘国家使命’。它作为大都会的存在本身就有赖于发挥国家的政治、行政、商业、金融和文化服务的功能。抛开利益和感情，布鲁塞尔希望保持单一的国家(即使它未能表现出必要的语言上的宽容)。相反，鼓吹地区分离的人却发现布鲁塞尔是一块绊脚石。”参见洛温：“民族政治中的宗教、阶级和语言”，第172、177页。

① 1960年，罗马天主教徒占人口的40.4%，两种主要的新教教派占37.6%，“不信教者”占18.4%，其他新教徒、犹太教徒以及“其他教派”占3.6%。参见达尔德：“荷兰：分裂社会中的反对派”，第425页，附表6.5。

② 斯坦纳：《冲突调控模式失控的条件》，第6—7、432—433页。

118 术，并防止任何单独的统一团体哪怕是刚刚试图垄断政治资源。[①]

要让所有的亚文化都不会被无限期地拒绝其参与政府的机会，可以通过两种途径实现：实行全体一致的体制，如在瑞士那样，每个主要政党都有代表参加乡镇（*Gemeinde*）、州和联邦政府，或者像在比利时和荷兰那样通过联盟体制，即在任何时候都允许每一集团从反对派转向参加政府——洛温给这个体制创造了一个“简短易记的名字”：广泛结盟的能力（Allgemeinkoalitionsfahigkeit）。[②]

> 第二个必备条件：为在一个亚文化相当多元化的国家里减少冲突，就要达成一系列谅解和协议，虽然并不总是写入正式宪法条款，但给各种各样的亚文化提供了较高程度的安全保障。

共同安全保障安排的最普遍形式，是保证各种主要的亚文化在议会中的代表与他们的人口数量比例大体相当，通常提供的这种保证就是在选举候选人时采用的各种比例代表制。这种保证甚至可以扩大到行政机构，比如在瑞士所有政党参加的联邦委员会，或是在奥地利第二共和国所采用的按党派得票比例分配内阁职位的比例代表制（*Proporz*）。在对行政部门的参与有保障的国家，典型的制度安排要求全体一致或者——换个说法——允许每一个

119 少数派对事关重大亚文化问题的决定行使否决权。在亚文化或多

---

① 拉杰尼·科萨里：“印度”，载 R.A.达尔主编：《政体与反对派》（纽黑文：耶鲁大学出版社，1971 年）。

② 洛温：“民族政治中的宗教、阶级和语言”，第 178 页。

或少按地区聚集的地方，共同安全保障也可能由联邦制度提供，如在加拿大、印度、瑞士；在瑞士，相当程度的地方自治为亚文化提供了更多的保护。[①] 最后，一些特别宪法条款、契约或协议对议会里的任何联盟管理某些事务——其重要性关系到一种或一种以上的亚文化——的宪法权威施加限制，这也提供了相互保障，例如，瑞士、印度和加拿大的语言保障，或者荷兰允许三大教派享有高度自治权的保障和协议，这种自治权不仅涉及宗教、报纸、政党、工会和农业组织，而且涉及国家资助的学校、社会保障计划以及国有的广播电台和电视网。[②]

> 第三个必备条件不仅全凭推测，而且准确地说对国家也更困难。如果一国人民相信多头政体对处理该国的主要问题能够做到有求必应，则实行多头政体的可能性就会较大，因为这些问题是由全体居民确定的，或者至少是由政治阶层确定的。[③]

因为如果向政府提出的解决重大问题的要求年复一年得不到 120

① 斯坦纳指出，在伯尔尼的汝拉（汝拉，19 世纪初与伯尔尼合并成为瑞士联邦的一个州。——译者），不满的一个重要根源是，信奉天主教、操法语的居民不仅在国家而且在这个州都在这些重要方面形成少数派，而多数派是德语新教徒。因此，在汝拉人看来，多数派似乎完全占了统治地位。参见斯坦纳：《冲突调控模式失控的条件》，第 433—434 页。由于这种不寻常的情况，我们很容易明白为什么汝拉的居民想要建立一个独立的州，这种解决办法（在外人看来）似乎正是瑞士的相互保障方案里的内容。

② 甚至征自收音机和电视机的国税也分配给了宗教派别的广播公司，它们拥有自己的播音室、雇员，当然还有节目。

③ 参见下一章第 144—149 页中的观点。

满足，人们就会丧失对政府的忠诚，因而幻想破灭并蔑视政府，尤其是当“问题”造成相当部分的居民陷于广泛而严重的贫困时——例如，急剧通货膨胀、大规模失业、极端贫困、严重歧视、极度地缺乏教育，等等。

现在，这个必备条件并不单单是多头政体不可少的，它甚至也不单单是存在很多亚文化的国家所不可少的；它很可能是对所有的政体——当然也是所有的多头政体——提出的一般条件。不过，这里强调它的原因在于，它有时可能与前两个条件相矛盾。因为设计出一种实行全体一致和承认少数派否决权或者不断改组联盟的政治体制，并保证任何多数联盟都不会与亚文化的少数派为敌，这也许是一剂使政府稳固不变的灵丹妙药，这就是说，是针对这样一种制度的灵丹妙药，在这种制度下，上面的这些问题是由政治阶层来解释的，但主要问题得不到解决，因为每一种可能的解决方案都会被某个少数派否决，原因是他们的领袖感到本派的利益受到威胁而否决。尽管如瑞士和荷兰的经验所显示的，稳固不变并不是固有的，但它确是某些这类制度的严重弊病。[①]

那么，那些亚文化明显多元化的体制有时也许会面对一系列不愉快甚至是可悲的选择：(1)实行多头政体，为少数派提供相互保障却不能响应为令人充分满意地解决主要问题以保持人民的忠诚所提出的要求；(2)实行霸权政体，如果必要就力图通过对一种

---

① 例如黎巴嫩，参见米歇尔·哈德逊:《不稳定的共和国:黎巴嫩的政治现代化》(纽约:兰登书屋，1968年)，第11—12、87—88、328—331页，以及拉尔夫·E.克劳:“黎巴嫩政治体制中的宗教宗派主义”，载《政治学季刊》，第24期(1962年8月)，第489—520页。总的观点参见洛温:“分裂的多元主义”，第16页。

或更多的亚文化群体的成员施行强制来解决这些问题；或者如果 121
亚文化还是按地区聚集的；(3)分裂成不同的国家。只有最后一种使多头政体能够在持有异议的少数派中存在下来。这样，实行多头政体的代价也许就是国家的崩溃。而保持领土完整的代价也许就是接受霸权政体。

## 政治制度与政府效力

在何种程度上政治制度仅仅是这里讨论过的所有其他因素的结果，甚或它们本身多少也是一种独立的因素，这是政治学家尚未圆满解决的许多问题之一。尽管 30 年来，政治制度一直越来越广泛地被解释为仅仅是附属现象，这种政治学上的简化论阶段现在可能就要结束。但是，为了分析竞争性政体下的政府效力问题，我认为必须对政治制度给予一定的重视，即使我打算完全绕过对实行竞争性体制的国家是如何做出它们的特殊政治安排的加以“解释”这个棘手的问题。

在多头政体下，两种制度安排似乎对政府的“效力”具有重要意义。一个是关于国家的行政部门与其他主要政治力量之间的关系，包括往往成为竞争性政体下主要问题的根源的——行政机关与立法机关之间的——关系。似乎确实的是：所有在 20 世纪作为多头政体幸存下来的 19 世纪的竞争性政体，都发展了强势的拥有广泛的行动能力的行政部门。包括法国在内的所有各国都抛弃了典型的议会制政体模式。无论在事实上还是在法律上，协调政策和确定先后的职责以及革新的许多职责，在每个国家都转移到了行政部门。

122 另一种有重要意义的制度就是政党制度。有人假设，在政党制度显得有助于实现整合和采取行动而不是导致分裂和造成停顿的国家，宽容的代价就会降低，可惜的是这个假设还比较含糊，但却是可以站得住脚的。尽管这个命题格外难以用于操作，但似乎清楚的是，严重分裂的多党制（萨托利所谓“极端的”或“两极分化的”多元主义）[①]可能导致造成不稳定或脆弱、不能处理主要问题的联盟，因而在公众眼里甚至在政治精英们的眼里夸大了政治生活的党派性或游戏方面的特征。这些结果转过来又可能刺激人们丧失对代议制民主的信心和放弃对政治冲突给予宽容的愿望。[②]

大约三分之一的现代多头政体都遇到了这种或那种两党制下的政党分裂问题。在另外的三分之二现代多头政体中，数量可观的多头政体已成功地避免了严重分裂，它们通过：

> 一种存在两个占支配地位的大政党以及一个或几个小政党的政党制度，如在联邦德国。

---

① 在各种著作中，乔万尼·萨托利对多党制严重分裂的因果进行了广泛的比较分析。参见他的“欧洲政党：两极分化多元主义的实例”，引自约瑟夫·拉帕洛姆巴拉和迈伦·韦纳：《政党与政治发展》（普林斯顿：普林斯顿大学出版社，1966年），第137—176页；另见他的《政党与政党制度》（佛罗伦萨：埃迪特里斯大学出版社，1965年）；以及他的“政党制度的类型学”，引自斯坦·罗坎和埃里克·阿拉德主编：《分裂、政党与民众政治》（纽约：格伦科自由出版社，1970年）。

② 支持这种解释的某些资料和论述见诸于杰克·丹尼斯、利昂·林德伯格、唐纳德·麦克龙以及罗德尼·斯迪夫博尔德的“四种西方制度中民主趋势的政治社会化”，载《比较政治研究》，第1期（1968年4月），第71—101页，尤其是第91—92页。

> 一种存在一个赢得近50%的普选票和50%的议会议席， 123
> 因而通常处于支配地位的统治政党，同时存在分裂成三个或更多政党的反对派的政党制度，比如印度、日本和斯堪的纳维亚各国。

> 一种由两个主要政党组成的特殊联盟，如直到最近的奥地利以及1966—1969年间的西德。

> 一种高度统一、趋向全体一致的制度，如瑞士，该国的所有主要政党都被容纳在国家行政机关中。

但是，进行竞争性政治试验的国家在防止政党制度的分裂方面并非总是成功。在任何竞争性政治与严重分裂的政党制度并存的国家里（在议会制下它还很可能产生一个软弱的行政部门），向霸权政体转变的可能性相当大。在过去的十年里，希腊和阿根廷的近似的多头政体都在某种程度上失败了，这似乎是因为政党分裂所产生的新政权由于没有能力有效地处理国家事务，因此不能赢得或保持有足够的居民对政府忠诚，从而防止军事政变建立独裁政权。在法国，这个典型议会制政体的故乡，第四共和国由于未能解决造成极大痛苦的阿尔及利亚问题而垮台。

124 

# 第 8 章　政治积极分子的信念

前面各章所描述的种种因素要达到推动一个国家走向霸权政治或者走向公开争论和多头政体的程度，它们都必须以某种方式通过人们的信念——特别是那些积极投入政治生活的人的信念来发挥作用。因此，树立政治积极分子的信念，至少是在诸如将历史进程或亚文化分裂转变成对一种或另一种政体的支持这个复杂过程中的一个关键步骤。

## 假设

本章所研究的各种关系可以表述如下，在这里，单箭头意思是“解释”或“说明”，而箭头—P→ 表示“影响什么的可能性”：

| Ⅰ | | Ⅱ | | Ⅲ | | Ⅳ |
|---|---|---|---|---|---|---|
| 决定信念的因素 | → | 政治信念 | → | 政治行动 | —P→ | 政体 |

这样，问题就是，在何种程度上信念（Ⅱ）决定着一国人民的政治行
125 动（Ⅲ），并由此影响着实行某种特定政体的可能性（Ⅳ），这里是根
据霸权政体、公开争论和多头政体受影响的程度界定的。就信念

确实影响政体的程度而言，我们将要弄清是什么因素决定着信念（Ⅰ）。在这个范式中存在着许多问题，但这个范式本身也帮助我们解决这些问题。

让我们首先来澄清我是在广义上运用“信念”这个词。我不打算区分信念和知识。我们通常用“知识”来表示对于我们来说是建立在真理基础上的或许是不容置疑的信念。我们大多数人都愿意把物理学家关于物理学的信念称作他的物理学“知识”；然而，我们许多人对他的关于政治的信念却不大宽厚。在政治上，一个人的“知”常常就是另一个人的“疑”。

迄今为止，据我所知，有思想的人都不否认信念与行动之间的关联。信念指导行动，这不仅是因为它们影响或体现着一个人比较长远的目标和价值观——比如，一个人的宗教信仰、一个人的老年保障或者一个人的国家的独立——而且还由于信念构成了我们对现实、对过去与对现在的特征的设想，我们对未来的期望，我们对如何行动和为什么行动的理解：简言之，即我们的“知识”。

纯粹认识因素对于我们的信念——无论是关于政治的信念还是关于其他事情的信念——的重要性，绝对不能估计过高。例如，关于一种比赛规则的知识，不仅具有规范的而且具有认识的意义，就如一个外国人在美国第一次观看棒球比赛后所发现的意义一样。这个外国人不会狂喊乱叫，不管棒球的规则是“好”还是有待考查，但由于他不知道规则是什么，他完全不能理解眼前所发生的事情。一个美国人观看板球比赛时同样也是如堕五里雾。如在棒球或板球比赛中一样，在政治当中也是如此：我们的信念所影响的不仅有我们希望碰巧发生的事情，而且还会有我们认为实际上发

126 生的事情。马克思主义强调的是“是什么”而不是“应当是什么”，马克思主义的例子也许很极端，但它的立论确实做得很好。尽管马克思的著作无疑具有道德上的意义和魅力，但这些著作所阐明的内容几乎全是认识性的，而不是规范性的。对马克思主义者来说，马克思的著作解释了发生了什么、正在发生什么以及将要发生什么，而对于应当发生什么则只是做了含蓄的说明。

似乎也很明显的是：个人的信念也影响到集体的行动并由此影响到体制与制度的结构和功能。如果一个国家的政治积极分子中的多数人都强烈相信，霸权政体更令人向往并且能够通过支持反民主的领导人和组织而建立起这种政体，那么，就很难设想多头政体如何能够在这个国家存在。在一个霸权政体国家里，可以推想，至少领导人肯定偏爱霸权政体而不是把它当作任何迫不得已的选择。

这些实例表明，在一国人民当中不同的信仰如何分布也很重要。与维持一个霸权政体所需要的相比，多头政体需要人们更广泛得多地相信这个制度总体上是可取的。但是，如果在一切制度下不同的人们确实对政治结果具有的影响力是不均等的，那么，分清什么人拥有什么信念就很重要了。的确，列宁的信念以及后来斯大林的信念，比方说，比起任意挑选的两个俄罗斯农民的信念来，对俄国在本世纪的发展的影响要大得多。美国自 1787 年以来政府体制运作的方式，实际上是由 1787 年制宪会议上的 55 名代表的信念所决定的，而不是由那一年的 55 名普通费城市民的信念所决定的。我认识到，我所做的假设是在冒险挑起有关伟人的历史作用这个古老的争论，这个问题我不想在此深究，但我希望大多数读者会同意我的假设。无论如何，在这一章里，我打算关注的主要是那些与政治行动关系最密切的人们的信念，诸如政治积极分子、军人，特别是那些拥有明确的或者隐含的权力、现实的或潜在的权力的人、领导人或潜在的领导人的信念。这种考虑并不是说 127
影响力不大的阶层所持有的信念就无关紧要，而只是说，把政治上最活跃、最投入的阶层的信念当作进行解释的一个重要因素，是可以提出充分理由的。

这种理由因为政治信念的其他几个方面的证据而得到加强。在一个特定国家里，个人的政治信念越是不发达、不系统，则信念与行动之间的联系——即便是有联系——就越不确定。举几个假设的例子，一个人，如果他的信念体系实际上包含了密尔关于自由的基本观点，他就极有可能反对那种威胁要实行出版审查制度或压制政党的政体。一个人，如果他的信念实际上接受了《共产党宣言》的主要论点，他就可能赞成工人阶级组织同资产阶级政党斗争或者争夺政权。但是，很难预测，什么样的政体、运动或政党会得到那些其全部政治信条都可以归结为“时势不佳，像我这样的人在这个国家很穷”的人的反对或支持。[①]

看来，大多数人都具有非常基本的政治信念。只有极少数人持有丰富而又复杂的政治信念体系。根据目前的证据，有理由认为，虽然在所有的国家都确实如此，但一个国家的平均正规教育水平越低，具有复杂政治信念的少数人就越少。一般来说，一个人随

① 菲利普 · E.康弗斯：“大众信仰体系的本质”，载大卫 · E.阿普特主编：《意识形态与不满》(纽约：格伦科自由出版社，1964 年)，第 213 页以下。

着受教育的程度越高以及他对政治的兴趣和投入越多，他就越可能拥有一套复杂的相互关联的政治信念。似乎很明显的是，政治
128 信念中的纯粹认识上的成分——关于政治生活各个方面(包括游戏规则)的知识——在一个国家的领袖们和政治积极分子当中想必比其他人，比方说，政治上冷漠的居民要大。[①]

综上所述，有理由认为，政治积极分子和领袖们比其他大多数人更有可能

1. 有阐述比较详尽的政治信念体系；

2. 他们的行动受他们的政治信念的指导；

3. 对政治事件——包括影响政体的稳定或变革的事件——有较大的影响。

提出的几个问题是：

第一，政治积极分子的何种信念对公开争论和多头政体的可能性具有决定性的影响？

第二，这些信念是如何发生的？

第三，对政治信念如何发生的解释能否对这些信念做出充分透彻的说明，从而可以把信念简单地视为发挥影响的变量呢？换句话说，把积极分子们的政治信念看作一个**独立**的解释因素是不是有益，其重要性是否可以与前几章所描述的诸种因素等量齐观？

---

① 阿普特主编:《意识形态与不满》，第218页以下。

## 某些决定性的信念

目前，没有一个人能够圆满地回答这些问题，这是一个令人遗憾的事实。的确，人们有可能谈论不同国家的人民在皈依于一定的信念方面有什么变化，即前几页的示意图中的信念（Ⅱ）的各种
变化。但是，关于各国之间（和各国国内[①]）信念变化的令人满意 129
的证据仍然只限于几个国家，其中大多数——正如可以预料的那样——都是多头政体。有关霸权政体信念的证据则微不足道；通常我们用从意大利或德国获得的间接证据替代，假设意大利人或德国人的信念可能有助于说明他们的法西斯主义和纳粹主义经历。

由于所研究的国家数量很少并且集中于多头政体国家，现在就不可能最终证明，信念（Ⅱ）的变化对实行多头政体或霸权政体的可能性（Ⅳ）有重要影响。这个问题又和与行为（Ⅲ）相关的关系的不确定性混淆在一起。

因此，严格说来，关于信念对一种政体特征的影响的断言必须被视为一种假设，它还不可能用可靠而恰当的数据做出令人满意的验证。尽管如此，信念可能具有的作用毕竟太大因而不可忽视。

① 一个特定国家里，人们非常难得始终如一地坚持信念，所以我们关注的是各种“模式”中“有意义的”变化或区别。有关的概念和方法论问题与一个国家或一种文化的“个性模式”研究中的问题很相似。参看亚历克斯·英克尔斯和丹尼尔·J.莱文森：“国民性格：个性模式与社会文化系统研究”，载加德纳·林德齐、埃利奥特·阿伦森编：《社会心理学手册》，第二版（马萨诸塞州：雷丁，艾迪生-韦斯利公司，1969 年），第 418—506 页。

因为，似乎有一些似是而非的理由让人们认为，一定的信念确实影响着实行霸权政体还是多头政体的可能性。既然证据支离破碎，所以我打算仅仅提供少数几种说明。

## 多头政体的合法性

首先，让我提出三个命题作为开始：

> 第一，在一个特定的国家里对多头政治体制合法性的信念越强，则实行多头政体的可能性就越大。

虽然这样一个说明可能显得近乎不证自明，所以无须讨论，但
130 是还是需要围绕它做几点评论。相信多头政治体制至少意味着相信公开争论和参与都是合法的。在实践中，多头政体的这两个尺度不仅从历史上看——如我在第 1 章中所指出的——是比较独立的，而且作为信念也是独立的。在 1832 年英国议会改革前后，许多辉格党人和自由党人以自己的言行证明了他们对已经在英国发展了一个多世纪的公开争论体制的合法性是相信的。如果某些争论形式的法律基础不像今天那么清楚——例如批评政府的出版自由——但在实践中这些自由的界限是相当广泛的，并且这些事实上的自由得到了大多数辉格党人和自由党人的支持。但是，辉格党和自由党与激进党人最明显的区别就是激进党人致力于更为广泛甚至是普遍的选举权。也许 19 世纪 30 年代的绝大多数辉格党人和自由党人都相信“改革法”已经走得很远，但改革后仍然使七个成年男子中约有六人没有选举权——而这么多人被剥夺选举权

是激进党人无法接受的。因此，还不能说在19世纪30年代大多数辉格党人和许多自由党人不相信多头政体的合法性。相反，他们坚定地相信我所称之为竞争性寡头政治制度的合法性。

人们也可能相信包容性的合法性但不相信公开争论的合法性。阿根廷的庇隆独裁政权试图做过去的任何政权所未曾做过的事情，将劳动阶层融入阿根廷的经济、社会和政治生活。似乎荒谬的是，自从1930年以来，唯一有理由被视为正当、公正并有选民广泛参与的阿根廷选举——其成果尚未被军方所废止——就是在庇隆独裁统治时期进行的。并不是说庇隆相信或支持多头政体；在他的统治下，反对派日益受到压制。然而庇隆主义过去甚至今天都象征着政治体制对劳动阶层的完全包容，尽管庇隆主义会赋予 131
独裁政权合法性，却否定任何排斥或者歧视劳动阶层及其代言人的制度的合法性。

与其他信念一样，活动家和领袖们的观点很可能比其他人的观点更具有决定性。但是，甚至那些被动的或被排斥的阶层有时也可能动员起来，因而他们的信念远远不是无关紧要的。与其他信仰一样，对多头政体合法性的信念无疑也会随着教育、对政治的兴趣和参与的增加而变得更加复杂、更加丰富。哪怕是在制度完善的多头政体下，也绝不能期望幼小的孩童信仰“民主制度”；这个词汇和概念对于大多数四岁的儿童来说终究是没有意义的。但是有证据表明，在美国、意大利和德国，相当多数的年轻人到完成中学教育时就已赞成“民主制度是最好的政府形式”。这种信念也不是没有具体内容的；他们还开始懂得承担义务的某些内容。因此，看来美国相当比例的低年级学生是相信政治冲突弊大于利的，但是大一些的学生中只有很少数的人表达了这种信念。对许多美国孩子来说，竞争的政党起初似乎是多余的、令人讨厌的甚至是会造成混乱的，但是，随着他们成熟起来，他们越来越倾向于相信竞争的政党是值得需要的。对于应当允许人们发表言论“反对我们这样的政府”的观念，年幼的孩子感到陌生、不合口味，但许多大一点的孩子学会了接受这种观念。[①]

根据现在对政治信仰的全部认识，哪怕是在一个像美国这样——在几代人中间民主意识形态都是占支配地位的信仰体
132 系——的国家，指望许多人都精通民主理论也是极不现实的。一个普通的民主主义者，不可能成为一个洛克、卢梭、杰斐逊或者林肯。尽管如此，多头政体的合法性或者“民主制度是最好的政府形式”的信念不会在真空中存在。作为一种信念，它通常不会与其他信念彻底隔绝。因此，待会儿我们就会发现，即使一个人也持有某种别的信念，他也可能相信多头政治体制的合法性，这是一种合理的推测，并且有某些证据的支持。但是，在我们对此进行考察之前，让我首先再补充两个命题：

> 政治积极分子(及其他人)对多头政体合法性的信仰程度在不同的国家有很大差别。

> 这些差别在一定程度上与一个国家的社会经济特征无关：两个社会经济制度有着许多相似点的国家，其政治积极分

---

① 杰克·丹尼斯、利昂·林德伯格、唐纳德·麦克龙和罗德尼·斯迪夫博尔德：“四种西方制度中民主定向的政治社会化”，载《比较政治研究》，第1期(1968年4月)，第78、86、89页。

子(及其他人)对多头政体合法性的信仰程度却明显地不同。

## 阿根廷:一个不太反常的案例[①] 133

为了对这两个命题——尤其是后一个命题——加以阐述并提供某些支持,把阿根廷与一些国家——比如瑞典——加以比较是有益的。从表面上看,19 世纪后期阿根廷的政治发展是沿着一条走向多头政治的道路,并且与瑞典、英国以及其他一些稳定的多头政体国家向多头政治发展的道路非常相似。的确,阿根廷早期的历史与瑞典的历史根本就不可比;至少,瑞典在几个世纪里所发生的事情,阿根廷只用了几十年的时间:从 1810 年到 1820 年间的 10 年是革命和争取独立,然后是赫尔马尼称之为"无政府状态、考迪略[*]主义和内战"(*anarquía*, *caudillismo*, *guerras civiles*)的

① 本节的观点和资料引自下列来源:吉列尔莫·奥唐奈的一篇未发表的研讨会论文"阿根廷的政治反对派",作者首先向我提出了后面的解释的一些主要线索;卡洛斯·阿尔韦托·弗洛里亚的"阿根廷反对派的行为";纳塔略·R.博塔纳的"阿根廷的合法性危机与政党政治的发展";马里亚诺·格龙多纳的"对阿根廷政治制度最近演变的某些观察";拉斐尔·布劳恩的"政党的表现与军队公共利益的阐释:阿根廷的困境"(所有论文发表于布宜诺斯艾利斯,1969 年 8 月);卡洛斯·阿尔韦托·弗洛里亚的"阿根廷政治的考察",载社会行动研究中心:《社会行动研究中心每月评论》,第 16 卷(1967 年 11 月);马里亚诺·格龙多纳:《当今世界中的阿根廷》(布宜诺斯艾利斯:1967 年,头版社论);吉诺·赫尔马尼:《转型时期的政治与社会》(布宜诺斯艾利斯:派多斯出版社,无日期);达里奥·坎顿的"阿根廷的军事干预:1900—1966"(论文发表于军队与社会劳工组织会议,国际社会学协会,伦敦,1967 年 9 月),以及他的"起动员作用的普选权"(论文发表于第六届世界社会学大会,埃维昂,法国,1966 年 9 月);詹姆斯·W.罗:"1963 年的阿根廷选举"(华盛顿特区:政治制度比较研究所,无日期)。

* 考迪略即地方政治寡头,一些拉美国家曾盛行由地方强势政治首领控制国家政权的独裁制度。——译者

10 年，再后是 20 年的实现统一的独裁统治。[①] 可是，随后的 80 年，阿根廷具有了一个发展中的多头政体的所有外部形式。这个政体是依据 1853 年宪法运行的（它在形式上至今都一直是这样运行的）。的确，参与只限于少数人，但是，阿根廷对选举中参与的限制，似乎并不比英国 1867 年改革法以前或瑞典和荷兰 19 世纪晚期以前的限制多。到 20 世纪末，迅速发展的中等阶级开始在政治生活中让人们感觉到他们的存在。有组织的政党开始成为强有力的选举力量——尤其是作为中等阶级代言人的激进党人，坚持要
134 求参与到体制中来。1911 年（几乎与瑞典同时，而比荷兰还早几年），阿根廷有效地保证实现了男性普选权。于是，选举中参加投票的人数急剧增加——从 1910 年 18 岁以上所有成年男性公民的 21%，增加到 1912 年的 69%。虽然以后的十来年投票率有所下降，但它仍然与 20 世纪 20 年代美国的投票率相当，也不比当时瑞典的投票率低。而且，1928 年它再次增加，达到 81%，1930 年为 75%。因此，就选举参与而言，阿根廷可以同许多其他多头政体不相上下。更有甚者，随着 1916 年激进党的总统候选人获胜，阿根廷似乎没有使用暴力就实现了充满危险的转型，从竞争性寡头政体转变为以普选制为基础的多头政体。

还有其他有利于多头政体的因素。根据今天时常用来预测“稳定民主制”的机遇的标准，阿根廷使人们有充分理由感到乐观。

---

① 《政治与社会》，第 196 页，以及他的“走向大众民主”，载托尔夸托·S.迪·特利亚等：《阿根廷：大众社会》（布宜诺斯艾利斯：布宜诺斯艾利斯大学出版社，1965 年），第 211 页。

阿根廷的人口高度都市化，识字率低，教育广泛，国家中等繁荣（其人均国民生产总值可能在拉丁美洲是最高的），它拥有人数很多的中产阶级。根据这些数据，阿根廷至少同另外三个国家——哥斯达黎加、智利和乌拉圭同样富裕，但在这三个国家，多头政体被证实比阿根廷更为持久。那些建立了民主理论因而改变了局面的伟人对我们也没有多大帮助：土地占有高度集中，但可以确定，显然不如智利集中，甚至可能不如哥斯达黎加集中，而且很可能也不如澳大利亚集中。

和其他大多数国家一样，1929 年大萧条的爆发给阿根廷造成了许多严重问题。但是，其他多头政体国家也遭到经济危机的打击。然而，一些也是高度依赖于国际贸易的国家如瑞典，甚至一些大量出口农产品的国家如澳大利亚和新西兰，却采取行动对付危机，保持、恢复甚至增强人民对政府效力的信心。在阿根廷，情况 135
却不同。虽然显贵们在激进党政府下没有丧失多少特权，但他们的政党却无可挽回地丢失了不少选票和议席。20 世纪 20 年代末，保守派越来越猛烈地攻击阿根廷的多头政治体制——如普选权、政党、国民议会以及总统的无能和个人影响。后来，经济危机发生了。一场军事政变结束了阿根廷的多头政治试验。自从 1930 年以来，多头政体就再也没有有效地恢复过。

令人迷惑不解的是，多头政体在阿根廷崩溃了，但是，在瑞典、澳大利亚和新西兰却没有崩溃，就此而言在哥斯达黎加也没有崩溃，如果我们从整个时期来考虑的话，在智利和乌拉圭也没有崩溃。我尚未发现有关阿根廷多头政治失败的完全令人满意的解释。然而有一点是清楚的，政体的不同是不能用那些通常的因素来解释的：社会经济发展水平、都市化、教育、中产阶级的规模、人均收入，等等。虽然一个完满的解释肯定会非常复杂，一个关键性因素却格外清晰地显露出来：阿根廷似乎从未建立起对多头政治体制合法性的坚定信仰。因此，当这种政体面临严重困难时，它就会被独裁统治轻而易举地扫除掉，独裁统治先是得到保守派精英即所谓寡头的支持，后来又在庇隆统治下得到劳工阶级的支持——二者都从未深信过多头政体的合法性。

正如每一个研究阿根廷历史的学者都意识到的，除了表面现象外，根据西欧模式的标准，阿根廷的多头政治在 1853—1930 年这段时间里是没有发展的。刚才所做的描述是正确的——然而它也会给人以误导，因为它忽略了多头政体没能在阿根廷取得合法

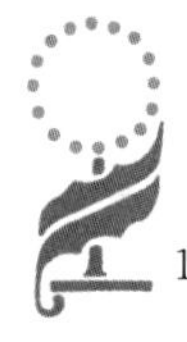

136 性这一事实中所蕴含的两个相互关联的因素：(1)显贵们在其整个统治时期，都公开拒绝以选举作为其统治权力的合法性基础；(2)很大一部分的人口疏离于政治体制之外。这样，在走过从竞争性寡头政治到多头政治的曲折道路时，阿根廷没有能够取得欧洲一些国家在其转型期所取得的成就：无论阿根廷的精英人物、中等阶层，还是工人阶级都从未变得相信多头政体的合法性。



1.显贵们根本就没能发展并传播对多头政体某些关键制度合法性的信念。虽然更为间接的因素难以捉摸，[①]但有一点却很清

① 弗洛里亚提到“普遍不尊重法律”这种西班牙传统的衍生物，即“地方政治老板统治”的习惯——这种习惯“有组织的非法行为是基于下述口号：‘为了朋友，哪怕他们是错误的；反对敌人，哪怕他们是正确的’”——和没有可用的法律手段时就诉诸武力的习惯。他也谈到 19 世纪的自由主义传统，即调和“对普通人的轻视与对民主的信念”，参见“ 阿根廷反对派的行为”，第 6 页。

晰：显贵们通过自己的行动教育阿根廷人，选举中的输家或是潜在的输家都无须受到选举的约束。这样，他们否定了多头政体的关键制度的合法性。在整个从 19 世纪 60 年代到 1911 年选举改革之间的所谓“立宪”政府时期，显贵们经常而且公开炫耀宪法和法律上关于普选权的规定。根据法律和宪法，“选举权是普遍的，只适用于男子，没有教育、财富、财产等资格限制。”[①]显贵们有根据设想——这种设想无疑是正确的——如果这些规定曾经实施过，他们自己的统治地位就会削弱甚或被摧毁。正如同一时期的西班牙（后果也相类似）那样，选举同样为大规模的欺骗和暴力所控制。显贵们不仅将大批的居民排斥在政治生活参与之外；他们甚至也 137
不愿意通过选举来解决他们自己之间的矛盾。他们把他们之间的分歧（诸如布宜诺斯艾利斯应对各省控制到多大程度）解释为“总和为零”的冲突，其后果严重到无法仅仅用选举来确定。

因此，从“立宪”政体一开始，这个国家的领导人就否认选举是变换政府的合法途径：实际上，他们留给人们的除了革命就别无选择。

当然，在后来多头政体取得了相当的合法性的另一些国家，显贵们也重操故技，采取非法、贿赂甚至暴力手段来争取赢得选举，这也是确确实实的。18 世纪英国的选举绝对不是公正的楷模。但阿根廷在以下三个方面不同。首先，从纯粹的质量和程度上看，人们公认，欺骗和暴力是特别严重的——并不亚于 19 世纪西班牙

① 坎顿：“普选权”，第 4 页。

的那些著名的选举，当时投票的结果早就提前宣布了。[1] 其次，和西班牙一样，显贵们公开嘲弄的正是那些在表面上赋予他们的政权合法性的宪法和法律，他们促使任何建立在选举基础上的政权的合法性遭到损害。最后，与英国不同，在阿根廷，没有经过一个由显贵统治向完全选举权过渡、政治阶层开始承认诚实选举的合法性的转型时期。因此，显贵们传授的教训是：当选举变得不利时，失败者没有义务接受这个结果。

这就是中产阶级和工人阶级在 1911 年的改革时所继承的遗产，这次改革最终允许他们参与选举政治。这场改革是在激进党人的压力（压力还包括 1893 年和 1905 年发生但失败的起义）下发
138 生的，改革有效地实施了宪法上已有的男性普选权条款，规定举行无记名投票，建立了由联邦法官组成的选举法庭监督选举。但是，哪里的选举失败者可以用武力来推翻选举结果——而人们对此习以为常——哪里的多头政治的基础就极为脆弱。阿根廷的情况正是如此，只是在 1955—1966 年有过非独裁统治的短暂间隔，这也生动地说明，1930 年以来没有多大变化。1962 年，当庇隆党人被允许提出国会和一些省长的候选人时，他们赢得了最多选票。随即，弗朗迪西总统取消了选举；尽管如此，弗朗迪西也被反庇隆的武装部队逮捕并赶下台，他们不满选举的结果，但又害怕庇隆主义会卷土重来。当 1963 年为取代弗朗迪西的总统选举的时间确定后，庇隆主义的候选人却被禁止参选。但是，当 1966 年庇隆党人可能要在即将到来的选举中赢得许多省长职位时，军方没有等到

① 杰拉尔德·布雷南：《西班牙的迷宫》（剑桥：剑桥大学出版社，1962 年），第 5 页。

取消选举的结果，而是接管了政府，并且显然得到了显贵们和中产阶级的广泛支持，他们担心庇隆主义卷土重来，并对四分五裂的政党制度感到厌烦。翁加尼亚将军的新独裁政权，力图通过压制所有政党和选举，依靠颁布法令，来结束这些弊病。

2.大多数居民被那些公开蔑视选举程序的显贵们排斥在政治之外，他们仍然隔离和疏远于政治制度——不大可能奋起抵御军方的接管。但是隔离和疏远也因另一个因素即大量的非公民——他们在心理和法律上置身于选举过程之外——而大大增强。阿根廷的移民比率远远超过美国。① 但是，在美国，近似普遍的选举权和竞争性政党保证了移民不久就可以成为公民从而可以参加投票；而在阿根廷，直到 1911 年，即使一个移民即将成为公民，他也仍被排除在政治之外，这个事实以及其他种种因素削弱了移民取得公民权的动力。在任何情况下，由于绝大多数移民没有成为公民，很大一部分居民在法律上和心理上仍然被排斥在阿根廷的多头政治之外。1914 年，几乎有三分之一的阿根廷人口是外国人；布宜诺斯艾利斯支配这个国家的政治生活，在这里，半数居民是外国人。在成年人中，这一比例更高——在布宜诺斯艾利斯为 72%，在五个人口最密集的省是 51%，其他地方为 20%。在成年男子中(他们作为公民会拥有投票权)，这个百分比还要高：在布宜诺斯艾利斯，也许五个成年男子中就有四个不是公民，因此自动地被拒绝参与国家的政治生活。当然，移民不成比例地集中在工人阶级。因此，阿根廷有大量的无产者甚至相当多的中产阶级没有

139

① 赫尔马尼：《政治与社会》，第 247、265 页。

进入阿根廷的政治体系。

于是，阿根廷政治发展的结局是：对多头政治体制的合法性的信念，尤其是对选举的约束特性的信念，特别是在精英当中，但或许也在全体人民之中都很肤浅。例如，在人口的重要构成部分当中对自由选举的信念格外脆弱，以致国家无法定期举行选举并遵守选举结果。1966 年 3 月，就在军方接管之前不久，一项在大布宜诺斯艾利斯进行的调查说明了许多问题。（见表 8.1）重要的是要牢记庇隆党人可望赢得三分之一甚至更多的选票：这样，禁止他们参与，也就是禁止阿根廷最大的选民集团拥有自己的候选人。几乎有五分之一的大布宜诺斯艾利斯人认为这样做是正确的；另
140 外几乎有同样多的人对此没有异议。但是，有趣——虽然并不惊人——的是，限制庇隆党人的问题在多大程度上是一个阶级问题。该表说明，禁止庇隆党候选人的想法在社会上层最为强烈，那里反对庇隆的力量最强；而这种想法社会下层最弱，那里对庇隆的支持也最强。受到较多教育的集团中只有一半人反对禁止庇隆党人；这也是会支持军方接管政权的一部分人。受教育最少的人们反对禁止庇隆党人，但这个事实很难说明他们就支持自由选举；弄清楚在庇隆主义政权下会有多少人可能支持全面禁止任何选举则是非常有趣的。

这样，关于阿根廷政治基本规范的略有嘲讽但并不过分夸张的阐述是：只要我能够确信我的对手不会赢，我就相信选举。

**表 8.1　“如果政府禁止庇隆党人参加未来选举，你认为是好还是坏？”**

| | 是错误的 | 是正确的 | 不知道，不回答 |
|---|---|---|---|
| | 64% | 19% | 17% |
| 受教育程度 | | | |
| 文盲或受过初等教育 | 65% | 16% | 19% |
| 受过中等教育 | 63% | 24% | 13% |
| 受过大学教育 | 50% | 35% | 15% |
| 总数＝1004 | | | |

资料来源：“Encuestas Gallup de la Argentina”，1966 年 3 月，发表于《民意测验》，第 2 期(1967 年春季)，第 22 页。

## 权威

许多作者都强调对权威的信念或态度的重要意义。[①] 于是，埃克斯坦在他已经研究了数年的理论中，将最重要的意义赋予了 141
在一个国家里处于支配地位的权威模式。埃克斯坦假定，如果政府的权威模式与该国的其他机构和组织的模式相“适合”，民主制度就会比较稳定。[②] 据推测，“适合的”权威模式也会使霸权政体更容易继续存在。

下述观点的确是貌似有理，即关于政府与被统治者之间权威

① 英克利斯和莱文森：“民族特征”，第 448 页以下。

② 亨利·埃克斯坦：《民主制下的分与合：有关挪威的调查》(普林斯顿：普林斯顿大学出版社，1966 年)，附录 B(1961 年)及各处。

关系的本质的信念，对于产生不同政体的可能性非常关键。极而言之，如果一个国家的绝大多数居民都相信，人民与其政府之间的唯一适当的关系应是一种等级森严的统治者与臣民之间命令与服从的关系，那么，霸权政体的可能性就肯定很大。由于这样的观点，就几乎不可能有公开争论的空间。同样确实的是，埃克斯坦既写道又说道，人们也发现对权威的显然不同的信念是很难调和的；值得强调的是，要相信霸权权威在一种关系中是合法有效的，而民主权威在另一种关系中是合法有效的。埃克斯坦挑选挪威对他的理论进行有限的检验，他争辩说，挪威人在控制其冲突和分裂方面一直异乎寻常地成功，因为他们几乎一致相信（并坚持）民主的权威关系。

> 由于民主规范深入到挪威人的家庭、学校、经济和友好社团、压力集团和政党、地方和全国政府的生活之中，对挪威人将此视为既是自然的也是道德的普通“生活方式”而不仅仅是
> 142 一种在全国政府中才有价值的形式，人们就无须惊讶了。[①]

挪威可能代表着标尺的一端。但多头政体似乎与对权威的信念的多样化是一致的。[②] 事实上，既然多头政治既要求各种组织之间的冲突公开化，同时又要求具有达成和接受妥协方案的能力，那么，下述论点就是值得争论的：如果相当大的等级权威压力在组

---

① 埃克斯坦：《民主制下的分与合：有关挪威的调查》，第 173 页。

② 同上书，第 189 页。

织内部也可以接受，就可能很容易把冲突与调和结合起来。利普哈特强调了荷兰人“不问特定情况——服从和效忠”的强烈倾向，如果没有这种品质，荷兰组织严密的分裂势力可能早就摧毁了荷兰的多头政体。[①] 埃克斯坦甚至把民主的挪威人描绘成对“专门职务权能”毕恭毕敬，这“导致对各种专家给予特别高的评价”。[②] 最后，自白哲特以来，英国人被描绘成具有恭敬“社会贤人”和政府权威的特点。[③] 美国人则被认为对政府和社会精英的恭敬要比英国人少得多[④]，而对专家的恭敬也比挪威人少得多。

然而，多头政体与所有对权威的信念同等地一致，这是极不
可能的。有些极端模式肯定更适合霸权政体。在埃塞俄比亚处 143
于支配地位的阿姆哈拉部落的信念就提供了一个例证。据莱文指出：

> 关于权威的信念、象征和价值观念综合起来构成了阿姆哈拉人政治文化的要素。为社会安宁所绝对必要，值得人们不断地毕恭毕敬、尊敬顺从、歌功颂德……这样的权威就是好

---

① 阿伦·利普哈特：《调和的政治：荷兰的多元主义与民主制》（伯克利和洛杉矶：加利福尼亚大学出版社，1968 年），第 144 页以下。另见汉斯·达尔德：“荷兰：分裂社会中的反对派”，引自罗伯特·A.达尔主编：《西方民主国家的政治反对派》（纽黑文：耶鲁大学出版社，1966 年），第 197 页。

② 埃克斯坦：《民主制下的分与合：有关挪威的调查》，第 166 页。

③ 埃克斯坦：《民主制下的分与合：有关挪威的调查》，第 156、183 页。另见理查德·罗斯：《英格兰政治》（波士顿：利特尔-布朗公司，1964 年），第 38—41 页。

④ 有关英国儿童认识世界的倾向比美国儿童更看重等级的有趣的零星证据，参见弗雷德·I.格林斯坦和西德尼·塔罗：“比较政治社会化研究的一种方法：半投影技术的运用”（提交美国政治学会会议的论文，1969 年 9 月）。

> 的——这种主题在阿姆哈拉人的文化中比比皆是。顺从是阿姆哈拉的儿童社会化的首要目标……在家庭中的这种经历，与阿姆哈拉文化的其他内容始终一致并得以延续……家长、地区酋长、富裕的土地所有者、高级教士、政治权贵、军官——所有这些人都被理解为父权的象征；人们对他们都是持同等的态度——认为他们应是遵从的对象，又可以指望从他们那里得到好处……所有这些主题的实现都是以最完善的形式，并在很大程度上与最高权威人物——皇帝有关。担当这个角色的人一向都接受最极端形式的尊敬服从。例如，埃塞俄比亚人一直有一种习惯，在皇帝面前必须全身匍匐在地并且不能抬起眼睛。

这样的观点根本不可能有助于公开争论。

> 阿姆哈拉文化禁止对任何权威进行直接而坦诚的公开批评。在权威主义的关系中——而且，所有的阿姆哈拉人的政治交往都被控制在权威主义的关系中——只有三种选择：完
> 144 全顺从、默认和谄媚；拐弯抹角、闪烁其词地批评；要么就是直接地反叛。

在这种情况下，赞成多头政治体制的观念在完全贫瘠的土壤上遭到失败，就一点也不令人吃惊了：

> 尽管有一些受过西方教育的人六十多年来在埃塞俄比亚

宣传议会代表制思想,但这种思想与阿姆哈拉政治文化的权威主义特性格格不入,以致简直就没有认真采用过选举程序。[1]

## 效力

如我在上一章中提到,另一组相关的信念与对不同政体处理重大问题的效力的期望有关。[2] 既然我们在此主要讨论政治积极分子和领袖们的信念,如果相当比例的政治积极分子和领袖们这样理解它,就会存在一个“问题”并且是“关键”问题。(自然,这种界定“关键问题”的方法在不同的上下文中也许并不令人满意。)

对政府效力的期望,在一个国家的政治文化中可能或多或少都是一个确定不变的因素:年轻人可能通常经过合格地社会化而相信他们的政府总的说来非常有效,或者长期来看效率很低。这样,直到他们升入八年级,才有很高比例的美国白人相信(或至少直到最近他们才相信)他们的政府是有效的。在一次重要的研究 145
中,只有 2%的八年级学生认为美国政府经常犯错误;几乎 60%的人都相信政府很少犯错误或者几乎从不犯错误。几乎四分之三的人相信政府“比任何人知道得都多”或“比大多数人知道得都多”。[3]

---

① 唐纳德·N.莱文:“埃塞俄比亚:身份、权威与现实主义”,载卢西恩·W.派伊和西德尼·维巴主编:《政治文化与政治发展》(普林斯顿:普林斯顿大学出版社,1965 年),第 250—251、253 页。

② 参见西摩·马丁·李普塞特:《政治人》(花园城:道布尔戴公司,1960 年),第 78 页。

③ 戴维·伊斯顿和杰克·丹尼斯:《政治体制中的儿童:政治合法性的来源》(纽约:麦格劳-希尔公司,1969 年),第 133 页。另见他们的论文“儿童的政府形象”,载《美国政治与社会科学学院年鉴》,第 361 期(1965 年 9 月),表 6,第 54 页。

由于这一社会化过程的巨大影响，在回答阿尔蒙德和维巴的五国调查中的问题“一般说来，你对这个国家感到最骄傲的事情是什么”时，85%的美国人提到他们的政府和政治体制。美国人提到为他们的政治体制而自豪，不仅比提到其他任何东西都要经常得多，而且这种美国人所占的比例也远远超过其他国家。[①] 而且美国的政治积极分子甚至也比其他人更有可能表达对政治体制的骄傲。[②]

虽然我一直不能准确地发现不同国家对政府效力所持期望的可比数据，但几乎没有疑问，在有些国家，有相当比例的人数——包括政治积极分子——对政府有效处理国家问题的能力没有多大

146 信心。[③] 并且正如美国儿童被教育要相信他们的政府的效率一



① 数据如下：美国，85%；英国，46%；德国，7%；意大利，3%；墨西哥，30%。见加布里埃尔·A.阿尔蒙德和西德尼·维巴：《公民文化》（波士顿：利特尔-布朗公司，1965年），表3.1，第64页。

② 甚至由于教育受到控制，被归入具有高等或中等“主观能力”的美国答卷者表示为其政治体制而自豪，要比那些归入“主观能力”低的答卷者频繁得多。参见阿尔蒙德和维巴：《公民文化》，表8.4，第199页。相应地，“主观能力”与政治活动和政治卷入密切相关。参见《公民文化》，表6.2，第144页；表8.1，第189页；表8.2，第193页，以及第10章。

③ 例如，在1964—1965年对“通过两个阶段的声望分析而确定的167名伊朗政治精英”的访谈中，就问题“总体上说，你认为伊朗的政治体制运作良好、不太良好或不良”的回答是：

| | |
|---|---|
| 很好 | 15.6% |
| 尚可 | 31.7% |
| 不太好 | 26.3% |
| 不良 | 15.0% |
| 不知道，等等 | 11.4% |

样，有些国家的儿童学到的恰恰相反。[①]

然而，即使关于政府效率的信念往往通过早期社会化取得，但后来并不必然保持不变。政府的表现本身会发生变化——或者，人们可能感觉到它的变化。意大利、法国或印度村民们的怀疑态度根源于他们在几个世纪里对自己政府的体验。不过，由于政府 147
表现的变化，法国南部或印度的村民们也在变化；他们开始相信，政府不一定仅仅是一种无用的或罪恶力量，政府也有助于解决问题。[②]或者，美国人持有的那种有信心的期望可能因为失败而变

参见马文・佐尼斯："伊朗的政治精英与政治犬儒主义"，载《比较政治研究》，第 1 期(1968 年 10 月)，第 363 页。

由意大利的 DOXA 于 1967 年所作的一项调查，对"就意大利的政府管理(部长、公共官员等等)的表现而言，你觉得情况好还是不好"的答案是：

| | |
|---|---|
| 很好 | 2% |
| 够好 | 19% |
| 不好不坏 | 22% |
| 有点糟 | 26% |
| 很糟 | 8% |
| 不知道 | 22% |

与其他国家相比，将意大利的政府管理表现评判为"比其他国家好"的人有 16%，较坏的有 34%，以及不知道的有 49%。有关意大利政治家的诚实和尽职的问题的答复，结果相似。参见《民意测验》，第 4 期(1968 年)，第 62 页，＃13，＃15，＃18。

① 怀利研究了普罗旺斯的乡村，那里的儿童"不断地听到大人们把政府看作是罪恶之源，而把管理政府的人看作是罪恶的工具。在这种信念中没有任何个人成分。它不涉及由某个特定的集团组成的一个特定的政府。它涉及的是任何地方任何时期的政府"。参见劳伦斯・怀利：《沃克吕兹的乡村》(纽约：哈珀-罗公司，1964 年)，第 208 页。

② 某种程度上说，这也发生在怀利所研究的乡村。参见他对"十年后的培伊拉恩"的评述，载怀利：《沃克吕兹的乡村》，第 364—365 页。另见怀泽夫人在对印度卡里姆泼尔乡村所报告的变化，载威廉和夏洛特・怀泽：《泥墙背后：1930—1960 年》(伯克利：加利福尼亚大学出版社，1963 年)，第 224 页。

为失望。假如刚才所描述的美国青年对政府的信任令人难以相信，一点也不令人惊奇的是：一旦年轻人面对政府处理至关紧要的种族、贫困和战争问题而失策时，许多人便会丧失对“体制”的信任并变得疏远、玩世不恭或激进。

哪里对政府的效率没有深信不疑的信念——新的政权往往确实如此，哪里政府的无能表现就更加危险。因此，意大利、德国和西班牙新建立的多头政体在有效处理显而易见的问题——甚至在维持公共秩序——上的无能，导致人们怀疑多头政体的效力，并激励人们转向独裁政治。艾贝尔于 1934 年在德国所收集的私人生活历史中，他发现，有充分的证据说明，在 1929 年以后，对共和国的敌视“由于这样的信念而增强：德国国家所面临的问题越来越多，日益严重，这主要是因为政府的无能。”①

人们对政府效率的信念可能不仅受到他们自己的政府的表现
148 的影响，而且也受到他们所感知的别的政府——古代的或是现代的——的成败影响。哲学家、时事评论家、宣传人员、理论家和其他许多人都运用其他政府的经验，说服他们的同胞相信对各种不同政体所做的比较的有效性。正像许多后来的著作者一样，马基雅维里和卢梭以罗马共和国为标准，孟德斯鸠将英国作为他的样本——并且影响了美国。正像 18 世纪的英国和 19 世纪的美国一样，在 20 世纪，各种各样的政府表现影响了人们——特别是知识分子——对不同政体的效力比较的理解。在 20 世纪 30 年代，独裁政治在意大利、德国和苏联的成功，与瑞典的“中间道路”和美国

① 西奥多·艾贝尔：《纳粹运动》（纽约：艾瑟顿出版社，1966[1938]年），第 121 页。

的新政所取得的成就相竞争。在拉丁美洲，独裁主义模式的影响往往很大：墨西哥的革命制度党、阿根廷的庇隆、古巴的卡斯特罗和最近秘鲁的改良派军政府。

因此，这些证据说明，人们对政府效率的信念所受到的强烈影响，既有政治社会化，也有人们对不同政权的运行的理解方式。

对政府效率的信念可能会加强，也可能会削弱，甚至改变关于权威的流行观念。[①] 如果人们认为一个政府是有效的，它的成功就很可能提高它所体现的权威模式的威望；如果失败则会相反。
(图 8.1) 149

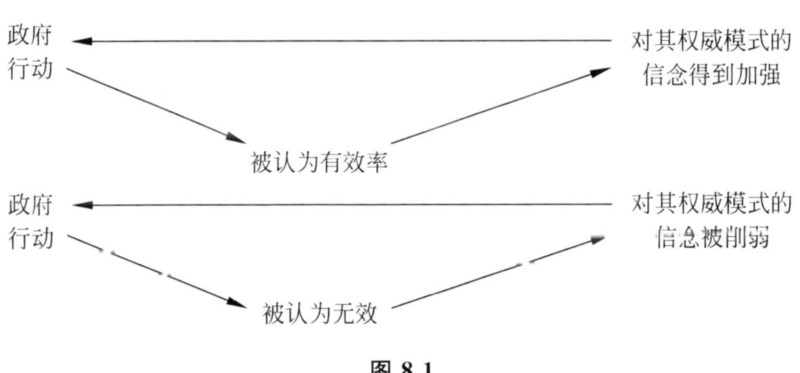


**图 8.1**

① 埃克斯坦提出的公式与此有所不同，但并非不相容。他假设，“[政府的]权威模式与社会中其他单元的权威模式之间的和谐”是“政府良好运作”的必要条件，但不是充分条件。在埃克斯坦的公式中，政府的运作(performance)比这里所采用的效率(effectiveness)概念更为宽泛；它不仅包括产出效率和消除冲突——这些大体上相当于我的效力概念，而且还包括持久性、合法性和渗透性，即定义为“一种政体从其社会空间的各个不同部分汲取资源，并对它们推行其目标的能力。”参见亨利·埃克斯坦：“权力关系与政府运作：一种理论框架”，载《比较政治研究》，第 2 期(1969 年 10 月)，第 283—287 页。

既然所有的政府都会有失败的时候，社会化就建立起一座信心期望储藏库，在遭遇灾难时发挥储备信心的作用。在新的政权下，这种储藏库的蓄积很少甚至空空如也；而在有相当成就记录的老政权下，储藏库则可能很满。在1919—1923年的意大利、魏玛时期的德国以及共和国时期的西班牙，新的多头政体没有什么储备可用，相反，在英国和美国，一个对政府处理问题能力的信心储备库，则有助于多头政体经受住了20世纪30年代大规模失业的挑战而得以幸存。[①]

① 尽管这是猜测，但证据非常有说服力。我无法找到比《财富》杂志1940年3月在美国所做的民意测验更早的有关调查证据。当时，大约15%的劳动力，或800多万人仍然失业。该项民意测验提出的问题有：

> 下列哪一观点最能代表你对美国政府形式的观点：(1)我们的建立在宪法基础上的政府形式近乎是尽可能最完美的，不应当对它做任何重要改变；(2)宪法很好地服务于它的宗旨，但没有始终跟上时代，因而应当彻底修订，以使之适应今天的需要；(3)私人资本主义制度和民主制度在衰落，我们也可能接受下述事实，即迟早我们将不得不拥有一种新的政府形式。

回想起来似乎令人难以相信，甚至穷人都选择第一种观点，而且以压倒多数拒绝第三种观点：

| | 第一种观点(%) | 第二种观点(%) | 第三种观点(%) | 不知道(%) |
|---|---|---|---|---|
| 全国总人数 | 64.2 | 19.2 | 5.2 | 11.4 |
| 富裕者 | 79.9 | 14.2 | 2.4 | 3.5 |
| 中上层阶级 | 71.4 | 19.8 | 3.7 | 5.1 |
| 中下层阶级 | 64.1 | 20.5 | 5.2 | 10.2 |
| 穷人 | 58.4 | 18.6 | 7.6 | 15.4 |

参见哈德利·坎特里尔和米尔德里德·斯特伦克：《公共舆论：1935—1946年》(普林斯顿：普林斯顿大学出版社，1951年)，第980页。

## 信任 150

另一个常常强调的信念因素是“一种政治制度的成员对他们的政治行动伙伴信赖并感到有把握的程度”。[①] 由此，拉帕洛姆巴拉强调了怀疑在意大利政治文化中的意义：“普遍的气氛是一种害怕、怀疑、不信任和敌视的气氛。”“我被迫声明，”他写道，

> 根据我所掌握的证据，意大利人坚持的态度基本上是属于霍布斯式的，并且该国的历史表明，当自然状态变得无法忍受时，意大利人也会转向霍布斯式的政府方案。共和制政府保持得比较完整的事实……[并不意味着]共和国能够在其不确定而尚成问题的文化基础上存在很多年。[②]

莱文还要人们注意埃塞俄比亚的阿姆哈拉人中间存在很大的疑心：

> 阿姆哈拉人的普通人性中突出的特别形象，就是人们天生好斗和不可信赖……与这种人具有强烈而潜在的敌意的观点相关的看法，就是人不值得信赖。[③] 151

---

① 西德尼·维巴：“结论：比较政治文化”，载派伊和维巴：《政治文化》，第 535 页。

② 约瑟夫·拉帕洛姆巴拉：“意大利：破碎、孤立和疏远”，载派伊和维巴：《政治文化》，第 290、297 页。

③ “埃塞俄比亚”，第 257、258 页。

至少在三方面，相互信任有助于多头政治和公开争论，而极端怀疑有助于霸权政治。首先，多头政治需要双向的或相互的交流，而在彼此不信任的人们中间，双向交流受到阻碍。因此，阿尔蒙德和维巴在被调查者中间发现，美国人和英国人信任感要高于德国人和意大利人。或许是意大利和德国的独裁主义政权强烈地破坏了人们的相互信任；正如以上引用的拉帕洛姆巴拉的评论所指出的，多头政治也因为人们彼此缺少信任感而很容易向霸权政治转变。无论如何，阿尔蒙德和维巴还发现，关于人们感到他们不能与任何人自由讨论政治的百分比，在德国（32％）和意大利（34％）明显地高于英国（12％）和美国（18％）。[①]

其次，人们要自由地聚集起来以便实现他们的目标，就需要有一定的相互信任。以命令为基础的组织，权威向下，也许适合于相互不信任（虽然不一定有效）；在一种怀疑气氛里很难建立和维持以相互影响力为基础的组织。因此，莱文认为，埃塞俄比亚人中间盛行的极端不信任有助于说明“埃塞俄比亚缺乏沟通和聚合各种利益的组织”的现象。他指出，这种缺乏，

> 152 不仅是政权的独裁主义特征的结果，其根基也在于阿姆哈拉人对权威的传统态度。它也反映出埃塞俄比亚人在进行任何共同行动——尤其是在政治领域——时是很困难的。这里再次说明，阿姆哈拉人关于人性的概念不仅仅是一个学术

① 《公民文化》，表3.8，第83页。关于信任与怀疑的回答，见表4.2，第213页。如在其他表中一样，关于墨西哥的数据不太容易解释。所以，墨西哥那些感到不能自由谈论政治的答卷者的百分比是21％——只是略高于美国。

> 意义上的因素。一个国家的政治气候中充满相互怀疑和缺乏合作，这与轻视人的实现团结和达成一致的能力有关……认为通过彼此信赖就可能超越到处弥漫的忧虑和猜疑气氛的意见总是吞吞吐吐且孤掌难鸣。[①]

最后，冲突对彼此怀疑的人们是更大的威胁。公开争论要求人们对他们的对手有充分的信任：他们可能是对手，但不是死敌。“信任感，”理查德·罗斯在谈到英国时写道，“在政治文化中深入人心……在政府层次上，同僚之间、对立党派之间的信任非常重要，因为它使所有的人相信，执政的特定集团不会趁机利用对政府权力的宪法限制的缺乏。这样做不是对法律的违反，而是有悖于信任，而且政治领导人珍视他们可信赖的名声。”[②]

## 合作

正如这些阐述所清楚说明的，信任显然与人们能够自由地、从
容地参加合作行动的能力相关。[③] 有了信任，人们对合作是否可 153
能以及是否可取的信念就会大大改变，正如莱文的评述所指出的，

---

① “埃塞俄比亚”，第 277—288 页。

② 《英格兰政治》，第 43 页。罗斯又写道，“这种信任的深度已被没有成文宪法却保持了几个世纪的稳定的政府体制所证明”。参见“英格兰：传统型现代政治文化”，载派伊和维巴：《政治文化》，第 96 页。

③ 这已为一些社会心理学家所证明。因此，一项在大学同学中间进行的态度调查发现，一个在对人们的信任方面得分很高的人，很可能认为国际冲突能够通过合作和相互理解来减少和解决；而得分很低的人则很可能感到，处理国际事务的唯一办法就是通过强制、武力和强权。参见莫里斯·罗森伯格：“悲观厌世与对国际事务的态度”，载《冲突解决杂志》，第 1 卷，第 4 期（1957 年 12 月），第 340 页。

有充分的理由认为，不能合作会减少实现多头政治的可能性。

卷入合作或冲突的单位不一定是个人，而是集体——宗派、政党、社会阶级、地区，等等。那么，我们所关注的就是人们所持有的对参与政治生活行动的人中间的合作与冲突前景的信念，而不论他们是个体还是组织，或者是其他参与者。要记住这一点，这有利于区分人们对有关政治行动者之间的合作与冲突进行观察的三种不同方法。从一个极端来看，参与者之间的关系可以视为一种绝对竞争的（总和为零）游戏，其最重要的规则是：你赢得的是我输掉的，或我输掉的就是你赢得的。既然我们通过合作什么都可以输而什么都不会赢，我们就相信，一个人参与政治生活，应遵循的最好的策略就是绝对竞争：绝不妥协，绝不合作，而是在每一个问题上都力图全赢。拉帕洛姆巴拉认为，这就是意大利人倾向于采取的对政治的看法：

> 事实是：典型的意大利人认为，选举就是在相互根本对立的集团中间——“我们”与“敌人”之间——的竞争。人们以为，获胜者将会欺骗和利用失败者。因为许多选举基本上被
> 154 描述成敌对的、不可调和的生活方式之间的生死搏斗。①

两大主要政党的政治积极分子比起较少涉入政治的人来也许更强烈地主张这种观点。最近的一项有关共产党和基督教民主党积极分子的研究显示，这两个党中的大多数人都基本上是用摩尼

① “意大利”，第290—291页。

教的语言把世界看成是善与恶两股势力之间的冲突——当然，他们自己的政党代表善，而代表恶的是其他政党。①

在另一个极端，政治生活参与者之间的关系可以视为完全合作的关系。这里最重要的规则是：我们之间不仅没有冲突，而且我们的利益相同一致或盘根错节，以致我们或赢或输都是在一起。因此，最好的策略就是完全合作，避免一切冲突。韦纳指出，这样一些观点是印度政治精英的信念中的一个重要因素：

> 由于印度人心理的那些深层原因，印度的民族政党领袖、知识分子和官僚认为，在他们的社会里，本质上就不需要冲突。在美国政治生活和思想中，竞争和冲突的观念是最重要的，而印度思想中最重要的观念却是合作、调和，用一个印度人爱用的词来说就是“综合”。这并不是说在印度合作比美国 155

① 弗朗西斯科·阿尔韦罗尼、维托里奥·卡佩奇、阿戈皮克·曼诺奇安、弗兰卡·奥利维蒂、安东尼奥·托斯：《政党活动家》（博洛尼亚：穆里诺出版社，1967年），第381—387页。天主教民主党（DC）和共产党（PCI）的108名政治活动家根据他们的“世界观”划分如下：

| | DC | PCI | 总数 |
|---|---|---|---|
| 绝对势不两立 | 3 | 17 | 20 |
| 基本上势不两立 | 14 | 21 | 35 |
| 接受各种身份地位的斗争的现实但对各种选择明确表示敏感 | 28 | 14 | 42 |
| 绝不会两极对立 | 9 | 2 | 11 |
| | 54 | 54 | 108 |

> 多，冲突比美国少，而是一般说来，美国人容易适应冲突的形势，但是，印度的政治精英们却通常感到这种形势不可忍受。
>
> ……印度历史著作倾向于强调过去的联合统一，而缩小围绕权力的冲突和斗争。印度知识分子通常把英国人到来之前的乡村想象成一种和谐的社会政治集合体。而当代关于独立斗争的历史著作则倾向于淡化所存在的巨大内部纷争。
>
> 国家领导层中的大多数人都认为，应当做出一切努力以消除印度农村的冲突。争论的结论就是这样：没有调和和合作精神，农村就无法取得进步。同样，在各个社会层次上都应当减少或消除冲突，因为它只有在国家团结统一时才能前进。[①]

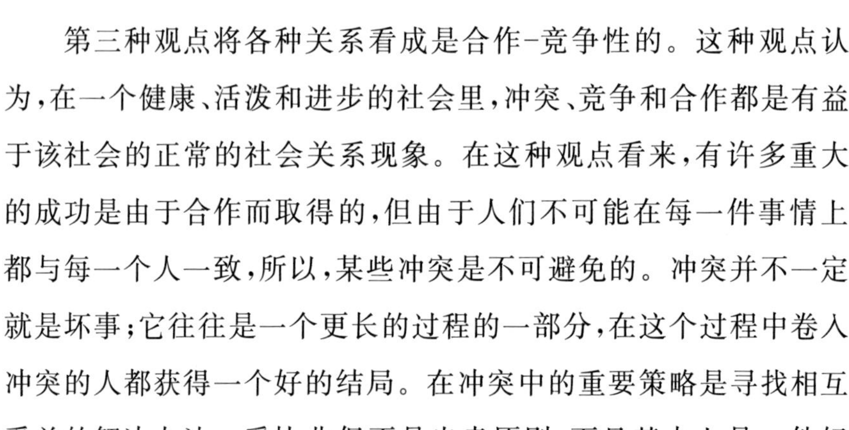

第三种观点将各种关系看成是合作-竞争性的。这种观点认为，在一个健康、活泼和进步的社会里，冲突、竞争和合作都是有益于该社会的正常的社会关系现象。在这种观点看来，有许多重大的成功是由于合作而取得的，但由于人们不可能在每一件事情上都与每一个人一致，所以，某些冲突是不可避免的。冲突并不一定就是坏事；它往往是一个更长的过程的一部分，在这个过程中卷入冲突的人都获得一个好的结局。在冲突中的重要策略是寻找相互受益的解决办法。妥协非但不是出卖原则，而且基本上是一件好

① 迈伦·韦纳："印度：两种政治文化"，载派伊和维巴：《政治文化》，第235—236页。

事，而妥协精神则至关重要。

相信合作-竞争关系的优点和可能性，这在英国自由主义思想
中是很重要的。它既是亚当·斯密所谓竞争的结果为善这一革命 156
性概念的核心，也是 J.S. 密尔的利益保护应来自表达对立意见的
自由这一著名论点的核心。

从这些对霸权政体和多头政体的信念所产生的后果中我们可
以得出什么结论呢？如果第一种观点没有严重妨碍形形色色的行
动参与者进行合作是令人吃惊的，那么社会心理学家的实验事实
上早已经发现这是实情。① 当然，这也正好是许多研究意大利政 157

① 实验中所采用的一个著名的游戏是“囚犯的困境”。这是一种有四个可能结果的二人游戏。四个结果是：(1)A 的最好选择对 B 来说却是最坏的选择。(2)B 的最好选择对 A 来说是最坏的选择。(3)对两人都是最坏的选择。(4)一种满意的选择，它对每一个人来说都比最坏的选择要好，但比起每个人的最好选择来说却不太令人满意。下面就是一个实例：

| | | B 的选择 | |
|---|---|---|---|
| | | $x$ | $y$ |
| A 的选择 | $p$ | (4)<br>A 赢得 9 美元<br>B 赢得 9 美元 | (1)<br>A 损失 10 美元<br>B 赢得 10 美元 |
| | $q$ | (2)<br>A 损失 10 美元<br>B 赢得 10 美元 | (3)<br>A 损失 9 美元<br>B 损失 9 美元 |

游戏者之间禁止进行联系交流。显然，如果 A 相信 B，并试图通过选择 $p$ 来谋求合作，B 也许会背叛他并选择 $y$，如(1)所示。同样，如果 B 相信 A 并选择 $x$，也会被 A 背叛，比如在(1)中。如果每一个人都彼此怀疑拒绝合作，结局就是双方都会损失，比如(3)。所以，他们也可以都避免输赢，比如(4)，那就只有彼此信赖，努力合作。在这种游戏的

治的观察家所得出的结论。例如，拉帕洛姆巴拉的结论是：

> ……在有组织参与这个层次上的一种后果是感情的极端两极分化，这在某种程度上反映在政党的分化中……当我们观察意大利的第二级组织时，从这种怀疑和敌对中产生的分裂得到了戏剧性的刻画。例如，在劳工领域，[劳工组织]……在有组织的劳工舞台上重新激起并强化了表明政党之间关系特征的强烈感情……一个人[不论是否]提到农业组织、专业协会、体育俱乐部、青年团体、妇女联盟、大学生运动——真正包括所有自发组织的全部领域——他都很可能发现，他们至少分化为共产党的、社会党的、天主教的和法西斯的派别。[①]

如果绝对竞争的观点妨碍合作和信任达到多头政治所需要的程度，那么，相反的观点——所有的关系都是或者都应当是完全合作的关系——也绝不可能免除多头政体运作的困难。因为这种观

---

一次实验中，莫顿·多伊奇发现，如果每一个游戏者被告知，他在游戏时就好像他的对手的利益与他自己的同样重要，并且被告知他的对手也得到了同样的游戏指令，那么，游戏者都更有可能冒险相信他的对手并进行合作，以便实现(4)的结果，即便没有交流和缺乏对对手的个人了解也会如此。当每一个人被告知要尽可能地为自己做好，而且要比另一方做得更好一些时，他们就都更有可能得到最坏的结果(3)。参见莫顿·多伊奇："信任与怀疑"，载《冲突解决杂志》，第 2 卷，第 4 期(1958 年 11 月)，第 265 页。在后来斯科德尔等人的实验中，当 22 对游戏者被告知在 50 场实验中要尽可能多赢时，22 对中只有 2 对进行了合作，而当游戏继续进行时，合作者也没有增加。根据这些实验，许多游戏者视游戏为竞争性的这一事实，使他们不愿意给予他们的对手任何这样的机会，即试图通过建立合作关系来击败他们。参见阿尔文·斯科德尔等："非零和双人游戏的某些说明"，载《冲突解决杂志》，第 3 卷，第 2 期(1959 年 6 月)，第 114 页。

① "意大利"，第 291—293 页。

点往往会削弱多头政体中某些关键制度——特别是政党——的合法性。政党必然会卷入冲突，甚至会加剧冲突。但是，如果政治冲突是无法救赎的罪恶，那么竞争性政党肯定也是一种罪恶。事实上，这正是许多霸权政体所统治的国家里的公共意识形态；在共产
主义国家，马克思思想的某些内容为列宁及其继承人提供了合乎 158
逻辑的、有说服力的基础，他们据此就能够为镇压除唯一的执政党以外的其他所有政党建立起理论上和实践上的根据。[①]

即使在那些坚决相信民主制的人当中，相信完全合作并视冲突为罪恶的观念也可能会逐渐损害政党的合法性。就印度文化中对合作和冲突的信念而言，一些印度知识分子，特别是受甘地感召的知识分子就是无政党民主制的拥护者，这并不令人惊奇。这种观点的最著名的拥护者是贾亚普拉卡什·纳拉扬，“一个他称之为‘公有’社会的坚定的倡导者，在这种社会里，政党政治将被消除，普选制将被一种从乡村议会到国民议会的间接选举制度所取代。”

> 在过去几年的时间里[迈伦·韦纳于 1965 年写道]，贾亚普拉卡什和他的许多追随者将他对代议民主制的批判传播到印度的许多地方。他坚持认为，代议民主制及其政党体制，激化了印度社会各个层次上的冲突，分裂了印度农村，加剧了种姓的和社区的紧张局势，鼓励人们为自己追求权力。他热切

① 参见罗伯特·A.达尔：“马克思主义与自由政党”，载《政治杂志》，第 10 卷，第 4 期（1948 年 11 月），第 787—813 页。

> 地相信，只要政党自愿放弃参与乡村生活，那么，就可能在增加地方政府的权力（这是他强烈鼓吹的一个观点）的同时不增加地方的冲突……
>
> 即使是那些不接受贾亚普拉卡什的解决方案、视之为乌托邦的人，也准备接受他对议会制度的批评以及他关于和睦相处是国家发展的先决条件的基本设想……这个观点……的
> 几种表述……从一些知识分子和国家领导人那里得到了支
> 159 持。一种说法是……现在的政党政府制度应当代之以一个由
> 所有的印度政党组成的"国民"政府。政治冲突会从政府之外转移到政府内部……的论点，则受到这样一种回答的反驳，即在"国民"政府中，所有政党将不得不放弃他们自己的政治野心，以服务于民族统一和国家发展的共同目标。①



显然，给这种观点贴上反民主的标签有失公允，但同样明显的是：这种信念是敌视多头政治的。可以想象的是，这种信念如果付诸行动，将会创造出一种比多头政体更加民主的制度（虽然我认为这是极不可能的）；同时，它们也会削弱多头政治的合法性。

当然，某些印度人同时持有两种观点：他们可能把政治看成绝对竞争，假如现今的情势就是如此，但他们也可能会热烈期望政治实际上应该是能全面合作的。许多意大利人可能以同样的方式深深地感受到这一点，这有下述事实来说明，54 个天主教民主党政治积极分子中有 30 个人把社会看作是各种力量的汇合，他们在理

---

① "印度"，第 236—237 页。

想上是能够和谐地一起工作的。[①] 列宁主义的一个有趣的特色是它把这两种观点结合起来的方法：在资产阶级社会，政治在其最基本的方面是资产阶级和无产阶级之间进行的绝对竞争性的、总和为零的游戏，但一旦无产阶级革命消灭了阶级，政治就必然变成全面合作的政治。那么，并不令人感到吃惊的是，意大利共产党的政治积极分子们不可抗拒地认为，社会现实是“对立的集团和利益之间”的冲突，是“资产阶级和无产阶级之间的阶级斗争，是资本与劳动之间的对抗”。[②] 倘若出现下面的情况倒是会令人比较吃惊的： 160
他们中的许多人，尤其是那些年纪较大、比较正统的斗士，并不同样相信列宁的下述观点，即一场成功的无产阶级革命将造成一个由和谐合作所支配的社会，因此，在这种社会中将不需要竞争性政党。

无论极端相信绝对竞争还是极端相信全面合作，都可能造成不适宜于多头政治的环境，但是，能够与多头政体相容的关于合作和冲突的信念可能是多种多样、相当广泛的。多头政治和公开争论的运作要求合作和冲突都在高度透明的体制中进行，比如选举、政党和议会。于是，人们会期望多头政治得到这种信念的支持：既强调冲突的可能性和必要性，也强调合作的可能性和必要性，尤其是在这样的地方——政治冲突可能被视为更为重要的合作秩序中的一个因素，并受到合作秩序的限制。

我并不知道任何直接说明这个问题的不同国家的资料，但有

① 阿尔韦罗尼等：《政治积极分子》，第 356 页。

② 同上书，第 347 页。

关人们对妥协的态度的零散证据却可能与这个问题相关，因为在一般意义上说，妥协是冲突在受到合作的限制的情况下正常而又令人向往的结果。虽然这种证据平淡无力，但是各国间有关妥协的信念似乎确实存在着重要差别。当然，在一些具有长期、深厚的多头政治和公开争论传统的国家里，无论在字面上还是在事实上，妥协都是值得尊敬的。例如，“妥协在传统上就被认为是瑞典的政治技巧，并且‘妥协’这个词显然听起来就让瑞典选民喜爱。”[①]或者看看荷兰：

161 荷兰的政治就是调和政治。这正是它成功的奥秘。调和这个词在这里就是用在下面的意义上——在只存在最低限度的一致的地方解决纠纷和冲突。[②]



荷兰人，尤其是其领导人，把“意识形态争论”的存在“当作无法改变也不应当改变的基本现实”。这就使得领导人有义务去寻找（而非领导人有义务接受）能够为一切政治集团所接受的妥协。[③]

相信妥协是一种美德并且可能做到，这种信念在许多多头政

① 尼尔斯·斯特杰恩奎斯特：“瑞典：稳定还是僵局？”载罗伯特·A.达尔主编：《西方民主国家的政治反对派》，第139页。由丹克沃特·A.拉斯托所著关于瑞典的著名著作题为《瑞典：妥协政治》（普林斯顿：普林斯顿大学出版社，1955年），这没有什么价值。拉斯托的评论是：“在瑞典，妥协技巧一直比其他任何地方都更是就人们可以共处的条件提出方案的艺术中的一个基本成分。瑞典的许多政治家……一直是妥协技巧的能手。”（第230—231页）

② 利普哈特：《调和政治》，第103、124、125页。

③ 同上书，第124页。

体国家都深入人心，这似乎是很明显的。在美国政治中这种信念一直是最重要的。瑞士的制度没有这种信念就无法运行。在英国，各政党在选举和组阁方面遵循完全竞争的策略，但由于有一种妥协精神因而很容易合作。[①]

如果有更多的证据说明“妥协”在一些国家受到谴责和轻视，那将是很有趣的。一个可能的例子是，西班牙语中的同源词(compromiso)包含大量与妥协(compromise)这个英语单词相当不同的含义，最接近这个英语词用法的词义通常被说成是包含不怎么令人喜欢的含义(相当于英语里的“被损害”)。这些语言上的差别反映了观点的不同，在这种程度上，看来实际上政党和政治家们将因他们的妥协而在瑞典赢得尊敬，但在西班牙和拉美却受到轻视。在轻视妥协的地方合作很难，而且矛盾更有可能得不到解决。如果冲突令人无法忍受，霸权政治就可能被视为强迫人们合 162
作的最好办法。



## 解释信仰：一个误导的范式

正如我所提醒过的那样，我所描述的信念只不过是一些例证。我根本就没有涉及比较连贯的信念可能产生的后果，这种信念是可以把刚才所描述的具体内容统一到更全面更一致的观点、理论或意识形态中去的。如果手中的证据尚不足以支持关于刚才提到

① “和平处理政治分歧的实践存在已久，它已经表现在有关妥协、自我约束和比政党责任更早的国家责任的基本文化规范之中。”参见罗斯：《英格兰政治》，第 157 页。

的那些各不相同的信念的变化及其对各种政体的重要性的假设，那么，将信念体系或意识形态与各种政体制度联系起来，就会更是纯理论的。

可以坚持的是：企图孤立地将信念作为一个说明政体制度差别的因素，这是徒劳无益的，因为信念本身最好是解释为仅仅是相关变量。总之，可以这样说，如果我们能够解释信念如何产生，以及如果信念有助于说明政体如何产生，我们就能够通过那些比信念更为“基础性的”解释因素来说明政体的变化。这一点可以由前面所提出的范式加以澄清。

如果下述范式是真实的：

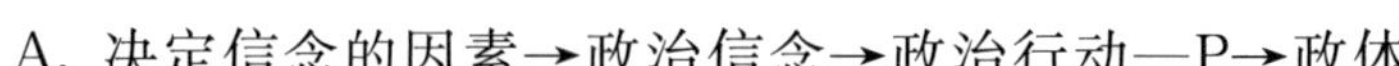

A. 决定信念的因素→政治信念→政治行动—P→政体



那么，似乎就有理由争辩：

B. 决定信仰的因素——P——→政体

可是，被简单化的范式 B 完全是在误导。首先，它设想我们
163 知道的比我们实际所知道的要多得多。实际情况是，现有的理论和资料还完全不能说明 B 的正确性甚至可能性。因此，它代表的只是一种没有科学根据的约简。

无疑，最流行的对信念的解释就是把它们归于利己。这一种归约性解释的困难并不大，所以没有错到近乎毫无意义的地步。完全利他主义的信念确实罕见，也的确难以想象，无论何人怎么可能坚持相信一种在一切层面上都与他自己的利益背道而驰的信念，自觉也好，不自觉也好。但是，这也确实是一个问题：尽管有一种实实在在的幻觉，说“自私自利”还是等于什么也没说。[①] 人们视之为“自己”的东西因人而异，因处境和角色而异，因文化或亚文化而异。在班菲尔德所描述的意大利南部的“无关道德的家庭主义”文化中，相对于家庭外部的关系来说，家庭就是“自己”，村民们好像是按照以下规则行事的：

> 最大限度地增加核心家庭的短期物质利益；设想所有其他人也会这样做。

村民们也根据这条规则的某些隐含的约定行事：

> 1. 在无关道德的家庭主义教徒的社会里，没有人会增进集团的或公众的利益，除非这样做对他的私人利益有好处……
>
> 2. ……只有官员们关心公共事务，因为这样做只对他们有利。对一个平民来说，认真地关心公共问题将被视为变态 164

① “自我包含一切与个人生活相关的珍贵的事和人，所以自私这个词失去了它的原来的含义，人是自私的这个命题就成了一种同义反复，即人们关心他们所关心的事情。”参见加德纳·墨菲：“社会动力”，载 G.林德齐主编：《社会心理学手册》（通俗读本，艾迪生-韦斯利，1954 年），第 2 册，第 625 页。

的甚至是不道德的。[①]

但是,并没有任何普遍的"无关道德的家庭主义"。例如在斯皮罗所研究的以色列定居点里,一个人的家庭成员身份既被作为整体的定居点身份所削弱,也被少儿营(Kevutza)削弱,因为对一个土生土长的以色列人来说,他是在定居点长大的——在定居点里,16个孩子一组,从幼儿园到高中,他都和这个小组一起受到培养。这些情感联系的力量表现在下述的事实——对土生土长的以色列人来说,乱伦的禁忌推广到少儿营甚至整个定居点,也表现在大量这样的证据中——土生土长的以色列人对定居点及其成员具有强烈的责任感。[②]

如果"自我"具有某种弹性,则"一个人的利益,一个人应当为自己所做的一切"甚至更是如此。一则,利益的概念是认识上的信念决定的,并且受到许多不同因素的影响:例如,由于文化的影响,一个突发阑尾炎的人可能会在他的肚子上涂抹绵羊脂,或者会找

---

① 爱德华·C.班菲尔德:《落后社会的道德基础》(格伦科:自由出版社,1958年),第85—87页。

② "没有一个例子说,来自[斯皮罗所研究的定居点]的一个土生土长的以色列人与另一个土生土长的以色列人结婚,而据我们所知,也没有一个土生土长的以色列人同他的土生土长的同伴发生性关系……没有这种例子:来自同一个少儿营的土生土长的以色列男女发生性关系。他们提出的异族结婚的理由非常有趣:他们说,他们将彼此看作是兄弟姐妹。"参见梅尔福德·E.斯皮罗:《犹太定居点的孩子们》(纽约:肖肯图书公司,1965年),第347页。另见他的《犹太定居点:在乌托邦的冒险》(纽约:肖肯图书公司,1963年),第219页。虽然斯皮罗批评了定居点的许多问题,以及理想与现实之间的差异,但他对土生土长的以色列人对少儿营和定居点的依恋所具有的力量毫不怀疑。参见《犹太定居点的孩子们》,第365页的例子。

医生。所以，自私自利也好，集团利益也好，概念都是多种多样的。因此，将信念解释为利己的说法没有什么特别意义，因为把什么视为利己取决于人们的信念。① 165

用利己来解释信念的最普通的形式或许说明，信念是一个人社会和经济地位的反映。无数研究，不论是系统的还是随意的，都揭示了这种倾向，但它们也表明，个人信念与他的社会经济特征之间的联系几乎总是很不密切。有意义的发现不是说它们存在着某种关系，而是说这种关系被证明是如何不紧密，如何不确定。②

一种吸引人的观点是，如果“利己”与社会经济地位不能用来作为解释性因素是因为这在心理学上过于天真，那么一种更为老练的心理学解释将是很充分的。政治积极分子的信念能充分地解释为反映了他的个性结构吗？一位一流的研究政治与个性之间关系的调查者告诫不要进行这种约简，他的论证是：

> 个性结构≠政治信念≠个人的政治行动
> ≠总的政治结构和程序

然而，这 ≠ 意味着“不必然预示”。他接着说：

---

① 参见克利福德·格尔茨关于作为意识形态决定性因素的“利益理论”的评论：“利益理论的主要缺陷就是它在心理学上太贫乏而在社会学上太强劲。”参见“文化体系的意识形态”，载阿普特主编：《意识形态与不满》，第53页。

② 例如，参见唐纳德·D.西林：“精英社会化的比较研究”，载《比较政治研究》，第1卷(1969年1月)，第471—500页，特别是第488—489页。

> 我的意思并不是意味着在这些各种各样的关系链之间没
> 有经验性的联系……相反，需要强调的是这种联系都是经验
> 166 性的……而且这些关系不一定紧密也不一定明确，尤其是那
> 些牵涉到不止一个关系链的关系。

这些关系链中的第一个链的弱点是：

> 经常有人指出，具有相似潜在个性特征的人能够持有不同的政治信念，而那些持有相似信念的人也许有不同的潜在个性特征。潜在个性和信念的心理成分能够独立发生变化。[①]

## 作为一种解释的政治文化

如果说简化论在一段时间里使社会科学家贬低信念对不同政体的特点和行为的影响，那么，最近对政治文化重要性的集中关注则间接地使人重新重视政治信念的重要性。

政治文化被界定为“确定政治行为之所以发生的环境的经验性信念、表现符号和价值的体系。它为政治提供了主观方向”。[②]现在，人们更广泛地承认，不同国家政治文化的差别有助于说明它们政治制度性质的差别。

---

① 弗雷德·I.格林斯坦：《个性与政治》（芝加哥：马卡姆公司，1969年），第124—126页。

② 派伊和维巴：《政治文化》，第513页。

政治文化与信念(以我在此所用的含义)之间的关系模糊不清。的确,可以把政治积极分子的许多信念看作是一个国家政治文化的组成部分或者产物。但是,本章所关注的政治积极分子信念的焦点,可能在两个方面区别于近来人们对政治文化的关注。首先,政治文化研究倾向于专门集中研究那些稳定而持续的观点,它们是经过社会化被注入一个不断发展的信仰体系的;因此,关于政治文化的调查很容易忽视信念变化的根源。因为一段时间里异 167
端的、秘密传播的或非正统的信仰,可能在晚些时候成为政治文化的组成部分,因此,造成信念变化的过程与实现稳定的过程——如同社会化过程——同样重要。其次,虽然政治文化学者唤起人们注意精英政治文化与大众政治文化的区别,但他们更主要的是注意一个国家广泛共享的政治文化中那些更普及、传播更广的方面;直到现在,他们对政治精英和政治积极分子的信念所给予的注意却少得多。结果,我们对各国的政治积极分子认识性信念的差别却知之甚少。

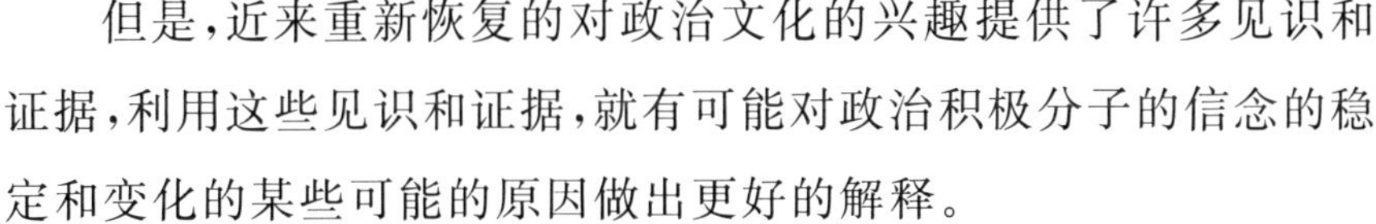

但是,近来重新恢复的对政治文化的兴趣提供了许多见识和证据,利用这些见识和证据,就有可能对政治积极分子的信念的稳定和变化的某些可能的原因做出更好的解释。

## 政治信念的获得

事实上,所有的道德和宗教培养——准确地说,我认为——都是建立在某些简单假设的基础上的,即:

> 大多数人是在他们特别能领悟的时期获得信念的。典型的是，一个人处于而且仅仅处于他一生中的前 20 年时，他的领悟能力最强。在这个时期结束时，他的观点就固定了或者定型了 。然后，他的信念就可能相当稳定了。

当关注政治文化的社会科学家如此强调早期社会化的重要性时，他们就在道德问题和宗教教会问题上步了亚里士多德的后尘。[①]

168 当然，认为政治信念完全形成和定型就否定了早期阶段年轻人社会化完成以后的变化，这是错误的。后来也可能发生变化，或者是逐渐变化，或者是在比较少见的情况下突然变化的。通常，信念在后来的生活中会发生变化，这个变化是渐变的，比如典型的转变是从年轻的激进派变成中年的保守派。这种逐渐的变化不需要涉及与“信念丧失”相联系的那种危机。相反，人们也许会说，新信念填补了旧信念的缺失所留下的空白。不过，由于成熟个人的信念的迅速变化，当一个人感受到信念丧失的时候，在新旧信念之间更可能产生一个暂时的空白。随着信念丧失而来的似乎是痛苦状态，极不愉快，难以忍受。因此，信念丧失就可能恰好与一个接受能力很强的阶段相重合——甚至是积极主动地探求新信念以取代旧信念。探求十分迫切，保证这个很容易接受新信念的阶段十分

① “那么，美德赋予我们的既不是因为自然，也不是没有自然，而是自然提供给我们一种接受美德的能力，并且通过习惯使之得到完善……因此，无论我们直接从童年时代习惯于这种方式还是那种方式，这都具有重要影响，或者，我干脆说，它具有全部的影响。”参见《亚里士多德伦理学》(伦敦：登特，1911 年)，第 26—27 页。

短暂。通常，随后就是新信念的获得，由于信念丧失的威胁难以忍受，人们保持新信念甚至会比保持旧信念更加坚定执着。

虽然青年人也可能遭遇突然的信念丧失，典型的是，青年人的领悟阶段似乎是一种渐进的或断断续续的获得知识、体验现实、重新学习和信念定型的过程，因为传授给青年人的信念都是在他的社会或亚文化之中的主要社会化机构——家庭、学校、教会、工作场所、同辈人——中普遍流行的。“在英国，很小的孩子首先学到的就是将女王视为英国的有效统治者……对于少儿来说，首相只是女王的一个助手……这种关于女王和首相关系的看法随着年龄 169
的增长悄悄发生改变，不过，它在中产阶级的子女中要比在工人阶级的子女中淡化得快。”这样，一般的英国成年人获得了女王统而不治的理念；一个 12 岁的孩子所持有的标准的信念是，“首相是一个合法统治国家的人，他处于万人之上”；非常可能的是：对君主制的热情是情感性的或情绪化的，相比之下，对首相的感情则是中立的。[①]

因此，对获得信念来说领悟力较强的两种不同阶段加以区别是有益的：青年人社会化的常规阶段与那种当人们已经获得一种信念而又丧失了它并感受到这种丧失的时候出现的非常规状态。在一个人领悟力很强的阶段，是什么因素在影响他所获得的政治信念的内容呢？

---

① 弗雷德·I.格林斯坦、V.M.赫尔曼、罗伯特·斯特拉德林、伊莱亚·祖利克：“女王与首相——孩子的眼光”，载《新社会》，第 14 期（1969 年 10 月 23 日），第 365—368 页。

## 影响

一个明显的决定性因素就是一个人在多大程度上受到某种特定的政治观点的影响，这又相应地取决于许多情况。当然，他受到特定观点影响的机会取决于这种观点是否就存在于他自身所处的环境中。显然，有两个必要条件：这种观点已得到系统阐述，在这个人的个人环境中这种观点已广为传播。这些似乎就够明显了。

创造和传播提供给一个人可用的模式。例如，早在18世纪以前就有了代表制，但是却没有国家的代议制政府模式。如果你喜欢的话，那种模式尚有待于系统表述——即有待创造。当它在18
170 世纪得以系统阐述之后，就作为一种新的卓越发明深刻地影响了许多敏锐的政治观察家——如美国的杰斐逊和麦迪逊、英国的詹姆斯·密尔——即解决了到当时仍未解决的难题：怎样将民主与大国相结合。再如，正如帕尔默指出，美国革命激励了人们召开制宪会议来撰写或者改写各州宪法，当然也激励了1787年的费城制宪会议的召开，而直到这之前，制宪会议还是一个完全新奇的概念。

> 给法国人印象最深的正是制定宪法的行为本身，即通过人民立宪权力原则建立或重建政府。他们从美国人那里学到的是召开一个制宪会议或代表会议是可能的。正是这个意义上的“代表会议”(convention)一词通过美国各州宪法的翻译被引入法语。对于拒绝和解除他们的政府，恢复到“自然”状态，然后通过周密计划重新组建政府的国民来说，创造新的政

> 府机构和权力，限定其界限并赋予其成文的权力授予，这至少在司法意义上说正是革命的实质、社会契约的实践和人民主权的宣告。①

一个人在接受能力很强的青年时期受到某种特定信念的影响的程度，取决于提倡这种信念的人们对他的社会化——特别是在家庭、教会、学校和大学里——过程的影响的大小。② 一个著名的例子是：英国式的或英国人所建立的学校、学院、大学对许多印度
知识分子、学者、报人、教师、管理人员和政治领袖们的政治观点影 171
响非常大，他们在印度独立前和独立后都帮助了印度人接受自由民主的观念和体制。③ 英国大学的影响通过对印度大学的间接影响而得到扩大。西方化或英国化的印度人的观点，往往与印度的特点和实际发展相冲突。结果，如果英国式教育对印度政治发展的最后影响永远不能准确确定，那么，无疑可以不夸张地说，如果印度的知识分子和其他领导人在他们受高等教育期间受到反民主的或非自由主义观念的深刻影响，则印度实行多头政体的机遇必将大大减少。



① R.R.帕尔默：《民主革命时代：欧洲和美国的政治史，1760—1800 年，挑战》（普林斯顿：普林斯顿大学出版社，1959 年），第 267 页。

② “正如教给人们什么对教育的社会化效果极为重要一样，谁来教育也一样重要。在智利，博尼利亚-西尔韦特对小学和中学教师的调查显示，向下流动的人数多于向上流动的人数，而且这些向下流动的教师对传统价值评价很高。”参见艾尔弗雷德·斯蒂芬：“政治发展理论：拉美经验”，载《国际事务杂志》，第 20 卷，第 2 期（1966 年），第 232 页。

③ 韦纳：“印度”，第 239—240 页。

## 威望

正如这个例子告诉我们的，一个人在他接受能力很强的时候——无论是青年时期还是在以后——所获得的特定信念不仅取决于影响的大小，而且取决于他受其影响的观念和信仰的相对威望。一种特定政治信念的威望，相对于其他诸种事物而言，取决于这种信念的提倡者和反对者的威望，取决于象征这一信念的人、组织和制度的成败。像本杰明·富兰克林在巴黎那样，一种信念（在这个例子里，是一种对代议制政府和政治平等的价值和可能性的信念）的提倡者自己会因为代表了一种新观念而赢得尊敬，同时也
172 使得人们更加尊崇这种观念，而这种观念本身之所以受到尊崇，又是因为提倡者自己的特殊声望——就富兰克林这个例子来说，就因为他是学者、天才、智者和伟大、著名、显赫的朋友。近几十年来，甘地的威望远远不止来源于他所提倡的非暴力抵抗主义，但这种思想的威望无疑也因它与圣雄甘地相联系而得以提高。同样，他以后的殉难者马丁·路德·金也是如此。

无论给一种信念赋予威望还是降低其威望，知识分子和学者们又一次占据战略性的地位；对于那些没有独立研究一种信念是否正确有效的人来说，往往由知识分子、学者、科学家或其他公认的专家给予必需的确认。当然，是作家和学者们在一个国家的教育体系内部的相对威望使得他们对政治社会化有较大的影响。例如，在美国，来自左、右两翼的批评“自由主义权势集团”的批评家们都力主说，从幼儿园到大学的全部课程都远远比整个国家更“自由主义”。这种指责很可能是确实的，因为美国的知识分子和学者

们不仅比一般民众更加“自由主义”，而且他们对教育机构的内容和实践具有更大的影响，尽管他们中间并非很多人愿意如此。

一种观念的相对威望也取决于人们对它的成就的看法。这些成就具体体现在人、制度或组织上。虽然缺乏关于信念体系相对威望的系统数据，但某些有充分根据的印象就足以说明这一点。帕尔默就美国革命对欧洲人的影响写道：

> 和美国有许多人一样，欧洲也有许多人从美国革命中看
> 到了对人类的一个教训和对人类的一个鼓舞。它证明，启蒙 173
> 运动的自由观念已经付诸实施。它显示(或人们认为它显示)了，人权和社会契约、自由和平等、责任公民和人民主权、宗教自由、思想和言论自由、分权和慎思的成文宪法等观念，不应停留在构思的阶段和书籍的作者当中，而是能够成为现在这个世界上的、现实的人民公共生活结构。
>
> 美国神话、美国幻想或美国之梦就是这样创造出来的，这是“伟大的世俗神秘主义运动的第一场，现代人在过去 200 年中一直在试验”。最近的一位作者如是说。[①]

后来，托克维尔证实，民主制在美国成功地运行这一简单事实削弱了反民主主义者的争论。在整个 19 世纪，民主信念的相对威望在整个欧洲和美洲一直很高。

---

① 《民主革命时代》，第 239—240 页。

由于多头政治体制在历史上就与资本主义相联系，大萧条的爆发无疑不仅降低了资本主义的威望，也降低了多头政体的威望。虽然许多实行多头政体的国家的改良运动的表面成就——美国的新政、瑞典及其他国家工党政府的改革——可能恢复了多头政体的一些威望，但一党霸权政体 20 世纪 30 年代在苏联、意大利和德国的表面成功无疑提高了这些政体以及它们所反映的意识形态的声望。[①] 可是，回顾过去，似乎令人难以置信的是，在西方的许多
174 著名的自由主义、左翼或社会主义派别的知识分子看来，斯大林统治下的苏联是(西德尼和比阿特丽斯)韦布夫妇不幸选来称之为一种新文明的具体体现。[②] 如果说第二次世界大战中轴心国的失败是对法西斯主义和纳粹主义声望的严重打击，那么，通过牺牲和军事胜利，苏联呈现出值得称赞的英雄的光芒，而在意大利和法国，共产党人的献身并有效地参加抵抗运动，帮助共产党取得了相当大的威望，尤其是在意大利。在拉美，竞争性政治体制无论进行结构改革还是维持该体制都遭到了失败，如墨西哥的革命制度党、古巴的卡斯特罗革命、秘鲁等国的改良主义派别连续取得的成就——所有这些都对多头政体和霸权政体的相对威望产生了影响。最后再举一例，美国卷入越南战争似乎在美国并可能在其他地方的年轻人中间大大地降低了多头政体的威望(尽管不一定降

① 如阿根廷，参见马里亚诺·格龙多纳：《当代世界中的阿根廷》(布宜诺斯艾利斯：Editorial Primera Plana，1967 年)，第 146—147 页。

② 西德尼·韦布和比阿特丽斯·韦布：《苏维埃共产主义：一种新文明？》(伦敦：朗文公司，格林，1935 年)。

低了民主信念的威望)。[①] 实际上,最后这个例子可以用来解释下述普通论点:美国 20 世纪 60 年代后期成长起来的年轻人完全可能不仅受到不同于(比如说)1950 年或 1900 年时年轻人的信念的影响,而且多头政体的——特别是美国制度所具体体现的——相对威望将会下降。因此,信仰除多头政体以外的其他东西的年轻人的比例,至少在美国,可能高于较早时期的比例。 175

## 与过去的信念一致

决定一个人将取得某种特定政治信念的可能性的第三个因素,是这个人感到这种信念在多大程度上与他现有的信念相一致。[②] 的确,即使一种新观念同一种早已接受的信念不一致,如果他发现新信念具有吸引力,他也会抛弃旧信念,或断定新旧信念实际上并不矛盾。但是,如果新的观点被认为同他的现有信念相冲突,他接受新观点的可能性显然就会变小。事实上,这就是当一个人的接受能力强的阶段结束并且表现出一套多少定型化的信仰时所发生的情况。随后,他就自觉不自觉地用是否与旧信念一致来检验新信念,通常情况下,当他感到新旧信念相矛盾时就会拒绝新信念。当新观念同人们坚持的旧信念相冲突时,就需要一种极其沉重的矛盾压力感,以致造成信念的丧失;有时候,在旧信念的堤

① 肯尼思·凯尼斯顿:《青年激进党人》(纽约:哈考特-布雷斯世界出版公司,1968 年),第 123 页;琼-玛丽·多梅纳奇:“意识形态运动”,载《思想汇刊》,第 36 期(1968 年 8—9 月),第 39 页脚注。

② 罗伯特·E.莱恩、戴维·O.西尔斯:《公众舆论》(英格尔伍德·克利夫斯:普林蒂斯-霍尔公司,1964 年),第 44 页以下。

坝背后的矛盾程度好像已经暗暗地提高，直到最后，堤坝本身被冲垮了，剩下的就只是怀疑。我们也容易理解，正如近来社会科学家们重新强调的，为什么一个人经过社会化而融入其中的一般文化和特定的政治文化对于解释政治生活是如此重要。因为文化正是由那些成功地传输给年轻人的信仰、观念和习惯构成的，并因此使得人们有了种种自觉的或不自觉的假设以用来检验各种新信念——而通常人们发现缺乏这样的假设。

正是对信念上主观一致性的这种需要，有助于各种观念能不
176 完全受各种社会利益的控制或操纵而独立存在、自主发展。虽然社会和政治信念毫无疑问比数学和物理学这类高度抽象的信念体系中有更多的决定论，一条社会或政治原则一旦牢牢地植入政治文化中，它就可以毫不夸张地作为一条公理，从这条公理就可能引出并非预先期待但似乎是不可避免的新结论。原本由一条原则实现的“功能”，原则一开始就为之服务的“利益”，都不再能够控制或支配从这条原则引出的结论。

政治平等和不平等的信念往往呈现出这种不证自明的特性。无论在哪里，如果政治平等原则被中产阶级代言人用来证明他们进入政治体制的合法性，那么，不用很久，受排斥集团的发言人就会引出合乎逻辑的结论，说明排斥是前后矛盾的，并坚持中产阶级的政府必须兑现他们自己的神圣原则，否则就要丧失他们的合法性。事实上，某些特定政治信念群体非常有规律地在不同的情况下出现，因而他们看起来几乎都反映了由某些前提产生某些结论的必然性。在大群联合的民众中，相信政治平等似乎就——好像是根据含义——记住了许多原则；为了更谨慎地说明同一个论点

而企图将这些原则设计得同政治平等相符，这就会把选择缩小到一个小得多的子系统。[①]

## 与经验相一致 177

“内在的”一致性，不管是根据逻辑上的原则还是根据比较主观的个人标准，当然都不是人们所需要的唯一一种一致性。关于人们将接受一种特定政治信念的可能性的第四个因素，就是人们感到信念在多大程度上同他自己的经验相一致。经验对信念在认知方面是否可信尤为重要，因为如果一个人的现实感受同他所受影响的新信念中所维护的东西相冲突，那么，为了缓解这种冲突，他就必须要么抛弃自己的感受，否认矛盾差异的存在，要么拒绝承认新观念的正确性。当这两种情况每一种都明显发生时，后一种情况无疑是最常见的。这里又一次明显地说明，抚育一个人成长的文化是多么重要，因为他是在一定条件下、以一种特别的方式解释他生活中的各种事件的。一个人的经历在一定程度上是由他自己的文化影响和决定的；所以，来自不同文化的人们可能会以完全不同的方式体验“相同的”事件。具有不同政治观点的人们——不论这种观点是支离破碎的信念体系还是连贯一致的意识形态——

① 例如，我们很难相信民主观念只是在某个时间、某个地方一次创造出来的，并且后来的重复不过是它传播的结果。请看下面的例子：1781 年，“威斯敏斯特的一个改革委员会……起草了一份报告，它超越了任何以代议制民主理论为基础的新的美国各州宪法。由约翰·杰布起草的这个报告要求实现成年男性的普选权，使用选票而不是口头表决，每年举行国会选举，选民的代表名额与平等的选区的选民人数成比例，付给当选议员薪俸，取消下议院选举的所有财产资格限制。这就是 50 多年后英国著名的人民宪章的全部六点内容。”参见帕尔默：《民主革命时代》，第 208—209 页。

也都会以非常不同的方式理解相同的事件，这样，每一个人都有可能积聚起支持他的现有信念的经验。[①]

178 但是，除精神病患者以及在较小程度上除幼儿以外，有选择的感受是受到现实限制的。[②] 在人们所接触的观念中，年轻人选择那些似乎最符合他自己经历的观念。尽管一个人的感受有选择，但这一过程贯穿人的一生，个人经历与信念之间的剧烈反差就可能导致信念的转变。个人的经历曾经导致军队的瓦解：1917 年的俄国、1940 年的法国、1945 年的德国。在西线，德国士兵先是个别地投降，然后有小股部队，最后在 1945 年 4 月的一个月时间是大群的士兵脱离队伍，拒绝柏林方面敦促他们继续战斗的孤注一掷的宣传，因为战场的经历使他们确信，继续抵抗是徒劳无益的。然而就在几个月之前，同样就是这些士兵却一直在顽强抵抗。在 20 世纪 60 年代的美国，相当多的年轻人在经历了凯尼斯顿所谓的“对抗不平等”后，丧失了对自由主义改良政治的信心，转而接受了更加激进的观点：

---

① 当然，对这种现象，精神分析学家、精神病学家和心理学家都十分熟悉。“我们整天都在无意识地、有选择地感知我们周围的世界。人们能够通过转变他的注意力和通过带有希望的感知和思索来阻止他所不喜欢的感受……最简单的拒绝形式就是撤回我们对它的注意力来抹去这种感受……人们频繁地用愿望-实现的感受来‘填空’。”参见欧文·L.贾尼斯、乔治·F.马尔、杰罗姆·卡根、罗伯特·R.霍尔特：《个性的动力、发展与评估》（纽约：哈考特-布雷斯世界出版公司，1969 年），第 354 页。

② “这种防御性收获（否定）的代价可能很高：无法在现实世界生活。但否定通常突然终止了精神的极度幻觉：成年人当中，想入非非乃至经常异想天开，通常受到对照现实加以检验的限制。可是，儿童就不是这样，他们的行为遵循的是愉快原则而不是现实原则。”同上书，第 354 页。

> 不论是在中心城市援助失业者、在南方进行选民登记、在贫民窟帮助黑人家庭，还是对美国的越南政策进行详细研究，都促使这些青年激进分子与美国生活和政策中的不公正进行直接的个人对抗。[①]

有些经历是许多人都有过的，而另一些经历则是某些人所独有的。历史经验的差别是形成突出代沟的一个根源，因为那些由于特殊的历史经验而形成其见解的人们发现，随着时光的流逝，越 179
来越难以向新的一代传输那种经验的含义和“真实性”。即使“老战士永远不死”，他们也通常失去听众。人们常常观察到，到 20 世纪 60 年代后期，西欧和北美的 30 岁以下的人与经历了 30 年代极权主义盛行的高峰时期的老年人特别是欧洲人相比，极权主义统治对他们的“含义”和风险开始显出很大的差别，在老人们看来，国家倒退到野蛮的专制统治将永远是很危险的。对于许多这样的老年人来说，比起那些从未经历过极权主义而只经历过多头政治——以及多头政治的所有缺点，如果根据民主理想来衡量——的年轻人来，多头政治似乎既更加软弱也更加珍贵。

偶然的或个人特有的经验也会起到决定性的作用。列宁 17 岁时，他的哥哥亚历山大因参与大学生密谋刺杀沙皇而被绞刑处死。据他姐姐说，列宁因亚历山大被处死而“变得更加坚强”，并开始认真思考革命。[②] 埃里克森在试图说明甘地及其学说“不合作

① 凯尼斯顿：《青年激进党人》，第 127 页。

② 埃德蒙·威尔逊：《通向芬兰车站》（纽约：哈考特-布雷斯世界出版公司，1940 年），第 361 页。

主义”(satyagraha,印地文词,直译为“真理的力量”,不同的译法如“非暴力抵抗”或“战斗性非暴力”)的发展时,他特别强调甘地在南非的经历和1918年在艾哈迈达巴德的一次罢工。[①] 巴伯认为,美国总统处理他的工作的方法——他的“风格”—— 就“反映了在他的青春期后期或成年期早期给他带来成功的工作方法,通常是在这个时期,他个人脱颖而出,显现出有别于家族传统、成为一个
180 积极参与社会组织体系的角色”。导致后来的风格发展(以及通向总统职位的生涯)的早期“成功”往往相当偶然。[②] 在他与参加1967年“越南之夏”的年轻人的谈话中,凯尼斯顿发现,不仅有必要重视“激进分子发展的心理上的深刻意义”,而且有必要重视“那些从心理学观点看来显得‘偶然’的事情的重要性”。

> 这些青年激进分子的发展常常深受那些他们“遭遇”到的没有计划、没有目的或者他们自己没有企图的事情的影响:如家庭成员的一场大病、兄弟姐妹的心理问题、一次迁往另一个城市的另一所学校的机会。没有人能够准确地衡量这些事件对一个成长中的个人的影响:在很大程度上取决于当时他处在什么成长阶段和他是否敏感。例如,有些情况下,青春期早期的家庭变故会使青年激进分子失去父母关心,使他们比大多数青少年早得多就开始独立。在另一种情况下,进入一所

① 埃里克·H.埃里克森:《甘地的真理》(纽约:W.W.诺顿公司,1969年)。

② 詹姆斯·戴维·巴伯:“对总统风格的分类和预测:两位软弱的总统”,载《社会问题杂志》,第24期(1968年7月),第52页及其他各处。

私立学校的“偶然事件”会加强本来也许不会加强的心理趋势。①

## 另一个范式

我一直在强调一些因素——影响、威望、同过去的信念和经验的一致性，这些因素有助于确定某一个人在接受能力很强的阶段（或某些阶段）是否将获得某一种特定的信念。但是同样这些因素也可以被设想为在同一时期影响许多人；因此，它们有助于造成 181
历史学家在描写文艺复兴、启蒙运动或民主观念的发展时所记述的那些广泛而又具有决定意义的观念变化。

人们根本不可能夸大我们在进入这一领域时是多么贫乏。如果很难令人满意地说明个人信念是如何取得的，那么，要说明信念的历史变迁就更加困难。有关个人信念的理论充其量解释了某时某些人为什么坚持了某种信念；并没有说明有关所有人或所有信念的任何问题。可是，历史的解释留下了甚至更多的现象未做解释。如果资料不足以检验有关人们如何获得信念的理论，那么，解释历史变化所需要的资料甚至概念就差得更远了。人们能够识别一个人，比如，这样说就是有一定道理的：“罗宾逊还是一个少年时，就获得了民主信念。”但是，当我们谈及历史变迁时有什么能等同于罗宾逊呢？“欧洲社会”或“美国人民”这类概念的含义太宽泛或者定义不明。显然，人们宁愿寻找人的子系统，但是要非常精确

---

① 《青年激进党人》，第 226 页。

地说明子系统又极其困难。常见的情况是：人们记住的似乎是一个国家或一组国家里的那些构成所谓思想精英（即各种观念的创造者和专门传播者）的人——如各种知识分子、哲学家、诗人、理论家、简易读物撰稿人、出版家、新闻记者、科学家，等等。人们也许还会记住政治精英，他们的信念由于其传播者的特殊影响而在政治生活中特别重要。但是，这些精英的分界线模糊不清，并且我们缺乏有关他们的成员的信息。因此，并不令人惊讶的是，由于他们
182 注意精确严密，不满意对历史的描述、概括和解释的“推测性”，大多数社会科学家已对历史上的思想运动感到厌烦。结果，无论他们自己的理论多么精确严格，这些理论还是遗漏了一个重要的解释变量，并常常导致幼稚的简化论，就好像人们在试图解释一场足球赛中球员的集体行为时，把这种行为归因于每一个球员幼儿时期坐马桶的训练。



大体说来，前面一部分所讨论的几种因素可以用来说明在一群政治积极分子中间某一种特定政治信念变化的频繁程度或剧烈程度。在一个国家，甚至在欧洲这样的世界的一个地区，某种政治信念相对稳定的时期让位于不稳定、崩溃和接受新观念的时期，在此之后就是新信念的定型，并再次出现一段时间的信念相对稳定。因此，保尔森在谈及靠近罗马的一个他称之为卡斯泰尔福科的意大利村庄时写道：

> 在第二次世界大战结束时，卡斯泰尔福科的人们进入了一场前所未有的普遍骚动的时期。许多人希望战争能最终打破旧秩序。贵族们面临着政治上的死亡和最后的经济崩溃。

> 旧的农业文明……接近消失。法西斯主义的残暴和高压统治昭然于世。
>
> 在进入这个强烈探索更公正、更有序、向前看而不是向后看的社会的时刻,共产党人迈着朝气蓬勃的步伐……
>
> 伴随着一个新的领导阶级(*classe dirigente*),共产党人为那些在战后时期面临深刻的精神危机冲击的人承担了重要的责任。这场危机已经持续了一代人的时间才结束,但是,随着法西斯主义的瓦解和对新秩序的探求,人们突然感到无所适从……
>
> 共产党人……在一种更好社会的理想中找到了他们应承 183
> 担的责任。这种责任很有感染力,不可避免地使它的承担者成为“传教士”……在战后的精神和政治真空中,面对或多或少依赖现状的敌对势力,他们拥有无限的力量来深入群众的思想。[①]

但是,过于狭隘地坚持模拟个人将导致错误。尽管为了某种目的可以认为许多个人的集合体就好像是一个单独的行为人,但是有些重要的差别还是必须记住的。即使在观念相对稳定的时期,某些政治积极分子和思想精英也能够接受新的观念。相反,在观念更新的时期,并不是所有的政治积极分子都能开明地对待新观念——肯定也不是所有的居民都能接受新观念。即使是在卡斯

① 贝尔登·保尔森、阿索斯·里奇:《探索者:一个意大利小镇的冲突与共产主义》(芝加哥:四方图书公司,1966 年),第 321—326 页。

泰尔福科这个意大利共产党得票率最高的地方之一，也只有半数左右的选票投给共产党；四分之一到三分之一的选票投给了天主教民主党，十分之一投向社会党，其余选票分散给了其他政党。[1]所以，思想的定型化不一定会导致单一的占支配地位的观念，因为人们期望作为个体行为者。相反，可以像宗教改革时期的宗教和1945年以后意大利和法国加深了共产党与非共产党之间政治裂痕一样，各种相互冲突的信念也可以定型化。一个信念“稳定”的阶段可以并不导致政治稳定或安宁；它也许意味着宗教战争、意识形态冲突、暴力。

此外，个人信念的改变可能并不影响信念集合体的分布，在某些国家——至少从短期来看，在保持政党忠诚的国家——情况似乎是类似的。事实上，个人会死亡和被取代；由于社会化的进程，当信念体现在一个组织机构——比如一个教会或政党——的时
184 候，各种信念的分布甚至相对紧张都可能在实质上保持不变，尽管个人已经转变。正如洛坎和李普塞特指出的：

> 除了极少数值得注意的例外，20世纪60年代的政党制度都反映了20年代的分裂结构。这是“大众高消费”时代的西方竞争性政治的一个重要特征：政党提供的选择以及在相当多的典型情况下的政党组织，都比多数全国选民的年龄更老。对于西方国家的大多数公民来说，现在活跃的政党一直

① 保尔森、里奇：《探索者：一个意大利小镇的冲突与共产主义》，第112页。

是自他们童年以来的政治景观的组成部分。[1]

随着时间的日益推移，人们的信念越来越同现实感受脱节，这种情况定型下来，就为成年人丧失信念和年轻人接受新的选择开辟了道路。

最后，由于人的死亡和被具有不同信念的年轻人所取代，因此，即使每一个人都坚持他在早年时就获得的信念，政治积极分子或思想精英中间的信念分布也会发生变化。事实上，也许正是这个新一代取代老一代的过程能够说明最大规模的信念历史变迁。美国 20 世纪 30 年代从通常由共和党人占多数转变到通常由民主党占多数似乎就是这样的一种变迁过程。[2] 就像在卡斯泰尔福科一样，如果年轻一代人带着新观念进入社会的同时老一代人正在苦于信念丧失，那么，变迁的总幅度当然就会大大扩大。的确，一方面的变迁可能会加强另一方面的变迁：老一代人信念的削弱促进了青年一代当中新信念的传播，而后者反过来会导致老一代人的信仰丧失。尽管有一种普遍的不切实际的观点认为，上述过程总是表现出一种健康的更新，但实际上这个过程在道德和政治上是中立的。如果说这种过程在美国的杰斐逊时代加强了反对贵族思想的民主观念（看来很可能是如此），这一过程在雅典的从伯利

① 西摩·M.李普塞特、斯坦·罗坎："分裂结构：政党制度和选民联盟简介"，载李普塞特和罗坎主编：《政党制度和选举联盟》（纽约：格伦科自由出版社，1967 年），第 50 页。原文为斜体。

② 安格斯·坎贝尔、菲利普·E.康弗斯、沃伦·E.米勒、唐纳德·E.斯托克斯：《美国选民》（纽约：威利公司，1960 年），第 153—154 页。

克里到狄摩西尼之间的时期削弱了民主信念。而从第一次世界大战到希特勒夺取权力之间的德国很可能发生过这样的过程。[①]

因此，尽管人们可能把信念的接受、定型和稳定的概念运用于集合体，对个人进行类推却必须谨慎对待。然而，不论我们涉及的是个人还是个人的集合体，行为者在接受能力很强的阶段获得某种特定信念的可能性似乎：

1. 取决于行为人接受的这种信念影响的程度，这相应地
   a. 要求这种信念得到系统阐述并渗透到行为人所处的环境之中；以及
   b. 取决于这种信念的传播者对社会化进程施加影响的大小。

2. 取决于这种信念的相对威望，这又取决于
   a. 其提倡者和反对者的个人威望；以及
   b. 象征着这一信念的人、组织和制度的成败。
3. 取决于新信念同行为人的现实感受相符合的程度，因为使得这种感受形成的是
   186 a. 行为人现有的信念；和
   b. 行为人的经验。

这个范式提供了观察的几点结论：

① 艾贝尔：《纳粹运动》，第 172—174 页。

第一，前几章描述了影响霸权政治、公开争论和多头政治的机遇的所有条件，要发挥这种影响就都必须通过上面列举的联系链来影响人们的信念。这样，一个国家到现在所走过的历史道路，有助于我们确定象征一种信念、这种信念的相对威望的成功与失败，从而确定受到这种信念影响的人们在接受能力很强的阶段获得这种影响的可能性。而且，在一个具有几种不同亚文化的国家里，属于某一种亚文化的人们所获得的信念和经验，有助于他们形成对现实的感受，并由此可能影响他们对其他信念的可接受程度。

第二，前几章所论述的条件，在一定程度上决定着政治积极分子对那些断言公开争论和参与比较值得向往的信念所能接受的程度，但它们并没有完全决定这些信念的内容。例如，我认为，不重视英美政治观念在印度独立前后民族发展的关键时期对印度政治精英的特殊影响——从某种程度上，这种影响是由于英国政治规范在印度主要领导人的政治社会化过程中所起的突出作用——就不可能对印度的多头政治做出令人满意的解释。再者，如果不重视纳粹意识形态的独立影响，就很难解释纳粹主义在德国的胜利。显然，还有其他一些因素，但是西奥多・艾贝尔的论点很有说服力，即意识形态“作为一种决定因素至少与当时存在的普遍不满具有同等的重要性”。[①]

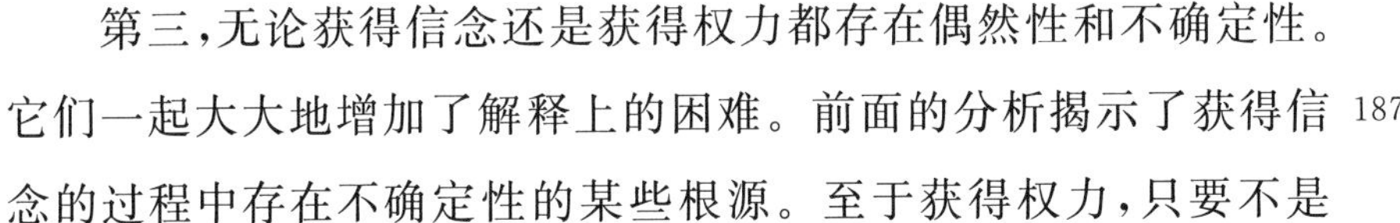

第三，无论获得信念还是获得权力都存在偶然性和不确定性。
它们一起大大地增加了解释上的困难。前面的分析揭示了获得信 187
念的过程中存在不确定性的某些根源。至于获得权力，只要不是

① 艾贝尔：《纳粹运动》，第 174 页。

抱着决定论不放，这个过程显然充满了偶然的和不确定的因素。

当我们说某一个事件是“偶然事件”时，我们并不一定意味着它没有原因。不过，它确实意味着我们所运用的理论还不能使我们预知或解释这样的事件。我们的理论只能在这些事件发生之后对它们加以考虑：这些理论无法将它们纳入某些更普遍的规律、假设或猜想。的确，某些类型的偶然事件符合以相当准确的统计为依据的预告；在这个意义上，这些事件是“符合规律的”。不过，许多偶然事件并非如此：譬如，暗杀。但是，即使在统计上的预告相当准确的情况下，对于试图说明“偶然因素”在其中起着突出作用的历史事件的理论而言，这些统计预告也许补益无多，甚或根本于事无补。

再看看列宁的例子。如果不是有人假设他于 1917 年 4 月到达俄国对历史上没有什么影响，那么，历史就是受偶然机遇支配的。如果德国政府不想让他回国会怎么样？或者如果他乘坐的火车发生爆炸会怎么样？无论说这些偶然事件——所谓偶然是因为尚没有一种理论使它成为合乎规律的、可以预见的事件——在多大程度上改变了历史进程，都意味着 1917 年 4 月以后列宁在俄国的存在就改变了历史的进程。我认为，一个人要是坚持认为在列宁取得权力的过程中没有偶然因素，他就一定是个狂热的决定论者。

除了影响一个人赢得权力的机遇的偶然（或非偶然）的事件以外，极为不确定的一系列事件可能影响整个政体的机遇。例如，一个人如果不是把第二次世界大战的过程和结果设想为完全事先决定了的，他就必须认真考虑多头政体没有在意大利、奥地利、德国

和日本强制实行的可能性，以及霸权政体没有被强制推行到波兰、 188
捷克斯洛伐克、匈牙利和其他国家的可能性。假使轴心国赢得了战争结果会怎么样？或是通过谈判赢得了和平又会如何？抑或是苏联军队没有占领捷克斯洛伐克又会怎么样？

当我试图重视政治权势人物获得信念和取得权力的过程的复杂性、不确定性和我们对这个过程的理解上的分歧时，我就只能得出两个结论。这两个结论似乎都会使任何已经认为“思想观念”在历史上理所当然是重要的人感到略微有点惊讶。但是，这两个结论都与当代社会科学的许多领域中流行的简化论直接对立：

> 在现在和不确定的将来，没有一种解释性理论能够对政治积极分子和政治领袖们的信念做出令人满意的说明。

结果，正如任何试图说明不同国家政体变更的理论都必须将前几章论述的诸如一国社会经济发展水平、不平等的性质和程度、亚文化分裂的程度等等这样一些因素视为主要的独立变量一样，这样的理论也必须——实事求是地——把政治积极分子的信念和“思想观念”视为一种主要的独立变量。

# 189 第 9 章　外国的控制

一个国家的命运永远不会完全掌握在它自己的人民手里。在有些情况下，由国家以外的人强加的统治可能是决定性的，胜过了迄今已经讨论过的所有其他条件的影响。

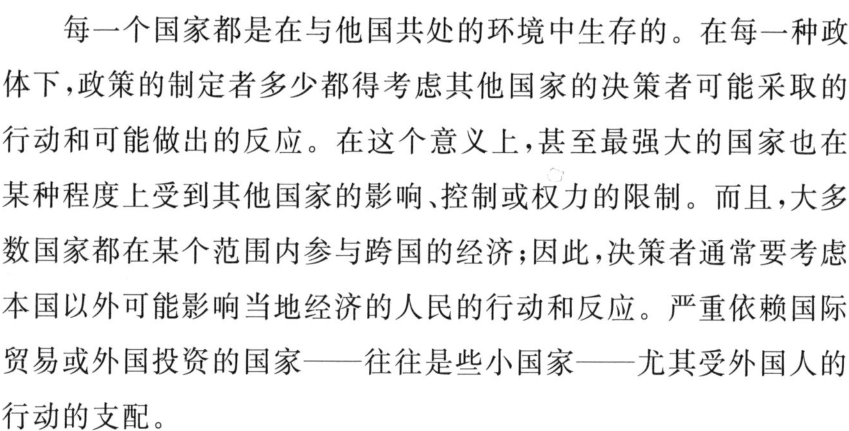

每一个国家都是在与他国共处的环境中生存的。在每一种政体下，政策的制定者多少都得考虑其他国家的决策者可能采取的行动和可能做出的反应。在这个意义上，甚至最强大的国家也在某种程度上受到其他国家的影响、控制或权力的限制。而且，大多数国家都在某个范围内参与跨国的经济；因此，决策者通常要考虑本国以外可能影响当地经济的人民的行动和反应。严重依赖国际贸易或外国投资的国家——往往是些小国家——尤其受外国人的行动的支配。

因为国际环境对霸权政体或多头政体的发展的影响极其复杂，我在这里只想涉及外来影响的一种形式，即外国控制。为了更鲜明地辨别这种形式，让我来说明一下外国人的行动、反应或预期行动对某个国家实行多头政体还是霸权政体的可能性发生影响的三种方式。

第一，外国人的行动可能并且肯定会在一定程度上影响前面

各章讨论过的一个或更多的条件。政治积极分子的信念、通向现 190
在的道路、社会经济发展水平、经济集中或分散的程度、不平等甚至亚文化分裂的范围——都可能受到外国行动者的影响。

第二，外国人的行动可以彻底改变一个政权可行的选择，而并不一定要改变这个政权的形式。我已经说过，在一种国际环境中的生存，改变并减少了每个国家的任何政权可行的选择。像美国和苏联这样的世界强国，无论它们的力量有多大，都不可能逃避另一方行动的后果。关于这一点，这两个超级大国的影响力不仅相互限制，而且受到国际舞台上许多其他行动者的限制。每天的新闻总是提供许多事例：美国无力打败越南民族解放阵线的军队，苏联不能把西方的力量赶出柏林，主要大国很难在核武器控制计划的问题上达成一致，等等。

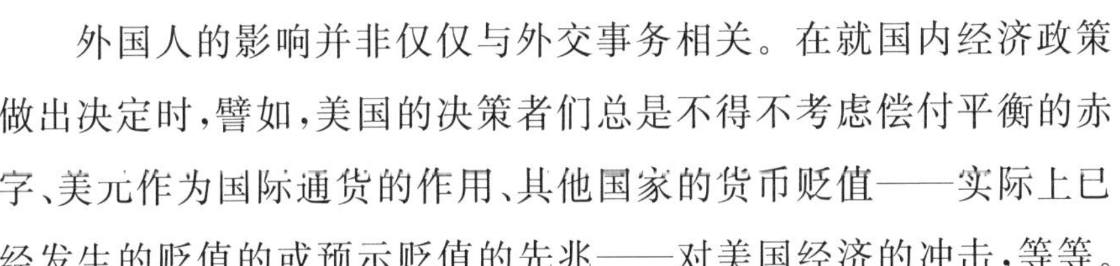

外国人的影响并非仅仅与外交事务相关。在就国内经济政策做出决定时，譬如，美国的决策者们总是不得不考虑偿付平衡的赤字、美元作为国际通货的作用、其他国家的货币贬值——实际上已经发生的贬值的或预示贬值的先兆——对美国经济的冲击，等等。

如果大国的选择有时也要因他们很少或者根本无法直接控制的外国人的行动而减少，对那些权力资源更为有限的国家来说情况就会更为严重，例如小的或者欠发达的国家，尤其是小**而且**欠发达的国家。因此，在英国，战后的工党政府并没有因为担心国有化会冲击外国投资而从主要工业的国有化退缩，但是，在智利，弗雷 191
的基督教民主党政府就不得不考虑这种非常现实的可能性：铜工业的国有化会急剧减少外国投资和进入世界市场的机会。

到了外国人的行动减少一个国家可行的选择的地步，该国人民就失去了治理自己的能力。虽然如此，多头政体还是可以在一个其选择被外国人的行动压缩得很有限的国家存在。的确，在国内，政治体制可以高度平等、认同一致、参与广泛，个人自由和政治权利得到有力的保护，因此按照通常的标准是高度“民主”的。但是，民主的范围却可能非常狭窄，原因很简单：可行的选择太少。任何人会想到多头政体下的一个地方政府与希腊的自治城邦概念之间的区别：在一个由多头政体治理下的现代国家里，一个小镇的政治体制本身可能是一个多头政体，甚至是高度“民主”的，但这个镇所享有的自治却非常少。多头政体的形式未变，但它的内容却大大地改变了。

第三，一个国家的人们可能故意地利用他们的资源把某种特殊的政治制度强加给另一个国家：实行完全的外国统治。外国人也有可能影响政治的内容，但是，我希望在这里强调的是：外国人可以通过他们的行动大规模地影响实行霸权政治还是多头政治的机会，几乎不受前面各章所讨论的任何条件的影响。



这些外部影响，每一个都值得写一整本书。先看看第一种。阐明国际环境对前面各章所描述的各种条件产生重要影响的方式，显然是一项较大的任务，我并不打算在这里从事这项任务。第二种国际影响在现代世界上具有非常重要的意义，尤其是对小国
192 家。例如，随着国际一体化的发展，斯堪的纳维亚各国将失去越来越多的自治。人们甚至可以预言，某个时候，这些国家将成为一个更大的政治体系中的地方政府或地区政府。但是，对本书来说，这个题目也过于复杂而无法充分讨论。

第三种可能与本书的目的有最直接的关系。因为在估计霸权政体或者多头政体的可能性时,了解外国列强是否正企图或者想过要把一种特殊的政体强加于人,显然是重要的。在第二次世界大战刚刚结束后的时间里,在某种程度上,欧洲的许多政治体制都是强加于人的:如东欧的霸权政体,德国、奥地利和意大利的多头政体。在捷克斯洛伐克从来都不可能长期地得到完全独立的政治发展;外来统治过于频繁地破坏了当地有利于竞争性政治体制的环境。波兰的情况也差不多相同。

当地的条件与外国的统治之间的相互作用是很复杂的。芬兰怎么会是多头政体?芬兰曾经有六个世纪是瑞典王国的一部分;从拿破仑战争到俄国革命又是俄罗斯帝国的一部分(芬兰的格兰德公爵领地);两次与苏联交战,第一次是1939—1940年,第二次是1941—1944年,两次都战败了;第二次世界大战中是德国的盟国。这个只有500万人的小国,紧挨着一个人口为其50倍、在霸权政体统治下的超级大国,是如何作为一个多头政体生存下来的?假如俄国人准备付出代价,简直就不容怀疑他们能够在1944—1945年间把一个霸权政体强加给芬兰。如果按苏联人的看法,预期的代价超过了预期的收获,这不仅因为收获少于在波兰和捷克斯洛伐克的收获,而且或许在一定程度上是因为芬兰人长期以来 193
习惯于在一个自由化的政治体制下生活,可以预计芬兰人最终会使苏联付出很高的代价。

这些例子说明,具体的历史报告,或者基于国际力量在一个特定时间的特殊格局所做的预测,可能比关于外国统治与多头政治之间的相互作用的理论概括更充实丰富。但是,如果我们集中关注公开的控制而不关注隐蔽的控制,如果我们把注意力专门地局限在多头政治的比较直接的后果(因而丝毫不考虑从其他观点来看可能是很重要的一些后果),就很可能过高地评估似乎有证据支持的少数一般报告。

首先,1970 年存在多头政体的国家中,一直被占领或者自赢得独立后至少遭到一次外国武装干涉的国家占了很高的比例。如表 9.1 所示,老的国家中,多头政体受到外国公开军事统治的多于非多头政体。而表 9.2 的考察则迅即显示,原因当然就在于:大多数在 1970 年为多头政体的欧洲国家是作为第二次世界大战后的结果而遭到蹂躏和占领的(其中,比利时在第一次世界大战期间也遭受过同样的命运)。但是,还应记住,其中有四个国家尽管从 1970 年起是在多头政体治理下,但在投降时一直是在霸权政体的统治下。

第二,如有时有人认为,一段时间被一个霸权政体的强国公开统治,不可避免地对多头政体造成不可挽回的损害,但这种看法似乎并不确实。如表 9.1 和表 9.2 所表明,这种损害当然不一定是毁灭性的。实际上,一段时间的外国统治,可能会加强民族团结,在敌对集团之间培育起一种和解气氛,并促进为争取更多承认和权力而斗争的阶层组织起来。

在比利时,第一次世界大战期间德国人的入侵和占领,使社会党人第一次进入政府,他们甚至在战争结束以后也仍然留在政府
194 里。战争还直接导致比利时实现了普选权。如洛温写道,在旧的

**表 9.1　占领和武装干涉，多头政体与非多头政体**

| | 1970 年的政治体制 | | | |
|---|---|---|---|---|
| | 多头政体 | 近似的多头政体 | 非多头政体 | 合计 |
| 已取得独立： | | | | |
| 1900 年以前 | | | | |
| 独立以来被占领或者至少遭到一次武装干涉 | 8 | 1 | 6 | 15 |
| 独立以来从未被占领也从未遭到一次武装干涉 | 7 | 3 | 22 | 32 |
| 1900—1945 年 | | | | |
| 被占领或者…… | 3 | — | 5 | 8 |
| 从未被占领也…… | 5 | — | 7 | 12 |
| 其他 | | | | |
| 1945 年以后 | | | | |
| 被占领或者…… | 1 | 1（两行合计） | 51 | 59（两行合计） |
| 从未被占领也…… | 5 | 1 | | |
| 总计 | | | | 126 |

说明：关于独立和占领的基本资料引自布鲁斯·M.拉西特、戴维·辛格和梅尔文·斯莫尔："20 世纪的国家政治单位：一份标准名单"，载《美国政治学评论》，第 62 期（1968 年 9 月），第 932—951 页。但他们关于"非独立"的分类，忽略了一些短期的公开武装干涉（如苏联 1944 年在罗马尼亚、美国 1958 年在黎巴嫩和 1965 年在多米尼加共和国）和我将之归类为占领和武装干涉的某些特殊案例（如 1943—1946 年的意大利）。多头政体、近似的多头政体和非多头政体的分类取自附录，附表 3。几个微型国家被省略。

复票制下：

在战壕或军营里受苦的工人和农民，每人可以投一票，而军需品投机商可以投两票或三票。与此相反，国王和政府在一人一票的基础上号召选民去投票。选民选出的议会通过宪法修正案使变革合法化了。

195 **表 9.2　现在的多头政体与近似的多头政体国家的独立**

| | 完全多头政体 | 近似的多头政体 |
|---|---|---|
| Ⅰ. 1900 年以前独立 | | |
| A. 独立从未因被占领或武装干涉而中断 | 智利 | 哥伦比亚 |
| | 哥斯达黎加 | 土耳其 |
| | 瑞典 | 委内瑞拉 |
| | 瑞士 | |
| | 英国 | |
| | 美国 | |
| | 乌拉圭 | |
| B. 独立曾因被占领或武装干涉而中断 | 比利时 | 多米尼加共和国 |
| | 丹麦 | |
| | 法国 | |
| | 西德 | |
| | 意大利 | |
| | 日本 | |
| | 卢森堡 | |
| | 荷兰 | |

Ⅱ. 1900—1945 年独立

| | | |
|---|---|---|
| A. 独立从未中断 | 澳大利亚 | |
| | 加拿大 | |
| | 冰岛 | |
| | 爱尔兰 | |
| | 新西兰 | |
| B. 独立曾因被占领或武装干涉而中断 | 奥地利 | |
| | 芬兰 | |
| | 挪威 | |

Ⅲ. 1945 年及以后独立

| | | |
|---|---|---|
| A. 独立从未中断 | 牙买加 | 马来西亚 |
| | 特立尼达 | |
| | 以色列 | |
| | 印度 | |
| | 菲律宾 | |
| B. 曾遭到武装干涉 | 黎巴嫩* | 塞浦路斯 |

* 应其自己的政府的请求。

洛温继续描述了第二次世界大战的影响： 196

如果一战标志着完全接纳了社会党，二战就标志着了接纳工会。在纳粹占领时期，企业界与天主教会、社会党以及自由主义的工会领导人之间进行了秘密的个人接触，产生了一个具有象征意义和实践意义的“社会团结公约”。解放后，公

> 约在社会立法和集体谈判中得到执行并取得广泛进展……工会和企业界的代表开始在许多准政府的社会福利机构中行使管理权。①

在荷兰，第一个社会党人的部长于1939年在面临纳粹威胁的情况下进入政府，而在该国、比利时以及挪威，纳粹的入侵和占领也导致了所有政党联合的流亡政府的产生。

不用说，如果断言公开的外国干涉对多头政体是件好事，那就是书呆子。即使人们要把所有其他代价——有时这些代价非常大——都置之脑后，不仅多头政体被霸权政体暂时取代，而且其长远后果绝不会都是有益的。某些裂痕可能会扩大。洛温写道，比利时在第二次世界大战期间，"德国人鼓励佛兰芒人的分离，给战后的比利时国家留下了一连串政治陷阱"。② 如果和解和民族团结有时会促进接纳迄今被排斥的阶层，并对他们的要求更加宽宏大量，那么，反对派的领导人就可能被完全吸收参加建立联盟，以
197 致过度地缓和他们的要求，遗留下相对的不平等和怨恨，而成为后来危机的原因。

尽管有这些限制条件，人们还是不应忽视这个简单的命题：公开的外国干涉，对一个已经存在的多头政体并非必定就是致命的，并且可能实际上在某些方面加强多头政体。

---

① 瓦尔·R.洛温："比利时：国家政治中的宗教、阶级与语言"，载罗伯特·A.达尔编：《西方民主国家的政治反对派》（纽黑文：耶鲁大学出版社，1966年），第158、165页。

② 洛温："比利时"，第161页。

**表 9.3　多头政体、附属与独立:29 个现在的多头政体国家**

| 独立以前创建的多头政体或近似的多头政体 | 独立以后但在公开的外国控制期间创建的多头政体 | “独立自主地”创建的多头政体:即独立以后而且不是在公开外国控制期间 |
| --- | --- | --- |
| 澳大利亚 | 奥地利 | 比利时 |
| 加拿大 | 西德 | 哥斯达黎加 |
| 冰岛 | 意大利 | 智利 |
| 印度 | 日本 | 丹麦 |
| 牙买加 | | 法国 |
| 黎巴嫩 | | 以色列 |
| 新西兰 | | 卢森堡 |
| 挪威 | | 荷兰 |
| 特立尼达 | | 瑞典 |
| 菲律宾 | | 瑞士 |
| | | 英国 |
| | | 乌拉圭 |
| 特殊案例: | | |
| 芬兰 | | |
| 冰岛 | | |
| 美国 | | |

第三,下面这一点显然是不正确的:多头政治只在一个已经独立的国家里经过严格独立的发展而产生。如表 9.3 所示,在 1970

年实行多头政体的 29 个国家中，只有 12 个是在独立以后而且又不是在公开的外国支配时期建立多头政体的。如我们所知，有四个国家，多头政体是在第二次世界大战后的军事占领或者武装干
198 涉期间创建的。此外，在 10 个国家——包括一些现在多头政体已深深扎根的国家——就是在国家（至少是名义上）依附于一个外国强国的时候在实质上迅速向多头政体转变的。

第四，外国的支配时常造成一种玩火自焚的结果。几乎不容置疑的是：在多头政体被占领者暂时取消的国家中，纳粹主义的一个重要后果，就是暂时地加深了人们对民主思想的喜爱，加剧了对反民主的纳粹思想的敌意。有充分的理由认为，苏联对捷克斯洛伐克的占领，使许多捷克人敌视正统的苏联马克思主义，增强了多头政体的至少是某些方面的——尤其是自由主义的特征——吸引力。占领者玩火自焚的后果，影响所及可能远不只是干涉的受害者。美国在危地马拉、古巴、越南和多米尼加共和国的行动，加之人们普遍感到美国是在搞经济侵略和称霸，很可能在世界上的很多地方使得多头政治体制及其实现社会正义的能力名誉扫地。

第五，在明显附属于他国的时候有可能建立（或者由于随后的复兴而保持）多头政体的那种环境，在历史上并不多见，在可以预见的将来似乎更不可能再现。要知道为什么如此，请留意表 9.4 中相当扼要的一组可能性。

第一种情况大约可以相当于比利时、丹麦、荷兰、挪威和法国
199 在纳粹统治下的情况。纳粹统治的一个重要方面，是时间较短，范围比较有限。大多数政治领导人幸存下来。在普通居民当中，纳粹自食其果的影响很大：纳粹开始遭到广泛的憎恶；霸权政体是敌

表 9.4　外国控制的几种环境

在受到控制的国家中：

| 过去的政体是： | 条件有利于： | 进行控制的国家谋求建立： |
| --- | --- | --- |
| 1. 多头政体 | 多头政体 | 霸权政体 |
| 2. 多头政体 | 霸权政体 | 霸权政体 |
| 3. 霸权政体 | 多头政体 | 多头政体 |
| 4. 霸权政体 | 霸权政体 | 多头政体 |

人和占领者的统治，是失败、穷困、耻辱和苦难的原因。

如果有充分的理由认为，在一个多头政体的存在已有些年月而基本条件也对其有利的国家，在较短时期的外国公开控制之后，多头政体很可能迅速恢复，那么，如果这个时期较长，而外国统治者有组织地消灭了每一个持民主信念的人，结果就肯定更不确定。

在表 9.4 所设想的第二种情况下，恢复多头政体的可能性就小得多。外国势力会发现不仅把霸权政体强加给被占领国比较容易，而且在适当的时候撤回公开控制、留下霸权政治的同盟者也很容易。通过本土化，霸权政体将适应民族主义的情绪。虽然没有清晰明确的案例，波兰至少是一个部分清晰的实例。该国只是在法国大革命及其之后的时间里，有过一段非常短暂的近似的多头政体插曲；在那以后，波兰被俄国和普鲁士统治和瓜分达一个世纪之久；波兰最近经历的多头政治在遭到德国和俄国军队蹂躏之前

就已经因总统专制①而终结。与西欧的被占领国家的情况不同，多头政体在波兰简直不是在等待恢复，重建多头政体的条件肯定是非常不利的。

现在转过来看看外来统治者谋求在一个过去一直实行霸权政体的国家创建多头政体的情况，表 9.4 中的第三种情况很显然不
200 像第四种那样有挑战性。在第二次世界大战刚刚结束时，即使奥地利、德国、意大利和日本的情况绝非完全有利于多头政体，从比较的角度看，每一个也都是多头政体的最佳候选者。相比较而言，在这些国家重建多头政体是件很容易的事。事实上，四国的多头政体重建得非常顺利，这就鼓励了美国的政策制定人对在别的地方创建多头政体的前景做了过分简单化和过于乐观的设想，产生了一种错觉，并且因 1947 年启动的美国对希腊和土耳其的援助在表面上获得成功而错上加错。

从比较的角度说，几乎所有自 1945 年以来取得独立的国家，条件都是非常不利于多头政体的。虽然如此，1970 年，牙买加、特立尼达、印度、菲律宾和黎巴嫩都是在多头政治体制的治理之下，而马来西亚、塞浦路斯是在近似多头政体的治理之下。虽然预言这些多头政体非常稳定会失之荒唐，但它们的存在的确提出了这样一个问题：在什么环境下外国干涉可能在许多条件都非常不利于多头政体的国家促进多头政体的发展。

有几个因素似乎已经促进了多头政体在这些国家的发展。首

① 总统专制这个词语见戈登·斯基林：《共产主义东欧的政府》（纽约：克罗韦尔出版公司，1966 年），第 28 页。

先，在所有这些国家里，有大批的政治积极分子事先就倾向于支持多头政治体制。例如，在印度，在独立前的年代，在领导人和政治积极分子中间已取得共识的程度令人惊讶，即主张印度应该是一个西方意义上的民主国家。诚如上一章已经说明，一个国家的政治积极分子为什么持有他们在特殊历史时期所持有的那种信念，要对此做出解释是非常复杂的。而政治积极分子获得其信念的过程非常复杂，所以，一个外来的强国——尤其是如果它本身就是一个多头政体——在建立对某种特定意识形态的支持方面只能获得有限的成功；外国强权陷入了历史和文化力量的罗网，以致它往往 201
做不了什么来加以操纵。

而且，在这些国家，外国强权并没有采用持续的、大规模的镇压来对付受其统治的居民。因此，在某种程度上避免了自食其果的结局。至少，多头政体没有因为与可恨的外来力量的残暴行为相牵连而蒙受耻辱。因此，多头政体或近似多头政体的基本制度有可能引入这些国家，并运转足够长的时间使政治积极分子能够掌握技术来操作这些制度，获得既得利益来维护这些制度。

这种环境在历史上很难得，而当今，在大多数根本条件不利于多头政体的国家，看来是不存在这种环境的。形式殖民主义的终结意味着，今天的外来强权者势必进入一个民族主义可能非常强烈的名义上独立的国家，玩火自焚的结果很可能非常严重。大批的政治积极分子很可能赞成某种类型的霸权政体。公开争论——可以允许势不两立的敌人发展他们的追随者——在最好的情况下似乎不过是奢侈品，而在最坏的情况下则贻害无穷。即使外来强权是应当地政府的要求进行干涉的，也是因为那个政府没有援手就不能镇压反对派。这样一来,外来的强权就被拖进了大规模的镇压。

# 第 10 章　理论：概要与限定条件 202

如果前面各章的论述是正确的，那么，一个国家在全国一级，在任何相当长的时期里，用大多数居民都能得到公开争论机会的政体（即多头政体）进行统治的可能性，至少取决于七组复杂条件。这七组条件在表 10.1 中作了概括，这个表必然忽略了论述中的细枝末节和限定条件。

原则上，根据这些变量把全世界不同的国家加以归类排队是有可能的——如果可以取得较好的资料，无疑是有可能的。为了说明问题，让我们设想，各国按十等分排队。如果五个国家中大约有一个是由多头政体治理，我们就可能期望在 20 世纪 60 年代和 70 年代，在上面的几个等分中多数国家为多头政体，而最后的二、三个等分中的多头政体国家所占的比例则可忽略不计。于是，图 10.1 中的具有 A 组基本特征的国家几乎肯定是多头政体，而典型的多头政体就更会有 A 组国家的基本特点。相反，一个人会完全自信地预言，具有 B 组基本特征的国家不会是多头政体；它非常可能是一个霸权政体。同样无可怀疑的是：

203 **表 10.1　有利于多头政体的条件**

| | 最有利于多头政体 | 最不利于多头政体 |
|---|---|---|
| Ⅰ.　历史的顺序 | 竞争先于包容性 | 包容性先于竞争<br>捷径:从封闭的霸权政治转向包容的多头政治 |
| Ⅱ. 社会经济秩序:<br>A.采用的方法: | | |
| 1. 暴力 | 分散或者中立 | 垄断 |
| 2. 社会经济制裁 | 分散或者中立 | 垄断 |
| B. 经济类型 | | |
| 1. 农业 | 自由农民 | 传统乡农 |
| 2. 商业-工业 | 分散指导 | 集中指导 |
| Ⅲ. 社会经济发展水平 | 高:人均 GNP 超过 700—800 美元 | 低:人均 GNP 约 100—200 美元 |
| Ⅳ. 平等与不平等 | | |
| 1. 客观的 | 低,或者类似和分散的不平等 | 高:累积的和极端的 |
| 2. 主观的:相对贫困 | 低或正在降低 | 高或正在提高 |
| Ⅴ.　亚文化多元主义 | | |
| 1. 数量 | 少 | 多 |
| 2. 是否显示或者高 | 无多数文化群 | 一个多数文化群 |
| | 无区域亚文化 | 有一些区域亚文化 |
| | 无不确定的脱离政府的文化 | 某些永久性反对派 |

| | 共同保障 | 无共同保障 |
|---|---|---|
| Ⅵ. 外来强国的统治 | 脆弱或暂时 | 强大并持久 |
| Ⅶ. 政治积极分子的信念 | | |
| 1. 多头政治体制合法 | 是 | 不 |
| 2. 只有单向的权力是合法的 | 不 | 是 |
| 3. 在解决主要问题方面多头政体是有效的 | 是 | 不 |
| 4. 相信他人 | 高 | 低 |
| 5. 政治关系 | | |
| 严格竞争 | 不 | 是 |
| 严格合作 | 不 | 是 |
| 合作-竞争 | 是 | 不 |
| 6. 必要而可取的妥协 | 是 | 不 |

图 10.2 中大多数具有 C 组特征的国家会是多头政体,而大多数多
头政体会有 A 组或 C 组的基本特征或二者的某种结合。再者,具 204
有 D 组特征的国家几乎肯定不是多头政体,B 组和 D 组或兼有二
者特征的国家中霸权政体很可能占很高的比例。

但是,前面各章的分析表明,我们会有一些重要的反常的案例,它们的特点与这些国家很不相同。这样,某些多头政体根据所有的变量不是在上面的等分段;突出的例外非印度莫属,该国根据条件Ⅳ和Ⅴ很可能落到较低的等分段,并且(由于传统的乡农社

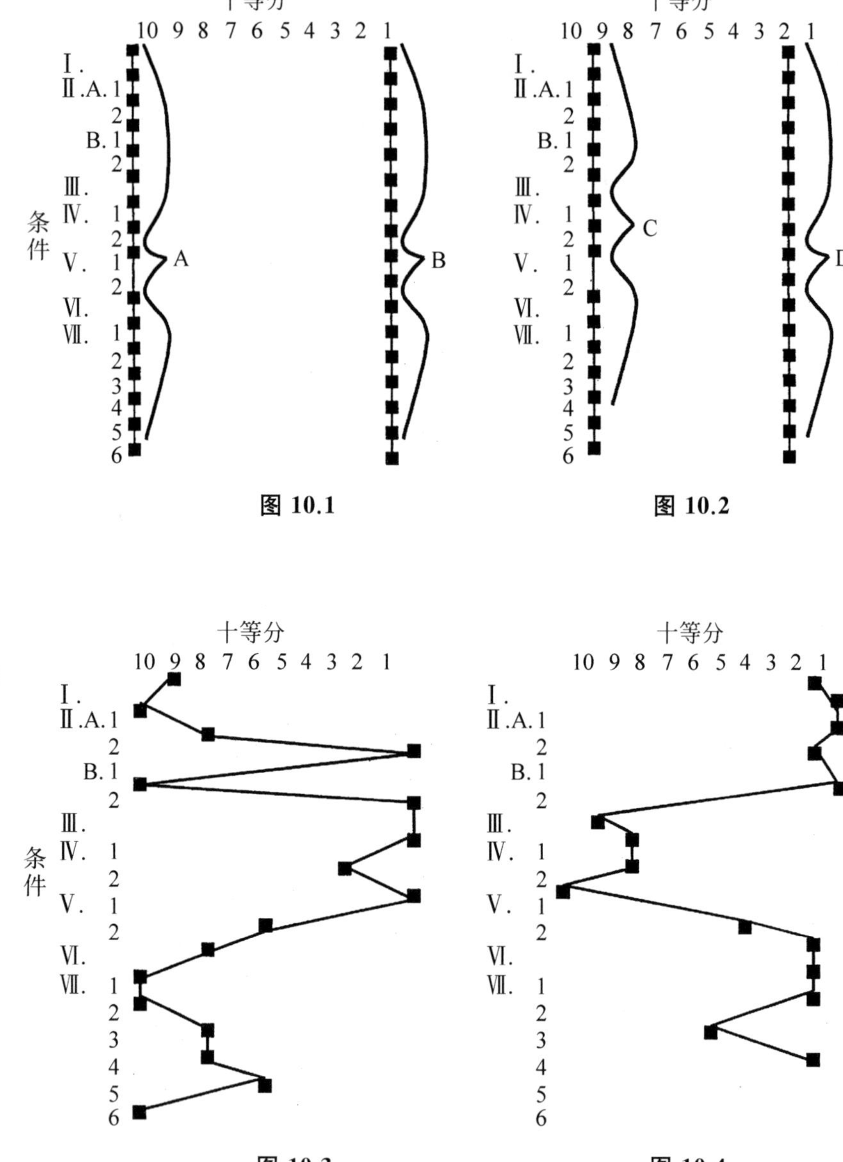


图 10.1

图 10.2

图 10.3

图 10.4



会，约有 80%的印度人生活在其中）根据条件Ⅲ也算是低的。印度的基本特征有时候可能像图10.3中的某些东西。而且某些霸权政体在一个或者更多的特点方面会很高;例如东德在条件Ⅳ和Ⅵ都会排得很高,也许在条件Ⅴ也相当高;它可以近似于图10.4所示。

丹麦的特征可以用图10.5来描述;虽然从传统的霸权政体转变为多头政体的捷径肯定会造成一些困难,所有其他因素都是非常有利的。作为最后一个例证,阿根廷也许如图10.6。

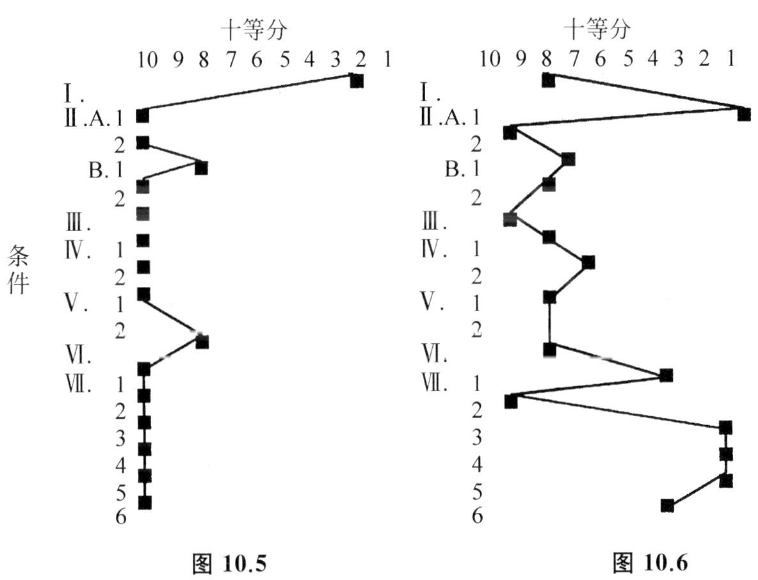


图10.5　　图10.6

## 某些限定条件

206

读者可能要问:为什么让这些基本特征作为假定的或者——说得好些——仅凭印象的资料说明?实际上,为什么我没有通过实际上归类排队、描绘每个国家——至少足够多的国家——的真实特征来检验理论，从而对理论进行适当的有效检验？答案直指这个理论的严重局限之一：我没有这样做是因为我相信——假设各种各样的数据资料现在都是可得到的——分析结果还会发生误导和产生错觉。诚然，要找到关于某些变量——尤其是关于社会经济发展水平——的满意的数据资料是可能的。毫无疑问，为什么人们一直对政体与社会经济水平的关系如此关注的一个原因只不过是：在理性上可以接受的（如果绝不是完全令人满意的）构成各种指标的"硬"资料是用得着的。这就是资料的可用性可能会怎样造成对理论重点的偏见的一个最好例证。如我在第 5 章指出的，集中关注社会经济水平夸大了这个因素的重要性，而模糊了其他因素的意义。例如，关于客观上不平等和主观上的不平等的资料数据非常缺乏，如我在第 8 章所指出的，关于各种不同国家——尤其是实行霸权政体的国家——的政治积极分子的信念，可以找到的只是最支离破碎的相对资料。由于现在正进行的各种研究的结果，资料的贫乏在今后的几年里也许可能得以克服。同时，我也认为，对许多国家的基本特征做出解释，将会把现在必须依赖价值不大的资料所做的理论解释搞得亦真亦假，似是而非。

资料数据的诸多弱点还产生了另一个严重的限制，这一限制
207 与表述理论的公式本身相关：我并没有企图把权数赋予各种解释变量。很显然，这是一个有重大理论（和实践）意义的问题，但也不可否认其严重的缺陷。再重复一次，要制造假象使一种枯燥乏味的理论装腔作势，不仅可能，而且确实轻而易举。例如，把这样的理论解释为复合回归方程就颇能诱惑人。但是，如果缺乏满意的

对预测变量加以解释的资料数据,常数值就是编造出来的。久经世故的读者都知道,我们还在原地踏步;而单纯天真的读者也许就会上当,以为理论比它的本来面目更精确。

# 208 第 11 章　附言：变革战略的某些含义

在我所能回答的范围内，上一章就对第 1 章结尾时所提出的问题做了圆满的回答。本书实际上就可以结束了。

但是，在我看来，本书的论证似乎具有关于变革战略的某些含义。如何从霸权政体向多头政体的转变，尽管这个问题本身就是一个完整的课题，但从一般的论证中梳理出几点与行动更直接相关——尽可能概括——的结论还是有益的。

任何人如果仔细想想那些说明政体差别的条件，就很难不得出下述结论：一个很少甚或根本没有公开争论和政治竞争制度的经验、缺乏宽容政治反对派的传统的国家，基本上不可能在几年的时间里就变成一个稳定的多头政体。同样真实和正确的是：那些具备宽容、竞争性政治、广泛参与的悠久历史的国家，则很少会变成霸权政体。

那么，以为许多多头政体国家将在一两代人的时间里发生剧烈的变革，这是不现实的。有的霸权政体可能会演变成混合政体，有的近似霸权的混合政体可能会变成近似的多头政体，而近似的
209 多头政体也可能会变成多头政体。毫无疑问，也会有一些相反方向的变化，但是，只要没有帝国主义的霸权政体国家的广泛征服，

多头政体国家的数目就不大可能大量减少。和许多事物一样，要就一个国家从现在起一代人的政体打赌，最保险的就是说与今天的情形会有所不同，但不会根本不同。

对政体的这种见解虽然冷静清醒，但有的读者或许会觉得这种见解过于悲观。的确，这种看法远远背离了更加民主的思想漫无边际的乐观主义，在美国人当中尤其如此。不过，值得回忆的是，民主革命的时代（帕尔默以此来称呼 18 世纪的最后三分之一的年代）是在没有任何持久的“民主政体”——或者，用本书的语言来说，多头政体——的情况下结束的，只是美国除外。但即使在美国，可以毫不夸张地说，所谓的美国革命也只是使民主化的过程合法化了，或者可能稍稍加快了在各个殖民地已经开始了的民主化的进程，而且到争取独立的斗争结束时这一过程绝没有完成。我的论证并不是说革命运动没有长远的影响，也不是说这种影响不重要或者不受欢迎；从长远看，18 世纪的革命运动帮助创造了适合多头政体的某些条件，尤其是在信念和消除不平等的问题上。但是，这些革命运动在其主要目标上却完全失败了，这个目标就是实现一种持久的以普选制为基础的代议制共和国——亦即多头政体。1848 年 5 月席卷欧洲的革命也产生了影响久远的结果，但这些革命也未能建立起持久的多头政体。

## 外国援助的含义 210

一个像美国这样的国家，决策者也许希望把另一个国家的政府从霸权政体或混合政体转变为多头政体，这样他们就会面临艰难而又复杂的问题，更不用说由外来帮助到国内条件、到政体变革之间的一系列连锁因果关系，而我们对此不甚了了。

最有希望的形势会在这样一个国家存在，在那里，前面描述的七组条件造成了非常有利的基本特征（如图 10.2 中的 C 组），但是由于某种原因，一个不得人心的独裁政权强加给了这个国家。尽管某些美国决策者和政论作家存有幻想，这样的国家在统计上非常罕见。最没有希望的形势则会在这样一个国家存在，七组条件在那里确定无疑地造成了不利的基本特征。当然，这正好是大多数国家的实际情况，它们迫切需要经济援助。

即使最有希望的情况很少见而最没有希望的情况却很常见，确定无疑的是仍有一些国家和地区具有混合的特征——在某些方面有利于多头政体，而在另一些方面不大有利。这些国家和地区在很多方面都极不相同，阿根廷、古巴、捷克斯洛伐克、希腊、南斯拉夫、西班牙和中国台湾，都说明了这一点。

因此，值得一问的是：决策者，比如说，美国的决策者可能怎样促进这样一些国家向多头政体演变。看来有三种主要战略：(1)入侵并占领这个国家，强制撤换其政府，用多头政体取而代之，然后保护这个新政府，需要多久就保护多久；(2)用资金、武器或其他资源支持这个国家的民主运动——即革命运动；(3)用资金、武器或
211 其他资源支持这个国家的现政府，并施加压力促其变革。

第一种战略有过少数几次显著成功，但也有过多次失败。在漫长的殖民统治和托管制度下，它曾有助于在印度、菲律宾、牙买加和波多黎各创建多头政体。军事上打败一个国家之后予以占领并在那里恢复多头政体，曾促使在意大利、德国、奥地利和日本建

立多头政体。与这些成功相对照的是一连串的失败。法国大革命的后期，在法国的援助下建立起来的革命政府统统崩溃了。虽然许多新的前殖民地国家在最近几十年里开始独立时，曾试行过多头政体，但现在由独裁政体统治的国家的数目，远远超过了由多头政体统治的国家。而且，第二次世界大战以来的发展，可能使得第一种战略过时。采取直接统治这种古典形式的殖民主义几乎已经消失，与此同时，对名义上独立的主权国家进行经济和政治渗透的“新殖民主义”，也并非到目前为止总是有助于建立多头政体。在二战中击败轴心国独裁政权以后，企图通过直接的军事干涉来建立多头政体，或许被证明在历史上只有一次——人们真诚地希望如此。越南的悲剧已经证明，以为美国能够一意孤行、凭借武力在另一个国家建立多头政体，这是多么不切实际的幻想。

由于种种原因，第二种战略也要冒很大的失败风险。一个国家的政府企图介入另一个国家的革命政治运动，很可能是愚蠢笨拙、不合时宜、幼稚无知、政治迟钝的，并且可能不以其意志为转移地陷入革命者派别之争的陷阱。尤其是，以为美国政府能够巧妙
地驾驭这种复杂关系的想法——既然发生了猪湾*灾难事件—— 212
就是非常难以置信的。其次，在对付革命者方面，独裁政权拥有极大的资源优势。毋庸多言，如果这个国家里的革命力量拥有为建立多头政体所必要的大众基础，他们也就无须大批的外来援助；而如果他们没有大众基础，那么，只要没有公开的入侵和占领，无论

* 猪湾，指古巴西南海岸的科奇诺斯湾，1961 年 4 月美国政府资助并指挥一批古巴流亡分子从这里入侵古巴，但遭到失败。——译者

多大的外来支持都不能（即使有也不是必定）使他们建立多头政体。再次，在世界上的大多数地方，民主主义运动已不再是革命的，而当今的革命运动又很少是民主主义的。相反，在世界上的许多地方，基本条件非常不利于多头政体，那里的革命者推翻一个霸权政体后，很可能代之以另一个霸权政体。新的霸权政体可能比旧的霸权政体好，也可能更坏，这对于判断革命行动是否可取是非常重要的，但对于第二种战略是否成功却无关紧要。最后，一个新政府只有甘愿与不同于自己的政体的政权相敌对，才有可能认为第二种战略是可接受的。甚至那些在革命中诞生的政府也倾向于放弃这种战略，因为需要优先考虑的是稳定与他国的关系，而政体却无关紧要。不用说，完善的多头政体政府不大可能为了那些革命者的利益去冒很大的风险；没有哪个国家援助 1954 年的匈牙利革命，在 1968 年也没有哪个国家援助捷克斯洛伐克的革命。



第三种战略的成功的前景也不比前两种好。援助一个受到包围的多头政体使之生存下去是一回事，如印度、以色列和智利；但是，假定援助可以用作推动政体变革的杠杆，并根据这种假定去援助一个霸权政体或混合政体，就完全是另一回事。要用外国援助诱骗独裁者和寡头统治者摧毁他们自己的政体是不容易的。在这方面，美国的对外援助计划无论对各个国家建立多头政体的条件
213 有过什么长远影响，作为把非多头政体改变成多头政体的战略都肯定是完全失败的。据我所知，对外援助计划迄今还没有一次称得上是成功的。

那么，假设在由多头政体治理的国家，政治领导人、政治积极分子或广大公民，都希望促进多头政体在其他国家的发展。他们

又能做什么呢?尤其是:通过需要援助的国家的合作来提供经济和技术援助,情况会如何?

重要的是要分清可以以什么理由来提供经济和技术援助。首先,完全以道德的和人道主义的理由可能是非常有力的。除了利他的考虑外,可能成为雄辩理由的还有:在穷人当中消灭穷困、挫折和苦难最终是出于有钱人的理性利己主义,任何富国都应该向会把援助用于缓解贫困的穷国提供支援。如果这些就是给予援助的理由,政权的性质、意识形态和对外政策也就无关紧要了。除非国际机构表明在分配和管理援助资金方面效率低下,否则就没有理由不将援助交给国际机构或多国机构而完全交给国家机构管理。

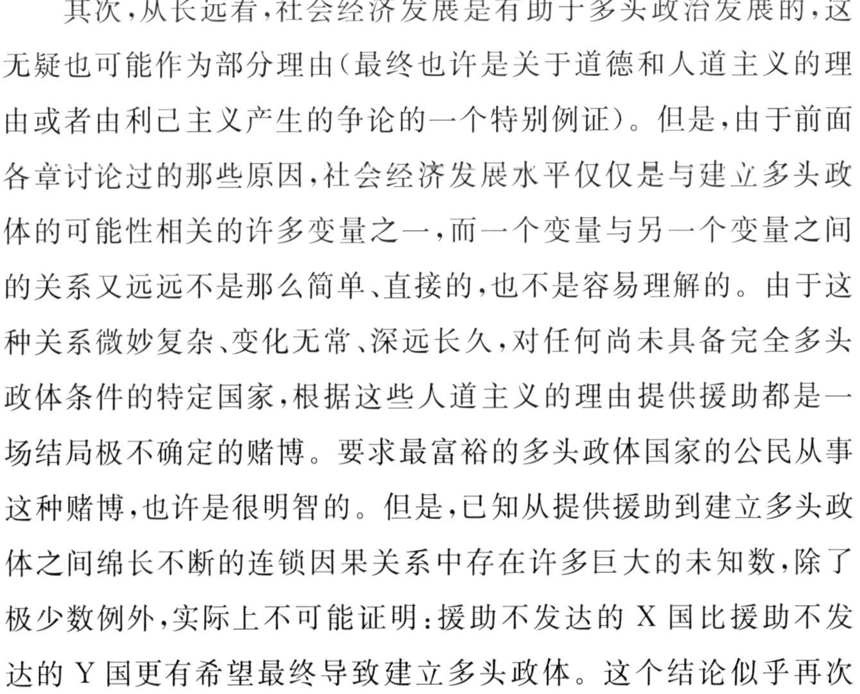

其次,从长远看,社会经济发展是有助于多头政治发展的,这无疑也可能作为部分理由(最终也许是关于道德和人道主义的理由或者由利己主义产生的争论的一个特别例证)。但是,由于前面各章讨论过的那些原因,社会经济发展水平仅仅是与建立多头政体的可能性相关的许多变量之一,而一个变量与另一个变量之间的关系又远远不是那么简单、直接的,也不是容易理解的。由于这种关系微妙复杂、变化无常、深远长久,对任何尚未具备完全多头政体条件的特定国家,根据这些人道主义的理由提供援助都是一 214
场结局极不确定的赌博。要求最富裕的多头政体国家的公民从事这种赌博,也许是很明智的。但是,已知从提供援助到建立多头政体之间绵长不断的连锁因果关系中存在许多巨大的未知数,除了极少数例外,实际上不可能证明:援助不发达的 X 国比援助不发达的 Y 国更有希望最终导致建立多头政体。这个结论似乎再次

证明,提供援助根据的是一个国家的需要和利用援助的能力,而不必考虑其政体的性质或意识形态。同样地,通过国家机构而不是通过国际组织输送援助,也没有任何不证自明的道理。

第三,依据下面的道德理由,也可能提出有力的论证:如果一个已经建立了多头政体,甚或一个接近于实现较高程度的自由化和参与的近似多头政体的穷国的政府请求援助,多头政体富国公民就应该提供援助。

最后,还有对特定的霸权政体或混合政体提供经济、技术或军事援助的问题,假使这样的援助将使得该政体演变成为多头政体或者某种非常近似的政体。我以为,这本书的整个主题就是要极力否定这种政策的合理性。因为演变的过程太复杂,理解得太不充分,因而无法证明。美国为造成任何这种变革而施行的对外援助计划在过去 20 年里所遭到的失败,增加了这个否定性结论的分量。

但是,阅读这些反对经济和技术援助的理由会造成严重的误解。相反,我相信,有一切理由来说明:为什么富国应该从越来越多的财富中拿出相当部分来减轻穷国的苦难。然而,这种行动的
215 正当理由是道义和同情心,或者是理性利己主义,而不是指望外来援助可以用来作为在霸权政体国家启动民主化和自由化的杠杆。

## 政治行动的含义

现在设想一下,我们是从国家里边的某个人的角度来考虑这个问题。假设在一个由霸权政体或者混合政体治理的国家,假定

有一个改革者，在千头万绪之中，首先就希望减少妨碍有效参与和限制政治反对派的障碍——也就是说，希望使这个国家向更接近于(如果不一定是全盘仿效)完全的多头政体发展。前面各章所做的分析如果有所裨益，那么能给我们的改革者提出什么建议呢？

事实上，关于应如何取得——某种具体的个人、国家、历史背景下的——政治改革所需要的权力，确实提不出什么建议：是追求改革还是追求革命，是在现存体制之内还是在其之外变革，是与现行体制共处还是与之对立，是作为统治阶级的一员还是作为搞阴谋的反对派的秘密成员获得和运用权力，等等。除了如何获得变革所必需的权力这样至关重要的战术问题，更重要的还有战略目标的问题——可能以什么具体方式(一旦获得权力)运用权力使一个特定的国家向多头政体发展。战术和战略从来都不能截然分开；原则上，战略目标应该支配战术的选择，但战术的选择可能决定着战略目标的成败。

即使本书的论证无助于战术问题，我认为，这些论证的确对我们的改革者可能用得着的战略具有某些意义。现在就让我们来提出其中的一些意义。

## 辨别条件 216

假设改革者只是从辨别条件开始。他可以从前面各章中吸取的最明显的结论也许就是：在一定的国家、一定的时间，可能的选择是有限的。在有些国家，一个聪明的甚至有胆量的公民，也只能绝望地举起双手，等待历史继续发展，直到他的努力有了好兆头。

狂热的民主人士无疑会说这种说法过于悲观。但是，我相信，与其由于忽视条件和时机而对民主的前景造成更持久的损害，不如对它们予以正视。可以肯定，这个世纪的政治事件充分地证明了这样的旧观点：在民主的道路上，一个民族的历史和现状造成的障碍重重，民主并非一定能不可抗拒地克服所有障碍而取得成功。

但是，前面的所有论述都没有支持盲目的悲观主义，也确实没有支持美国人中间很普遍的偏见，即认为代议制民主要求一些特别罕见的条件以及这些条件会很难得地结合在一起，但只有很少的民族——如美国人自己——幸运地被赋予了这些条件。从世界范围来看，极为突出的是多头政体——如果我可以再次使用这个术语的话——当今赖以运行的环境千差万别。

总之，根据这里提出的观点，政府反对派有机会与政府行动相对抗的范围虽不确定，但并非偶然，而我可以获得的证据至少适当地支持了这一观点。如果反对派的前景主要取决于他们所不能直接控制的因素，有的时候，反对派所享有的自由度就会被故意的人为选择所改变。

217 前面各章着重讨论了七组因素，它们的变化既可能有利于多头政体，也可能有利于霸权政体。重复一下，如果改革者生活在一个所有七组基本要素都有利于政治竞争的国家，即使没有绝对把握，实行多头政体的可能性当然也是很大的。如果他生活在一个所有七组基本要素都有利于霸权政体的国家，那么，建立竞争性政体尤其是包容性多头政体的可能性自然就会很小，而实行霸权政体的可能性就会很大。

改革者在选择战术和战略目标时，就必须考虑他的国家的基本条件及其所显示的限制和可能性。在一个基本条件非常有利并有过在混合政体下实行竞争性政治的重要经验的国家,努力促进使完全多头政体得以运行的变革则是明智的。在一个基本条件非常不利的国家,立即引进完全多头政体就是一种乌托邦式的目标;因为即使现行霸权政体被推翻或者瓦解,因而一群改革者得以通过一个确立多头政体制度的宪法,也很难指望这个宪法有效,它所规定的各种制度也会是一纸空文、昙花一现。但是,甚至在令民主派非常悲观的形势下,改革者也可以造成某种会允许更多参与和竞争的变革,于是,经过更长的时间后多头政体的前景就会改观。

## 相互保障

> 如果冲突中的一方相信宽容对方就会导致它自身的毁灭或严重的灾难,就不能指望冲突中的对手会相互宽容。宽容更可能仅仅在预期互相不会严重损害的集团之间发展和继续。这样,就可能因为有效地相互保证不破坏、不过分强制、 218
> 不严重损害而减少宽容的代价,因此,自由化的战略要求争取这种保证。

这个处方,强调的是探查病原而不是特效药方,因为每一个国家的问题如此千差万别,要提出一个普遍适用的解决方案将是愚蠢的。在一个至今仍是高度霸权政治的体制下,走向自由化的最初一些步骤必定与类似霸权政体下的后一些步骤不同。在一个完全霸权政体下,第一步最恰当不过的就是达成某种谅解:在统治集团内部的冲突中,不将失败者处死、监禁、流放或者彻底剥夺。在这方面,苏联从斯大林霸权政体到后斯大林体制的变革,就是迈出了走向自由化的重要一步。

如我们所知，在多头政体国家之间，对潜在对手提供的保障的性质和详细内容千变万化；在高度同质的国家，其保障的详细安排就不如在存在深刻的亚文化分裂的国家重要，这些国家的宪法和制度结构可能需要为亚文化群提供充分的安全保证。而且，亚文化分裂以及对之进行控制的制度很少是静止不变的：在印度，从1956年起重划了各邦的边界，使之更接近主要语言边界；在荷兰，纵向分裂（verzuiling）远非一成不变的现象，自从它得到确认以来，它一直在衰落。不论在荷兰还是在瑞士的很不相同的制度中都经久不衰的东西，还是在印度各地区（邦）政府体制的发展中被当作基石的东西，以及在比利时的瓦龙人和佛兰芒人中一直在发生演化的东西，说法语的加拿大人所日益强烈要求的东西，都是一种为主要的亚文化提供安全保证的相互保障体系。

在一个存在亚文化群分裂又实行霸权政体的国家，企图改革
219 体制使之自由化的改革者也面对相互保障的问题。在1968年向自由化发展的过程中，在苏联入侵和占领之前，捷克斯洛伐克的一党制霸权政体的领导人曾经认可了联邦制主张：承认两个领土和语言的集团——捷克人和斯洛伐克人——在国家之内各自拥有他们自己的地区范围。而且，为执政的共产党提出的一份新的党章草案，也面临亚文化多元主义的问题，这不仅是因为要按联邦界限来重组共产党，而且有一项规定承认可以相互否决中央委员会做出的某些决定。虽然中央委员会的决定一般由多数表决通过，但有关“生存、主权，或国家优先利益或地区性利益”的决定，还必须得到中央委员会中每个亚文化代表至少半数的批准，由各亚文化

集团分开投票表决。由于斯洛伐克人只占党员人数的 18%，因此，实际上只需稍稍多于党员人数 9%的反对，原则上就能阻止做出这类决定。[①] 这样，捷克人和斯洛伐克人看起来是在走向在一种“联盟”式的解决，即在一种将大大减少霸权政治而对大众压力做出更积极响应的体制下处理保护亚文化少数民族的问题。

由于实行多头政治，一个国家越是接近相互否决体制，它就越是会冒**停滞**的危险。**停滞**的危险是一个存在可能敌对的亚文化群的国家——为宽容其文化分离集团政治表达——所付出的代价。很明显，在许多国家，无论赞成还是反对自由化的人，都没有做好付出代价的准备。但是，从长远看，这个代价可能低于开始显示出来的代价。因为某些“联盟”国家的经验表明，一个相互保障的体制能够逐步地减少次级集团的恐惧和敌对，有助于造成对政治参 220
与和公开争论制度的广泛而深入的支持，加强国家的认同感，及时地让专注于亚文化冲突的政治能量转向其他重要社会问题。

## 行政权威

当对公开争论和参与的障碍减少时，迄今被政府忽视的利益和要求就会显现出来。如果公开争论和参与会有实际效果，响应这些新的利益和要求的政治机构的权威就必定会提高。但是，为了减少出现停滞和僵局的可能性，行政部门必须保留相当的权力以采取迅速且果断的行动，尤其是在出现紧

① 参见米歇尔·塔图的报告，载《世界报》(每周选载版，1968 年 8 月 8—14 日)，第 1、4 页。

> 急事件时。因此,从现实意义上看,行政部门必须拥有的权力应不受议会中暂时的多数派的力量制约,但不能不受——不管是少数派还是多数派——重要而持久的联盟的影响力的制约。

这个方案——必然是含糊不清的——使改革者的注意力转向这样的难题,这始终是正在试图设计一种竞争性政治制度的宪法制定者们的最大难题之一。上述公式只是关于这个问题及其解决方案的一个极其概括的说明——或者更恰当地说,是为寻求解决方案而应认准的方向。在代议制政体中,这个问题最常见的特别案例,当然就是行政与立法的关系这个经典问题。代议制民主的理论强调,民选议会是人民意志的最高代表,拥有独占的合法地位,19 世纪的宪法制定者们在实践这个理论时,发现很难为一个
221 行政部门规定独立的权力来源。然而,在 20 世纪,大多数多头政体都抛弃了议会政府模式,由于它的行政部门虚弱并处于从属地位,因而难以运转;实际上,多头政体的政府尤其是它们的行政部门一向拥有为采取有力而果断的行动所需要的非常大的权力。现在,完全清楚不过的是:任何仿照议会政府的企图都很可能导致灾难,并且,总有一天会出现强烈要求尽快建立霸权控制的喧嚣。

于是,一般地说,多头政体的变化是从依赖性行政机关发展为——如果不是法律上的,也是事实上的——独立的行政机关。我们的改革者真是左右为难。过于独立的政治领导人,为行使其权力,必定变得更加依赖对形形色色的利益和要求做出响应的政治机构。霸权政治中古老而反复出现的教训就在于:太多的独立

行政就会带来压制。而多头政治的教训则是太少的独立行政可能导致效率低下，因而刺激人们支持霸权政治。

值得疑问的是：是否可以把战略目标规定得比这些一般的议论更加精确严谨呢？假设各个国家的情况千变万化，显然就不得不制定比较详细的战略，使之适合一个特定国家的情况。[1]

## 防止分裂

> 由于分裂为过多的竞争性政党而增大了宽容的代价，自由化战略要求探求一种能避免政党数目大量增加的政党制度。

改革者必须非常谨慎地考虑，在各种不同类型和不同程度的自由化条件下，可能形成什么样的分化模式。在一个文化高度同一的国家，人们可能认真考虑进行具体的制度和宪政改革，这种改革最终会产生一个大体上以典型的两党制议会制——一种被理想化的英国式政体——为模型的政治制度。但是，在所有可能的条件下，改革者的国家在文化上的同质性都不足以使典型的两党制议会制政体能够运行。可能的情况是：他的国家有许多地区的、语言的、宗教的、种族的、族裔的亚文化，它们相当有个性并且很有可能相互敌视；因为如我们所知，文化的高度同一是一种罕见的现 222



① 为给阿根廷制定精确战略的尝试包含在一篇文章里，“Del gobierno revolucionario al orden constitucional”，见 *Criterio* 61（布宜诺斯艾利斯，1958 年 6 月 13 日），第 371—375 页。虽然我在撰写这一章时使用了该文所推荐的战略却没有看到这篇文章，但是非常相似的情况使我相信，这里所推荐的战略事实上至少对某些国家是中肯的。

象，而亚文化的分裂倒是比较寻常。凡是存在亚文化的广泛分裂的国家，典型的两党制议会制模式简直就是不可能实现的——加拿大、南非、印度、比利时、荷兰、瑞士和黎巴嫩就是例证。

因此，可能的情况是：我们的公民将不得不看到一种非常不同的模式。这很可能令人感到遗憾，甚至可能让人悲伤，因为议会制政府和典型的两党制议会模式都一向被广泛地看成是代议制民主的理想形式，所有对这种形式的背离都意味着不合格。在 20 世纪，实际上所有多头政体都放弃了议会制模式，正因为如此，采用典型的两党制议会制模式就不可能在存在亚文化分裂的国家——也就意味着在大多数国家——获得成功。但是，这些模式颇负盛名，而为应付严重的亚文化分裂问题而发展起来的替代模式却很少被人们理解，在关于代议制政体的著作中遭到轻视，并被贬低为以次充好、以假乱真。但是，大多数国家都不可能向自由化发展，
223 可以肯定地不可能达到多头政治条件下的自由化程度，只有这样一种次等的替代模式例外：在某些国家，这种模式曾有助于各不相同并且经常相互冲突的亚文化之间实现不寻常的和平宽容。

因为政党制度遵循代议制民主的理论和实践的演进方式，政党制度经常被人们看作是“天然的”制度，它是自然地发展起来的，并忠实地映射出社会的“天然”分化。根据对政党的这种观点，深思熟虑地试图把多头政体下政党的种类与数目联系起来并加以控制，这种努力不是注定失败，就是必然违背民主的游戏规则。但在我看来，这两种假设都没有根据。随着对各种选举制度与政党制度之间的关系的仔细探索，前一种假设越来越不可信。这些关系的确切性质仍然容易引起争论，但是，到目前为止最系统的分析在

其他诸种命题中认定：

1. 所有的选举制度给予大政党的议席份额，往往大于它们所获得的选票份额——因而，给予小党的议席份额也小于它们的选票份额。
2. 差距的大小是选举规则和选区大小所造成的。
3. 最大的差距是由于按单一代表制选区进行选举造成的，而最均匀的议席分配产生自比例代表制——每个选区都有多个议席，并按照“最大余数”公式分配。[①]

因此，政党制度并不是天然地、自发地产生的，也不是必然地
反映社会的分野。它在某种程度上取决于选举制度。为了尽可能 224
扩大或缩小议席对选票的差距，可以故意地巧妙操纵选举制度。由于政府有时操纵选举程序，损害反对党，让执政党或执政联盟得到好处，这种操纵理所当然地一直受到人们的怀疑。但是，由于选举程序是政治制度中为数不多的容易被或多或少地有意改动的环节之一，在我看来，抵制这种可能发生的社会操纵动作，等同于医学上拒绝使用抗生素，因为这种药品也被广泛滥用。[②]



除了纯党派性的操纵利用选举制度外，很难看清楚，为什么蓄

① 道格拉斯·雷：《选举法的政治后果》（纽黑文：耶鲁大学出版社，1967 年），第 134—140 页。

② 关于这一点我赞成乔万尼·萨托利的观点，参见“欧洲政党：两极分化的多元主义的实例”，载约瑟夫·拉帕洛姆巴拉和迈伦·维纳编：《政党与政治发展》（普林斯顿：普林斯顿大学出版社，1966 年），第 165—166 页。

意通过操纵选举缩小可能出现的议席对选票的差距的企图天生地就是“非民主的”，或者，就算它是“非民主的”，为什么在一个正在自由化的霸权政体国家也不受欢迎。在一个世纪的辩论当中，从未有人令人满意地证明，比例代表制是否就比单一代表选区相对多数选举制更“民主”或者更不“民主”。做出任何证明的困难似乎在于以下事实：一切为实现多数选举的民主体制，都要求经过非常复杂的正式和非正式程序，以便安排做出选择的时间表，汇集备选方案，从而最终在保留给政策制定者的两个选择中做出决定。在不同的多头政治体制下，安排时间表和汇集备选方案的制度是不同的。在任何特定的国家，由高度统一的政党所构成的两党制，与由派系林立的政党和不断变动的议会联盟构成的两党制下的情况相比，将更加需要在每个政党内部汇集并调和不同利益和选择方案。由派系混杂的政党构成的两党制，则可能比多党制下更需要在每个党内汇集备选方案，在多党制下汇集备选方案多发生在议会和内阁中的联盟。最后，如果这个国家有三四个重要政党，或者
225 有五六个重要政党，两者相比，前一种情况下，每个党内就不得不更多汇集方案，相应地，在议会和内阁联盟里较少汇集方案。很难弄明白，这些体制中，何以见得一个就比另一个更加“民主”，除非在最终选择中确保各个备选方案都得到了更加公平的衡量（包括导致令人满意但并不一定是最佳结果的选择方案）。但是，这并没有得到证明。

任何情况下，这一种选举制度和政党制度也好，那一种选举制度和政党制度也好，它们是否更加“民主”，实际上与霸权政体的自由化问题无关。如果可以预料这些制度将导致严重的政治分裂，

对政党政治游戏的幻想迅速破灭,于是为了消除政治分裂而重新支持更加强硬的霸权控制,那么,为一种自由化战略而争辩,要求一种选举制度和政党制度,把它们说成是十全十美的民主,就是荒唐愚蠢的。

一个霸权政体迈出走向多元政党制度的第一步,它可能发现,更直接地控制政党的数目是可取的,办法就是使人们很难——或者极而言之,不可能——组织两个以上的政党,只能有一个执政党和一个反对党。

既定的任何国家,为表达和收集选择方案应有几个政党最为理想,是两个、三个、四个还是更多,对于这个问题,如果对这个特定国家的社会分化结构进行考察,即使大致回答也是不可能的。这样,自由化战略可以给政党的组成和竞争制造障碍,将有效地把政党的数目限制在两个、三个、四个,或者可以想象出来的再多一些。但是,重要的一点在于,在一个理性的自由化战略里,政党的数目能够也应该加以控制。原则上,假如至少存在两个政党,控制政党数目与控制自由——持不同意见的自由、批评的自由、在选举和立法中投反对票的自由——是分开的。一个政府可以给予不同意见、批评、选举和立法中的反对派以充分的自由,但把竞争性政 226
党的数目限制在两个,每个党都有阐述观点、提出候选人、争取选票和赢得选举的平等机会。

### 地方政府

全国一级以下的某种程度自治的代议制机构,能够为反对派提供获取政治资源的机会,有助于产生超越分裂的群体,

> 促进培养解决冲突和管理代议制政府的艺术，因此，宽容战略就需要探索全国一级以下的代议制政府的发展道路。

在一个霸权政体下——尤其是在一元化的霸权政体下，精明慎重的做法是：在将自由化引进到较高级别尤其是国家一级之前，先在较低的级别采取较大的步骤实现自由化。例如，允许反对派更广泛地参与市政选举，可以有助于使反对派和政府双方都社会化。较小的代表单位，训练人们解决容易理解的具体问题，对这些问题，抽象的意识形态的解决办法就不大对路了。面对这些问题可能会使在全国政治生活中敌对的集团团结起来。而且，在较低的级别上扩大反对的权利和特许权，很可能对现任国家领导人的威胁较小，因为它被当作是一种试验；如果试验“失败”，还可以有退路。

最值得注意的次国家代议制政府的例子也许是南斯拉夫，不仅在地方政府，而且在更为著名的工人管理中，推广了很高程度的自治；尽管有组织的反对派在工厂和城市依然受到相当限制，这些
227 单位显然提供了广为普及的训练：参与代议机构的活动技巧以及讨论、辩论、调和、妥协、具体分析和责任心。在墨西哥，最终从高度多元化的霸权政体向多头政体的发展，完全可以进行得缓慢而没有太多痛苦，反对派在地方取得胜利的次数日益增多，并且承担了永远令人清醒的治理责任。

至此，细心的读者已经认识到，我已经提出的自由化战略的主要因素——相冲突的集团之间的相互保障，一个强大而有活力的、依赖于响应各种利益和要求的机构的行政部门，一个进行整合的而不是四分五裂的政党制度,和次国家的各级的地方政府——都是最持久的代议制民主的常见方面。一个人在领悟我提出的这些观点时,如果不是准备拒绝考虑多头政治的经验,认为它不适合霸权政体自由化可能采取的方式,他就不应过分惊讶。

# 231 附录 A　根据适合政治反对派参加选举和机会大小的条件对 114 个国家和地区所做的分类*

附表 1 展现了 114 个国家和地区，对它们根据成年公民在选举中投票的机会分类，并根据政治反对派可以得到的、为取得公众支持和公共职位进行竞争的机会排列。

这两个“尺度”与第 1 章描述的多头政体的两个尺度大体相
248 符。根据适合参加选举的条件对 114 个国家和地区的分类是由理查德·诺林在 1969 年完成的，但没有包括 1968 年底以来的变化。根据参加公开争论的机会大小的排列由玛丽·弗雷斯·威廉斯和理查德·诺林共同完成。描述他们所适用的程序可能是有用的。

## 各种变量

这类雄心勃勃的机会是基于这样一个直觉，即假定有一条根本的连续线，从反对派的最大机会延伸到最小机会，如第 1 章所描述，这些国家可以置于这条连续线上。附表 1 中纯属假设的国家

* 由罗伯特·A.达尔、玛丽·弗雷斯·威廉斯和理查德·诺林撰写。

说明了这个假设。于是，首当其冲的问题就是：设想实际存在着这 235
样一条连续线是否明智，可得到的资料数据是否能够让人们沿着这条线排列这些国家。实际上，习惯于制定附表 1 的程度测验分析要求两项任务一起完成。

**附表 1　114 个国家和地区，根据参加全国选举和反对政府的机会排列（约在 1969 年）** 232

| 政治反对派的机会刻度类型 | 选举未举行 | 有权投票的成年人百分比 20%以下 | 20%—90% | 90%以上 | 未确定、不确定或过渡期间[a] | 数目 |
|---|---|---|---|---|---|---|
| 机会最多 1 | | | 瑞士 | 比利时 | | 8 |
| | | | | 丹麦 | | |
| | | | | 芬兰 | | |
| | | | | 卢森堡 | | |
| | | | | 荷兰 | | |
| | | | | 挪威 | | |
| | | | | 瑞典 | | |
| 3[b] | | | 智利 | 冰岛 | | 4 |
| | | | 美国 | 以色列 | | |
| 4 | | | | 爱尔兰 | 塞浦路斯 | 5 |
| | | | | 意大利 | 多米尼加共和国 | |
| | | | | 英国 | | |
| 5 | | | | 澳大利亚 | | 8 |
| | | | | 奥地利 | | |
| | | | | 加拿大 | | |
| | | | | 西德<br>德意志联邦共和国 | | |

| 政治反对派的机会刻度类型 | 选举未举行 | 有权投票的成年人百分比 20%以下 | 20%—90% | 90%以上 | 未确定、不确定或过渡期间[a] | 数目 |
|---|---|---|---|---|---|---|
| | | | | 日本 | | |
| | | | | 新西兰 | | |
| | | | | 菲律宾 | | |
| | | | | 乌拉圭 | | |
| 6 | | | | 法国 | 土耳其 | 3 |
| | | | | 黎巴嫩 | | |
| 7 | | | | 印度 | | 3 |
| | | | | 牙买加 | | |
| | | | | 特立尼达和多巴哥 | | |
| 8 | | | | 哥斯达黎加 | 马来西亚 | 2 |
| 9 | | | 厄瓜多尔 | 哥伦比亚 | 危地马拉 | 5 |
| | | | | 委内瑞拉 | 洪都拉斯 | |
| 10 | | | | | 乌干达 | 1 |
| 11 | | | | (玻利维亚)[c] | | |
| | | | | (法国)[d] | | |
| 12 | | | | | (利比亚)[c] | 1 |
| 13 | | | | | 摩洛哥 | 1 |
| 14 | | 南非 | | | 锡兰 | 4 |
| | | | | | 马拉加什共和国 | |
| | | | | | 墨西哥 | |
| 15 | | | | 萨尔瓦多 | | 1 |
| 16 | | | | 尼加拉瓜 | | 1 |
| 17 | | | | | (索马里共和国)[c] | 1 |
| 18 | | | | 毛里塔尼亚 | | 1 |
| 19 | | | 巴西 | 卢旺达 | | 2 |

 233

| 政治反对派的机会刻度类型 | 选举未举行 | 有权投票的成年人百分比 20%以下 | 20%—90% | 90%以上 | 未确定、不确定或过渡期间[a] | 数目 | |
|---|---|---|---|---|---|---|---|
| 20 | 秘鲁 | | 约旦 | 巴拉圭 | 伊朗 | 7 | |
| | | | | | 南韩 | | |
| | | | | | 老挝 | | |
| | | | | | 巴基斯坦 | | |
| 22[b] | 阿根廷 | | | 利比里亚 | 象牙海岸 | 4 | |
| | 缅甸 | | | | | | |
| 23 | 印度尼西亚 | | | 阿尔及利亚 | | 3 | |
| | | | | 突尼斯 | | | |
| 24 | | | | 布隆迪 | | 4 | |
| | | | | 喀麦隆 | | | |
| | | | | 乍得 | | | |
| | | | | 加蓬 | | | |
| 25 | 达荷美 | | 苏丹 | 刚果(布) | 阿富汗 | 7 | |
| | | | | 马里 | | | |
| | | | | 尼日尔 | | | |
| | | | | 坦桑尼亚 | | | |
| 26 | 中非共和国 | | 南越 | 埃塞俄比亚 | 柬埔寨 | 15 | |
| | 加纳 | | | 几内亚 | | | |
| | 希腊 | | | 海地 | | | |
| | 尼泊尔 | | | 波兰 | | | 234 |
| | 巴拿马 | | | | | | |
| | 塞拉利昂 | | | | | | |
| | 中国台湾 | | | | | | |
| | 泰国 | | | | | | |
| | 阿拉伯联合共和国* | | | | | | |

| 政治反对派的机会刻度类型 | 选举未举行 | 有权投票的成年人百分比 20%以下 | 20%—90% | 90%以上 | 未确定、不确定或过渡期间[a] | 数目 |
|---|---|---|---|---|---|---|
| 27 | 叙利亚 | | | 塞内加尔<br>苏联<br>西班牙<br>南斯拉夫 | 葡萄牙 | 6 |
| 28 | 上沃尔特 | | | 捷克斯洛伐克<br>匈牙利 | | 3 |
| 29 | | | | 阿尔巴尼亚<br>保加利亚<br>东德<br>蒙古<br>罗马尼亚<br>北越 | 中国<br>北朝鲜 | 8 |
| 30 | 古巴 | | | | | 4 |
| 机会最少 31 | 尼日利亚<br>沙特阿拉伯<br>多哥<br>也门 | | | | | |
| 总计 | 21 | 1 | 8 | 61 | 23 | (114) |

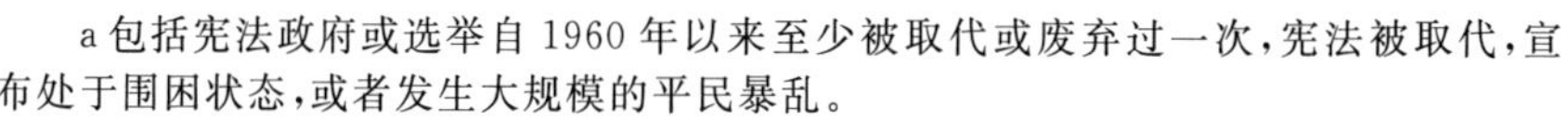

a 包括宪法政府或选举自 1960 年以来至少被取代或废弃过一次，宪法被取代，宣布处于围困状态，或者发生大规模的平民暴乱。

b 没有发现刻度类型为 2 和 21 的国家。

c 自做了上述分类以来，圆括号里的国家发生过军事政变，结果是军人统治。

d 见正文中关于法国这个案例的讨论。

* 即埃及。1958 年，埃及与叙利亚合并，建立阿拉伯联合共和国，尽管叙利亚已在 1961 年退出，但埃及仍使用阿拉伯联合共和国的国名，直到 1971 年。——译者

第一个需要就是要找到能完成这个任务的变量，就是说，要能

够充当根本连续线的有效指标——在这个表里就是反对派或者“公开争论的机会大小”——并且可能获得足够的数据资料。这里采用的解决方案，就是利用阿瑟·S.班克斯和罗伯特·B.特克斯特的《跨政体纵览》——该书试图根据57项特征对1960—1962年左右的115个国家分类——中的某些变量作为第1章里所描述的七个必要条件的指标。[①]

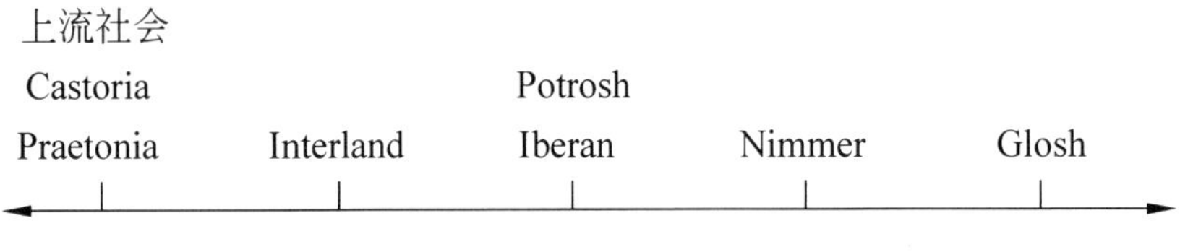


**图 A-1　一条假设的“反对派的机会”连续线**

| 下列必要条件： | 由下列变量显示 |
| --- | --- |
| 1. 建立和参加组织的自由 | 集团反对派的自由[#30][②] |
| | 由结社的集团明确表达利益[#33] |
| 2. 表达自由 | 出版自由[#13] 236 |
| 3. 投票权 | 现政权的代议制特征[#28][③] |
| | 现行选举制度[#29] |

① 班克斯和特克斯特：《跨政体纵览》，坎布里奇：麻省理工学院出版社，1963年。

② 方括号中的数字是班克斯和特克斯特书中的变量数。

③ 舍去了劳工组织。

| | |
|---|---|
| 4. 政治领袖为获得支持进行竞争的权利 | 政党明确表达利益[#37]<br>政党制度:数目[#41]<br>集团反对派的自由<br>现行选举制度 |
| 5. 可选择的信息来源 | 集团反对派的自由<br>出版自由<br>现政权的代议制特征<br>政党制度:数目 |
| 6. 自由、公正的选举 | 集团反对派的自由<br>出版自由<br>现政权的代议制特征<br>现行选举制度<br>政党制度:数目 |
| 7. 使政府政策制定依赖于选票和其他优先次序的表达的体制 | 现政权的宪法地位[#26]<br>通过立法机关实现的利益聚合[#40]<br>横向的权利划分[#48]<br>立法机关的现有地位[#50] |

威廉斯女士发现,这 11 个特征的确构成了一个满意的标尺,能够把 27 个刻度类型的 102 个国家置于这个标尺上。但是,由于《跨政体纵览》中的资料数据是在 1960—1962 年期间收集的,并造成了 1969 年的某些显然错误的分类。那年,理查德·诺林使用《耶鲁

政治资料》和许多权威的资料来源,[1]试图把数据资料推进到当年。237
他还开发了用于一种新的变量的数据,这个变量就是参加全国选举的机会,成了附表1所显示的四重国家分类的基础。于是,决定舍弃《跨政体纵览》的11个变量之一(#28,现政权的代议制特征),因为它是多余的。因此,附表1中的政治反对派的机会标尺的根据只有上述11个变量中的10个。这些变量显示在附表2,其中包括了每一类国家的数目和百分比。

## 加权

由于没有更重要的或理论上的理由不均等地加权处理这些变量,或者对某一类变量比另一类变量赋予更多的重要性,所有的变量都得到同样处理。由于我们感兴趣的根本属性就是反对派可以得到的机会,10个变量的每一个之中的选择都从最大机会依次排到最小机会。提供最大机会的选择得分为1,次一个最大机会为2,[2]依此类推。每个国家的总分则是该国按所有个别标准得分的总和。

① T.E.史密斯:《发展中国家的选举》(纽约:圣马丁出版社,1960年);《加拿大年鉴》《政治家年鉴》《纽约时报》《基督教科学箴言报》和卡罗琳·K.科尔韦尔、国会图书馆立法参考服务部外交事务组:"非洲独立国家:领导人—选举—政党—人口—选区",1968年8月。

② 对每个问题,把许多国家都进行了编排,分为未知、不可知、不确定和不相关。这些答案排除了分析之外,每个给出五个以上变量的这种答案的国家也被排除在分析之外。

238

## 附表 2　作为反对派机会的指标的变量

| % | 数目 | 变量#[a] | 变量的说明和分类 |
|---|---|---|---|
| | | 13. | 出版自由的程度 |
| 38 | 40 | 1. | 完全自由(无论对国内出版还是外国通讯,没有审查制度,也没有政府控制) |
| 18 | 19 | 2. | 断断续续(无论对国内出版还是外国通讯,都有偶然的或者有选择的审查制度) |
| 26 | 27 | 3. | 没有国内出版自由(严格的国内审查制度,但对外国的新闻集合没有审查,或者对新闻电信终端进行有选择的审查) |
| 18 | 19 | 4. | 国内外均没有出版自由(对国内和外国的新闻出版,均有直接或间接的严格审查或控制) |
| 100% | 105 | | |
| | 2 | 7. | 不可知的 |
| | 7 | 9. | 未知的 |
| | | 26. | 现政权的宪法地位 |
| 48 | 53 | 1. | 合宪(政府行为根据公认的宪法准则) |
| 34 | 37 | 2. | 独裁(没有有效的宪法限制,也不能相当正式地求助于宪法外权力。很大程度上受制于政治派别的权力的行使是专断的) |
| 18 | 20 | 3. | 极权主义(没有有效的宪法限制。政权在政治和社会领域都广泛行使权力) |
| 100% | 110 | | |
| | 1 | 7. | 不可知的 |
| | 2 | 9. | 未知的 |
| | | 29. | 现行选举制度 |

| % | 数目 | 变量#[a] | 变量的说明和分类 |
|---|---|---|---|
| 44 | 47 | 1. | 竞争性的(没有禁止政党,也没有仅仅禁止激进的或宪法外的政党) |
| 4 | 4 | 2. | 一定程度竞争性的(一个政党占有议会议席的85%以上) |
| 33 | 35 | 3. | 非竞争性的(单一候选人名单的选票,没有反对派当选) |
| 19 | 20 | 4. | 不举行选举(不经常举行选举,或者被政权凭借权力推迟) |
| 100% | 106 | | |
| | 2 | 7. | 不可知的 |
| | 6 | 8. | 不确定 |
| | | 30. | 集团反对派的自由程度 |
| 40 | 41 | 1. | 独立的集团能自由参加政治,并能反对政府(在极端主义集团被禁止的国家,极端集团除外) |
| 19 | 19 | 2. | 独立的集团能自由地在政治上组织起来,但反对政府的能力有限(包括现实的或潜在的反对派领导人被吸收进入政府) 230 |
| 31 | 32 | 3. | 独立的集团受到非正式的宽容,但处于政治之外 |
| 10 | 10 | 4. | 没有真正独立的集团受到宽容 |
| 100% | 102 | | |
| | 10 | 7. | 不可知的 |
| | 2 | 8. | 不确定的 |
| | | 33. | 结社的集团明确表达利益 |
| 17 | 19 | 1. | 重要 |
| 12 | 13 | 2. | 适度 |

| % | 数目 | 变量#[a] | 变量的说明和分类 |
|---|---|---|---|
| 26 | 29 | 3. | 有限 |
| 45 | 49 | 4. | 几乎没有 |
| 100% | 110 | | |
| | 1 | 7. | 不可知的 |
| | 3 | 8. | 不确定的 |
| | | 37. | 由政党明确表达利益 |
| 17 | 17 | 1. | 重要 |
| 22 | 22 | 2. | 适度 |
| 13 | 13 | 3. | 有限 |
| 48 | 47 | 4. | 几乎没有 |
| 100% | 99 | | |
| | 10 | 7. | 不可知的 |
| | 5 | 8. | 不确定的 |
| | | 40. | 立法机关实现利益聚合 |
| 12 | 12 | 1. | 重要 |
| 16 | 16 | 2. | 适度 |
| 13 | 13 | 3. | 有限 |
| 59 | 59 | 4. | 几乎没有 |
| 100% | 100 | | |
| | 8 | 7. | 不可知的 |
| | 6 | 8. | 不确定的 |
| | | 41. | 政党制度——数目 |
| 25 | 25 | 1. | 多党制(政党联盟或多数党政府的强制管理很正规，如果议会制度也正规) |

| % | 数目 | 变量#[a] | 变量的说明和分类 |
| --- | --- | --- | --- |
| 12 | 12 | 2. | 两党制或有效的两党制(合理的期待政党轮流执政) |
| 6 | 6 | 3. | 一个半政党(反对党地位重要,但不能赢得多数) |
| 14 | 14 | 4. | 一党优势(有反对党,但在数字上在全国一级没有有效影响。包括多数参与政府,同时为选举的目的保持政党) 240 |
| 34 | 35 | 5. | 一党(所有其他政党均不存在,遭到禁止,不能参与政治,或者充当统治党在选举活动中的附庸。包括"全国阵线"和一党选举制度) |
| 10 | 10 | 6. | 没有政党,或者一切政党都是非法的或没有有效影响的 |
| 100% | 102 | | |
| | 8 | 7. | 不可知的 |
| | 2 | 8. | 不确定的 |
| | | 48. | 横向权力划分 |
| 29 | 32 | 1. | 重要(有效地把权力分配给功能上独立的立法、行政和司法机关) |
| 20 | 23 | 2. | 有限(一个政府部门没有真正的功能自主,或者两个部门有有限的功能自主) |
| 51 | 57 | 3. | 几乎没有(由一个政府部门或者政府外的机关控制的政府完全统治) |
| 100% | 102 | | |
| | 1 | 7. | 不可知的 |
| | 1 | 9. | 未知的 |
| | | 50. | 立法机关的现有地位 |

| % | 数目 | 变量#[a] | 变量的说明和分类 |
|---|---|---|---|
| 26 | 28 | 1. | 完全有效(执行正常的立法功能,作为全国政府的一个相当“同等的”部门) |
| 15 | 16 | 2. | 部分地有效(趋向于行政主导,要么就是执行立法功能的效力在一定程度上是有限的) |
| 22 | 24 | 3. | 在很大程度上无效(实际上完全由行政部门主导,或者由一党或统治党支配) |
| 36 | 39 | 4. | 完全无效(限于咨询或“橡皮图章”式的立法功能,或者根本没有立法机关) |
| 100% | 107 | | |
| | 7 | 7. | 不可知的 |

资料来源:阿瑟·S.班克斯和罗伯特·B.特克斯特:《跨政体纵览》(坎布里奇:麻省理工学院出版社,1969年),截至1968年,重新编排。

a 这些数字就是阿瑟·S.班克斯和罗伯特·B.特克斯特确定的数字。



## 确定刻度类型

对每一个变量而言,都分配了一定的使用频率(见附表2)。
241 你将注意到,可分类国家的数目,对一个变量与另一个变量都多少有不同;结果,百分比的基础就是不同的数字。

一个重要的假设是:10个变量的每一个都覆盖了整条连续线,而这条连续线又可以分割为对应各种类型许多的线段。根据可获得的资料,还不可能确定各种类型是如何把假定的连续线分割成线段的。但是,我们可能获得其他的资料来用于同样的目的。为了这样做,我们设想,每个国家都置于根本连续线上的某一点;

每个标准都把连续线分割成线段，把这些国家分成一个个小组；而使用频率的分部则反映了这些问题又是怎样进一步把这些国家分类的。

N 个变量加上 M 个类型，将符合规则地把根本连续线分割为(m－n＋1)条线段。由于 10 个变量再细分为 40 种类型，大概就会有(40－10＋1)＝31 个刻度。这 31 个精确的刻度最后减少为 29 个，原因是没有任何国家适合刻度类型 2 和 21。

## 无刻度类型的分类

一旦精确的刻度类型确立起来，下一步就是要把每个对象都编排一个刻度类型，然后再理解资料在多大程度上符合假定的刻度。这就需要一定的程序把无刻度类型的模式的国家加以归类。有两种程序可选择。一个选择是把每个国家都编排到精确的总分相同的刻度类型；另一个选择是把每个无刻度类型编排到它最接近的相似类型——也就是说使误差数减至最小的刻度模型。[1] 遗
憾的是，第二种程序没有产生明确的结果，因为可能存在不止一 242
个精确刻度类型，将导致同样(最小的)数目的误差。如果发生这种情况，那么，就必须使用辅助标准把对象编排到其中的一个类型。

以总分为基础分派比较容易，产生的结果明确，然而，这个程

① 据说，如果一个国家被置于变量之一的一个类别，却不能预知它仅仅适合排序的基础或者研究对象的刻度类型，这时，就会产生一个误差。

序对我们的数据资料来说却不能令人满意，因为许多国家连一个问题的资料都没有。这就意味着不可能用原始的总分把对象编排到各个刻度模式。因此，必须以某种方法将总分标准化，以便考虑这些要编入总分的标准数字。但是，这个解决方法——标准化总分——也显得不能令人满意，有两个原因：(1)总分标准化严重地依赖于遗漏问题的特性；(2)产生的刻度误差比使用误差最小化方法更多。由于这些原因，无刻度类型是根据最小化方法的标准编排的。

## 精确性



可复制系数(Rep)是通常用来确定数据是否接近于一个精确刻度的标准，以便能够把数据当作就好像是一个精确的刻度。

$$\text{可复制系数}=\frac{\text{应答信号总数}-\text{误差数}}{\text{应答信号总数}}$$

这样，可复制系数就是与编排研究对象的刻度模型相符合的应答信号的比率。

使用误差最小化方法时的误差总数为 180。因此，可复制系数值为 0.829 与期望值 0.443 之比。虽然比人们所希望的要低，但
243 10 个变量可以构成一个基本令人满意的刻度。

# 罗伯特·A.达尔的告诫词

在考虑排队时，人们应该记住，许多需要作为排队基础的变量要求人们做出基于判断的决定，而不是要求“硬”数据。（班克斯和特克斯特的原始数据以及理查德·诺林所做的修正和重新分类。）这类判断可能因许多情况——包括对某些国家的了解大大多于对另一些国家的了解这种简单情况——而产生偏差。有一些处理遗漏数据的方法，却没有完全令人满意的方案。

无论是由于这类原因还是因为我没有充分选择变量，程度测验都产生了少数异常。最明显的就是法国的位置，简要地讨论一下法国这个案例很有益，可以作为对使用这些图标的一个警告。无论是威廉斯女士以班克斯和特克斯特的数据为基础所做的程度测验，还是诺林先生所做的修正，法国都和玻利维亚出现在同一刻度。人们无须因为偏爱法国也会得出结论，法国的位置放错了，错得离谱。因为甚至在1969年政变之前，玻利维亚根本谈不上多头政治，而法国的反对派却在很高水平上享有与政府竞争的机会。详细考察就会发现，在班克斯和特克斯特的数据中，法国有许多指标得分不高：＃13，出版自由（断断续续）；＃37，政党明确表达利益（适度）；＃41，政党制度：数目（一党优势）；＃48，横向的权利划分（有限）；＃50，立法机关的现有地位（部分地有效）。我感到似乎清 244
楚的是，用于法国的标准要比用于玻利维亚和其他许多国家严格得多。

如果我们事后诸葛亮地审视1970年的几个分类，可能有所裨

益。1962年，班克斯和特克斯特把法国归入只有断断续续的出版自由(#13)的国家，分在一起的这样的国家还有：玻利维亚、巴西、缅甸、刚果、老挝、南非、叙利亚和土耳其。在较高的——出版自由很“有效”——类型中，大约有43个国家，其中有多米尼加共和国、巴拿马和许多现在由一党统治的拉丁美洲国家。人们可能有理由感到纳闷，未必法国的出版自由就像这些国家一样“断断续续”？法国的出版自由不是比这些国家“有效”得多吗？

同样，法国被归入在“通过立法机关实现的利益聚合”(#40)方面“有限”的国家。分在一起的这样的国家还有：玻利维亚、巴西、危地马拉、洪都拉斯、利比亚、尼加拉瓜，等等。最后，由于1962年的相当理由，法国的政党制度被归入“一党优势”类，一起的还有玻利维亚、墨西哥、巴拉圭、越南，等等。虽然在1962年看起来无疑存在向一党优势发展的明显倾向，但到1969年就很清楚了，法国再也不符合班克斯和特克斯特给的“一党优势”的定义：“有反对党，但在数字上在全国一级没有有效影响。”虽然法国也许不能精确地符合其余的类型，却可能有很多理由把法国的政党制度归入“一个半政党”制度，其定义就是“反对党地位重要，但不能赢得多数”。

想一想，这些分类的变化会有什么意义？如果现在根据其新的总分来对法国归类，它会落入印度、牙买加、特立尼达和多巴哥一类。而用附表1中使用的误差最小化方法来分类，法国就要落到第6类，与黎巴嫩和土耳其在一起。

245 尽管威廉斯女士和诺林先生——相当适当地——并不情愿用他们关于法国的评判来取代专家们为《跨政体纵览》所做的各种分

类，我还是比较愿意这样做。的确，第二次推测分类的过程一旦开始——除了根据政治制度的现实变革或者新的数据外——就会知道该在哪里停下来。而对所有似乎出线的情况进行调整，就会渐渐破坏人们对整个过程的正确性的信心。但是，对我来说，由于在附表 1 中对法国的归类明显地比其他国家错得更多，这显现在第 6 类和——括号里——第 11 类。法国的双重位置也许可以作为一个看得见的警戒，提醒人们不要采用附表 1 中的排队，仿佛它一直就是上帝的手雕刻在石头上的。肯定还有别的错误。但是，我相信，这个排列是有用的。这样的时候不会太远了：这里使用的标准，或者更好更适当的标准，将产生改进的排列——它可能是现代资料信息存储的常规部分，容易为社会科学家所得到，比如说，国民生产总值的数据，但还是必须打个折扣。如果第 10 章所讨论的国家的基本特点也是可以得知的，这时，我们就将处于一个更有利的地位来检验关于适合多头政体的条件的概括。

246

# 附录 B　1969 年前后的现代多头政体

利用附表 1，要列出一个 1969 年前后的多头政体名单是不可能的。作为一个切入点，我选取了刻度类型 8。第 4 纵栏、第 1—8 刻度类型总共有 25 个国家。三个特别案例是：

1. 在智利，直到 20 世纪 60 年代，相当比例的人口还被剥夺了识字的必要条件。随着能够读写的人口的增加，或许还有执行条件的放宽，导致没有选举权的少数人的人数迅速减少，因而到 1970 年智利进入了完全包容的多头政体的行列。
2. 瑞士在全国选举中没有妇女的普选权。
3. 在美国，直到 1964 年民权法通过时，在南方的大部分地方，黑人都被系统地剥夺了选举权（关于 1968 年南部各州白人和黑人选民等级的百分比，见第 2 章注③*）。虽然被排斥在投票之外的人口的总比例从未超过 10%（到 1950
247 年以前，一直低于 7%），但这是一个特殊的、被严重剥夺的

* 即中译本第 33 页注①。——译者

少数民族，这一事实大大地增加了排斥的歧视性。

附表 3 的现代多头政体国家的名单，与拉斯托提供的 31 个"现代民主制度"（附表 4）几乎是一致的。拉斯托的表包括了所有在 1967 年年初的政权是建立在三次甚或更多连续的、普遍的、竞争性的选举基础上的国家。四个不符合这个条件的国家下加了 * 号，包括希腊，拉斯托的注释说，该国的宪法政府在 1967 年 4 月被军事独裁者所推翻；墨西哥和锡兰，因为在 20 世纪 60 年代限制了反对派的机会而落入了附表 1 中的第 14 种刻度类型；哥伦比亚，我将之归类为近似的多头政体。而且，我的名单（附表 3）包括了两个拉斯托遗漏了的国家——牙买加与特立尼达和多巴哥——因为它们自 1962 年独立以来，还没有举行过三次普遍选举。两个表都省略了几个无疑有资格作为多头政体的微型国家。

近似多头政体的名单包括第 1—8 刻度类型但在第 5 纵栏列举的四个国家，因为在 20 世纪 60 年代，这些国家的多头政治的过程曾因为平民暴乱、镇压或军事干涉而在某个时间大规模中断。名单还包括哥伦比亚和委内瑞拉，尽管有零星的暴力发生，但这两个国家的多头政治在 20 世纪 60 年代发展得相当充分。整个这一时期，哥伦比亚是根据一个对选举中的政党竞争加以限制的宪法修正案（到 1970 年期满）运转的。在所有近似的多头政体下，多头政体的应急体制仍非常脆弱，因而它们承受内部冲突的张力能有多久就不确定了。

248 **附表 3　多头政体和近似的多头政体(1969 年前后)**

<u>完全包容的多头政体</u>

1. 澳大利亚
2. 奥地利
3. 比利时
4. 加拿大
5. 哥斯达黎加
6. 丹麦
7. 德意志联邦共和国
8. 芬兰
9. 法国
10. 冰岛
11. 印度
12. 爱尔兰
13. 以色列
14. 意大利
15. 牙买加
16. 日本
17. 黎巴嫩
18. 卢森堡
19. 荷兰
20. 新西兰
21. 挪威
22. 菲律宾

23. 瑞典
24. 特立尼达和多巴哥
25. 联合王国
26. 乌拉圭

特例:选举限制

27. 智利
28. 瑞士
29. 美国

近似多头政体

1. 哥伦比亚
2. 塞浦路斯
3. 多米尼加共和国
4. 马来西亚
5. 土耳其
6. 委内瑞拉

**附表 4　现代民主制度** 249

| | 国家 | 连续的普遍选举始自 |
|---|---|---|
| 1. | 美国 | 1788 年 |
| 2. | 挪威 | 1814 年 |
| 3. | 比利时 | 1831 年 |
| 4. | 联合王国 | 1832 年 |
| 5. | 荷兰 | 1848 年 |
| 6. | 瑞士 | 1848 年 |

| | 国家 | 连续的普遍选举始自 |
|---|---|---|
| 7. | 新西兰 | 1852 年 |
| 8. | 丹麦 | 1855 年 |
| 9. | 瑞典 | 1866 年 |
| 10. | 加拿大 | 1867 年 |
| 11. | 冰岛 | 1868 年 |
| 12. | 卢森堡 | 1874 年 |
| 13. | 澳大利亚 | 1900 年 |
| 14. | 芬兰 | 1906 年 |
| 15. | 墨西哥* | 1920 年 |
| 16. | 爱尔兰 | 1921 年 |
| 17. | 黎巴嫩 | 1926 年 |
| 18. | 锡兰* | 1931 年 |
| 19. | 智利 | 1932 年 |
| 20. | 乌拉圭 | 1942 年 |
| 21. | 奥地利 | 1945 年 |
| 22. | 法国 | 1946 年 |
| 23. | 希腊* | 1946 年 |
| 24. | 意大利 | 1946 年 |
| 25. | 日本 | 1946 年 |
| 26. | 菲律宾 | 1946 年 |
| 27. | 以色列 | 1949 年 |
| 28. | 西德 | 1949 年 |

| | 国家 | 连续的普遍选举始自 |
|---|---|---|
| 29. | 哥斯达黎加 | 1949 年 |
| 30. | 印度 | 1952 年 |
| 31. | 哥伦比亚* | 1958 年 |

注:这个名单来自丹克沃特·A.拉斯托:《一个各国组成的世界:政治现代化问题》(华盛顿特区:布鲁金斯学会,1967 年),表 5,第 290—291 页。我只用了他的表里的 14 个纵栏中的一个。其他纵栏包括关于参与、政党变迁、宪法的连续性。加*号的国家在附表 3 的多头政体名单中被忽略了。

# 索　　引

（索引中的页码系原书页码，即本书边码）

## A

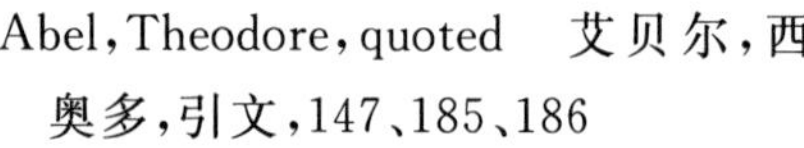

## D



## E



## F

## G



## H



## I

J



K



L

## R



## S

## T

# 译 者 附 记

还是十多年前，我在主持翻译《美国式民主》（原书名为 *Government by the People*，由中国社会科学出版社出版）时，即注意到《多头政体》这本书，后来又在另外一些美国政治学及其他有关学科的著作中发现这本书的引用率极高。1990—1991 年，我在耶鲁大学的政治学系做访问学者，有幸认识了达尔教授，并读到了这本书。当时我想，如果把这本书翻译介绍给中国的读者，对我们了解以达尔为代表的西方多元民主理论，尤其是了解美国当代政治学界研究和思考问题的方法和套路，将是非常有帮助的。正因此，当 1995 年商务印书馆征集翻译书目时，我极力推荐了达尔先生的这部著作，并愉快地接受了翻译的任务。没想到，国内的许多图书馆竟没有这本书，后来辗转在南京大学的中美文化中心才找到一本，遂准备开始翻译。可是，由于种种原因，迟迟未能动手。而真动起手来，才感到虽然本书篇幅不大，译起来还颇费劲。一是我的知识有限，对于像达尔这样的西方大学者的思维不一定能准确把握，对大洋彼岸的研究套路似乎仍然存有些许的隔膜；二是达尔的分析，融汇了自然科学中的许多方法，用了不少自然科学、统计学的术语；三是达尔的分析总的来说属于实证性的，他考察了 114 个国家和地区，在不少地方直接用了这些国家的小语种语词。因此，

这本书的翻译，从提出任务到完成，历经数年，今得以脱稿，方如释重负。但是否做到了翻译界通常所说的“信、达、雅”，却不敢说。

我要感谢罗伯特·A.达尔教授欣然为本书的中文版撰写了序言，并非常及时地就一些语词的理解回答了我提出的问题。还有些词语，为找到对应的中文词汇，我与王绍光先生有过磋商，得到了他的帮助。这些都是通过电子邮件联系的，这也说明，在现代信息时代，跨越国界的沟通变得如此便捷，我们没有理由拒绝了解外部世界的种种不同的思维。

我要感谢商务印书馆的编辑，他们对本书的翻译给予了热情的支持，并对翻译过程中遇到的困难表示了充分的理解。

刘惠荣翻译了第5、6、7、8章，其余各章和中文版序言、附录、索引均由我翻译，并校阅全书，修改定稿。



谭君久

1999年9月于珞珈山

**图书在版编目(CIP)数据**

多头政体:参与和反对/(美)罗伯特·达尔著;谭君久,刘惠荣译.—北京:商务印书馆,2024
(汉译世界学术名著丛书:120年纪念版:珍藏本:增订本)
ISBN 978-7-100-23874-8

Ⅰ.①多… Ⅱ.①罗…②谭…③刘… Ⅲ.①政治制度—研究 Ⅳ.①D033

中国国家版本馆 CIP 数据核字(2024)第 082418 号



汉译世界学术名著丛书
(120 年纪念版·珍藏本·增订本)
**多头政体**
**——参与和反对**
〔美〕罗伯特·达尔 著
谭君久 刘惠荣 译
谭君久 校

商务印书馆出版
(北京王府井大街 36 号 邮政编码 100710)
商务印书馆发行
北京市十月印刷有限公司印刷
ISBN 978-7-100-23874-8

2024 年 5 月第 1 版 开本 710×1000 1/16
2024 年 5 月北京第 1 次印刷 印张 18¼
定价:100.00 元